教学变革与改进的实践探索

姜　静　戴承惠　主编

天津出版传媒集团

天津人民出版社

图书在版编目（CIP）数据

教学变革与改进的实践探索 / 姜静，戴承惠主编.

天津：天津人民出版社，2024. 8. -- ISBN 978-7-201
-20765-0

Ⅰ. G632.0

中国国家版本馆 CIP 数据核字第 202436J0C8 号

教学变革与改进的实践探索

JIAOXUE BIANGE YU GAIJIN DE SHIJIAN TANSUO

出　　版	天津人民出版社	
出 版 人	刘锦泉	
地　　址	天津市和平区西康路 35 号康岳大厦	
邮政编码	300051	
邮购电话	(022)23332469	
电子信箱	reader@tjrmcbs.com	

责任编辑	岳　勇
特约编辑	李　楠
封面设计	石　几

印　　刷	杭州高腾印务有限公司
经　　销	新华书店
开　　本	710 毫米×1000 毫米　1/16
印　　张	21.25
字　　数	378 千字
版次印次	2024 年 8 月第 1 版　2024 年 8 月第 1 版印刷
定　　价	78.00 元

编委会

主　编：姜　静　戴承惠

副主编：童爱华　杨苗苗

前　言

　　本书收集了舟山市30余名一线教师的教育教学案例,不仅融合了其在课堂教学方面的改革经验,还汇聚了其在日常科研方面的实践成果,是理论研究与实践教学的智慧结晶,体现了老师们在反思、总结、探索中推动教育教学工作改革创新的积极作用,反映了老师们在对一堂堂课的复盘、一次次讨论的总结、一条条理论的提炼中提升自我专业素养的价值追求。

　　这些教师满腔热情地投身海岛教育事业,曾多次参加由宋秋前教授牵头的教学科研活动和教育培训活动,并将自己的教师梦带到这个祖国和孩子们需要的地方。在本书中可以看出青年教师通过刻苦钻研,逐步从由刚站上讲台的青涩转变到站稳讲台的沉着,也可以看出稳步前行的育人之船上始终亮着一盏明灯,这盏灯是茫茫黑夜他们眼中闪烁的星光,是发白的天际映衬在他们额头的晨光,是教室里执教育人的火光。教育之航有波涛骇浪,教师们就像掌舵人将学生载往正确的方向,又像纤夫将学生送到梦想的彼岸。

　　不积小流,无以成江海。教师们在一点一滴的积累与变革中成就了新时代教学改革的汪洋大海,而这些成就的取得是不忘初心、细水长流;是不懈追求,精益求精;是为梦扬帆,砥砺前行;是持之以恒,愈挫愈勇;是默默耕耘,育人砺己;是仰望星空筑梦,脚踏实地前行。

　　本书是浙江海洋大学宋秋前教授主持的浙江省"十三五"师范教育创新工程建设项目"层式联动·协同创新·特色发展——卓越教师培养模式研究与实践探索"的研究成果。在研究、编写和出版过程中得到了舟山教育学院教育科研科戴建明科长、杨苗苗老师和浙江海洋大学副校长谢永和、教务处长王瑞教授的大力支持和帮助。在此,本书全体作者向他们表示衷心的感谢。为使本书的结构更加合理、内容更加紧凑、内涵更加丰富,也为带动更多一线教师参与到教学变革与改进的实践研究中,我们特别邀请多位优秀教师、著名专家进行反复多次修正,以期获得最佳的阅读体验和使用效果。

诚然,虽然我们以严谨的态度编写本书,但因才思有限,书中仍存不妥之处,敬请读者提出宝贵的建议。

姜　静　戴承惠

2023.10.18

目 录

第一辑　思维能力与发展培养　　　　　　　　　　　　　　1

比较阅读:培养高段学生阅读思辨力 ················ 司徒柳依　3

高年级语文阅读教学中思维能力培养例谈 ············ 张琳娜　9

巧用"分层支架"　培养"数学思维" ·············· 唐增艳　19

指向思维能力发展的小学数学活力课堂建构 ········ 欧方力　28

素养导向下中考几何题特征分析与教学启示 ········ 余　鹏　34

一题一课　生长思维 ···························· 程如朋　40

一题一课:指向学生思维生长 ···················· 戴承惠　45

借助尺规作图　培养思维能力 ·················· 王伟平　51

第二辑　项目化学习与样态实践　　　　　　　　　　　　59

项目化学习:提升小学生语文核心素养路径探索

　　——以统编语文教材四年级下册第一单元为例 ····· 孙雪君　61

聚焦素养进阶　设计项目作业 ·················· 方　露　69

教学评一体:小学科学单元项目化学习设计 ·········· 王春燕　77

项目化视域下综合实践活动课程的设计与实践 ······ 鲁　易　88

初中数学"综合与实践"项目化学习的设计与实施 ··· 周　斌　98

第三辑 单元整体与素养落实 107

情境教学:促进学生口语交际素养 ·················· 周思妙 109

基于学习任务群的单元统整教学设计

——以统编语文教材二年级下册第七单元的教学为例

·················· 袁佳莹 116

单元学习活动的问题与改进 ·················· 林芷羽 124

有备而"设" 实现无患而"学"

——人教版一年级下册100以内加减法(一)单元备课

实践 ·················· 陆轶娜 132

小学数学单元整合教学的探索

——以倍的认识为例 ·················· 李卫国 143

整体视角·儿童立场:小学数学学习路径探析 ······ 丁秀红 154

基于核心素养的小学英语语用知识建构探索 ········ 于纪英 166

科学记录:小学科学核心素养培育载体的设计与实施策略

·················· 丁雨巧 174

三表三评:促进初中生语文写作素养进阶 ·········· 吴 焱 190

核心素养视域下的音乐舞台课堂实践探索

——以人音版九年级下册第二单元《西班牙舞曲》教学

为例 ·················· 金加银 198

第四辑 教学实践与创新思考 207

"迷你学习":语文阅读课堂的创新实践 ············ 江珊珊 209

立足儿童·生活 培植汉字文化 ·················· 姜懿真 217

小学语文现代诗"1+1"教学探究 …………………… 周洁慧 226

应用在线教室软件建构融合式数学课堂新范式的探索

——以《找次品》一课教学为例 …………………… 蒋华杰 235

作业诊断：助力小学生跨越解决问题障碍 ………… 周 莹 246

增趣·交互·提质：交互式数学课堂让孩子们"动"起来

………………………………………………………… 朱思远 253

基于深度学习的小学英语故事教学实践 …………… 邱晓炯 262

例谈小学英语试题命制的改进与优化 ……………… 陈 蔚 270

双减：作业巧进课堂三部曲

——以教科版小学科学四年级教材为例 ………… 洪燕娜 284

思维导图在小学科学核心概念建构中的应用 ……… 严梦旦 292

"脱'印'而出"：美育实践课程开发新视角及其多元教学创新

………………………………………………………… 李 莉 300

基于 UbD 理论的整本书阅读学习任务群设计与实施

——以统编版七年级上册名著《西游记》为例 ……… 金 玲 305

写作支架：初中语文作文教学载体探究 …………… 虞盈盈 313

GarageBand：数字化赋能校园电声乐队建设 ……… 江少燕 320

第一辑

思维能力与
发展培养

比较阅读：培养高段学生阅读思辨力

舟山市普陀区沈家门小学　司徒柳依

思辨能力指思维在逻辑性、批判性、创新性等方面所表现的能力和水平，是语文学科核心素养的重要构成部分。《义务教育语文课程标准（2022 年版）》在"思辨性阅读与表达"学习任务群的"学习内容"中提出了许多方法。如，第三学段"结合校园或社会生活中的实际事例，学习有理有据地口头或书面表达自己的观点""用画思维导图等方式""体会猜想、验证、推理等思维方式"……这为小学高段阅读教学中，有的放矢地培养学生的思维品质，提供了重要依据。

著名的教育家乌申斯基曾提出"比较是一切理解和思维的基础"，叶圣陶先生也曾提出"阅读方法……最要紧的还在多比较，多归纳，多揣摩，多体会"。但是综观语文课堂教学，一线老师在阅读方法上的指导，多集中在"归纳、揣摩、体会"上，对"比较阅读"涉猎较少。

阅读中的比较策略，就是将内容、形式等相近或相对的多个文本放在一起让学生比较着阅读。比较阅读的作用在于分析文本内容或形式的相同点或不同点，可以更加清楚地认识文本内容或形式的特点，发展学生的思辨能力。比较的方法有很多，教师可以在阅读教学中，根据教学目标、教学内容等方式的不同，灵活地选择、运用。

以五年级为例，结合统编语文教材的教学内容，可尝试在"比较"中引导学生"阐述观点—思辨观点—更新观点"，培养学生的阅读思辨能力。

一、纵横比较，阐述观点

高校学生在完成阅读任务后，不仅要理解文本的表层含义，还要能够有理有据地阐述自己的观点，进行循证实践。循证是遵循证据的意思，主要通过寻找文本依据、呈现分析思路的过程来培养学生分析问题、解决问题、表达观点的能力。根据布鲁姆认知目标"记忆、理解、应用、分析、评价、创造"的分层理论，证据也可以分为"训练记忆力的证据、提高理解能力的证据、培养应用能力的证据、提升分析能力的证据、培养评价能力的证据、培养创新性思维的证据"六个层次。学生不同的学习阶段或思维水平对应着不同层次的证据，所以教师在指导学生阅读时,可以根据不同层次的教学目标指导学生寻找和应用不同层次的证据,以此推动学生思维的发展。

在阅读教学中,教师应引导学生在阅读思辨的过程中,学习寻找证据、分析证据、运用证据,形成自己的观点,并有理有据地表达自己的观点,培养理性思维和理性精神。循证是形成自己观点的一个重要途径,需要教师指导学生在独立阅读后,运用一定的思维策略,有逻辑、有目的地,通过纵横比较,来初步循证实践,为自己的观点提供证据。

(一)纵向比较,培养学生逻辑思维能力

纵向比较,即在一种结构范围内,按照有顺序的、可预测的、程式化的方向进行比较思考。这符合事物发展方向和人类认知习惯,遵循由低到高、由浅到深、由始到终等线索,清晰明了,合乎逻辑。

统编语文教材在编排上,语文要素纵向线索十分清晰,以"螺旋式上升"的方式呈现出来,整体上体现了由易到难、由具象到抽象、兼顾知识与实践的特点。因此教学内容中的新知识,往往是在旧知的基础上建构发展,如果学生在遇见新知识时,能主动调动已有的认知结构,抓住知识的基本点,纵向比较新旧知识,这无疑是思维品质的质的变化。

比如五上第二单元是阅读策略单元,语文要素是"学习提高阅读速度的方法"。对于提高阅读速度的方法,每个学生在联系自己的学习经验后,会提出不同的观点,而每一篇课文的题目下面的阅读提示,也为学生提供了参考性建议。但是每篇课文可以采用的方法并不是单一的,学生可以在自主阅读的基础上,勾连旧知,选择自己有效的阅读方法,并循证实践,验证自己的观点。比如第7课《什么比猎豹的速度更快》,阅读提示提醒学生"借助关键词句",学生可以联系旧知三上第六单元的语文要素,"借助关键句理解一段话的意思",联系学过的课文《富饶的西沙群岛》等;第8课《冀中的地道战》,阅读提示提醒学生"带着问题"读,学生可以联系旧知四上第二单元的语文要素,"阅读时尝试从不同角度去思考,提出自己的问题",联系学过的课文《一个豆荚里的五粒豆》等。当学生认识并掌握知识之间的内在联系,有意识地去纵向比较,才能深刻理解,融会贯通,形成良好的认知结构。

(二)横向比较,培养学生发散思维能力

横向比较,即突破问题的结构范式,从其他领域的事物、事实中得到启示而产生新设想。它不一定有顺序,同时也不一定能预测。

语文教材虽然是由不同的单元或者章节组成的,但在知识的链条上,既有区别又有联系,我们在教学中,还要引导学生横向比较,努力探索各章节、各单元的知识联系,帮助学生建构起属于自己的良好认知结构。语文统编教材的一大优势就是,已经将文章按语文要素进行了单元划分,因此非常适合大单元教学和项目化学习。这样不仅能引导学生从一篇走向多篇,还能引导学生从课内走向课外,使学生的思维更加具有广度。

如五上第三单元民间故事。民间故事有哪些特点呢?围绕这一思辨问题,教师可以带领学生进行"我是民间故事传承人"的项目化学习活动,整个活动分成以下五个板块进行:读单元篇章页,明确学习任务;读《快乐读书吧》,了解民间故事;读"交流平台""口语交际",了解创造性复述;读教材文本,感受民间故事;做故事传承人,讲述民间故事。五大板块的安排,不仅让学生对单元学习内容有了整体感知和明确认识,也对单元内容进行了横向的比较梳理与整合。学生面对的不再是单篇故事,而是一系列民间故事,对民间故事的特点也会了解得更加全面。

二、多维比较,思辨观点

高段学生独立阅读单篇文本后,基本上能初步阐述自己的观点,并通过不同方法循证实践自己的观点。但是此时的观点还是相对不成熟、缺少推敲的。此时就需要教师提供一些阅读支架或驱动任务,鼓励学生进行观点的碰撞,思辨他人的观点。

(一)求同比较,培养学生迁移运用能力

求同比较,即引导学生在不同文本的阅读中,从遣词造句、布局谋篇、思想情感等方面进行相互比较;或者在同一文本的阅读中,就文本的不同部分从不同的角度进行比较。

比如五下《金字塔》由《金字塔夕照》《不可思议的金字塔》两篇短文组成,在阅读时可以聚焦"两篇短文都介绍了金字塔的哪些特点"等问题,提供表格等支架(见表1),引导学生在求同比较中进行思辨阅读。

表1 《金字塔夕阳》《不可思议的金字塔》相同点

短文	相同点		
	历史悠久		
《金字塔夕阳》	古老……		
《不可思议的金字塔》	建于公元前 2600 年左右		

两篇文章都体现了"历史悠久"的特点,并且在文中都可以找到相关依据。教师可以以这个答案为例,提供范例支架,其他的比较项让学生自主填写,培养学生独立发展相同点的能力。比如两篇短文都写到"高大雄伟",《金字塔夕照》中的关键词句有"三座金山"等,《不可思议的金字塔》中有"50层楼高"等;两篇短文都表达了"赞美之情",《金字塔夕照》中的关键词句有"人间的奇迹""熠熠发光的珍宝"等,《不可思议的金字塔》中有"很高的成就""令人惊叹的建筑成就"等。如果学生求同比较有困难,教师也可以呈现多个比较项,降低学生比较阅读的难度。

在不同文本的阅读中,可以引导学生从遣词造句、布局谋篇、思想情感等方面进行相互比较;在同一文本的阅读中,也可以引导学生就文本不同部分从不同的角度进行比较。既要倡导"举一反三"的教学,培养学生的迁移运用能力;也要倡导"举三反一"的教学,培养学生归纳概括的能力。

(二)求异比较,培养学生分析质疑能力

求异比较,即引导学生探究文本内容、形式等方面的不同点,如针对同一内容的不同作家、同一作家的不同内容、同一主题的不同写法等方面进行思辨。教师同样可以运用表格等支架帮助学生进行比较,加深学生对文本的阅读理解,让学生的思辨更深刻。

同样以五下的《金字塔》为例,可以聚焦"两篇短文都是介绍金字塔的,它们在表达内容和形式上有什么不同"等问题,借助表格(见表2),让学生开展求异比较阅读。

表2 《金字塔夕阳》《不可思议的金字塔》不同点

短文	不同点		
	写作内容		
《金字塔夕阳》	奇特景色,作者遐想		
《不可思议的金字塔》	最大的金字塔,建造金字塔时的古埃及		

表格中可以呈现一个比较项"写作内容",引导学生打开思路,从其他角度进行求异比较。比如,两篇短文的语言风格不同,《金字塔夕照》的语言风格富有诗意、充满情感,《不可思议的金字塔》语言简练准确;两篇短文的表达方法不同,《金字塔夕照》寓情于景,《不可思议的金字塔》运用了"图文结合、列数字、举例子"等表达方法。

再如五上第五单元的两篇课文《太阳》和《松鼠》,都是说明性文章,教师可以结合"交流平台",引导学生聚焦"两篇说明文的写法有什么不同",进行求异比较阅读,在思辨中发现不同点:语言方面,《太阳》的语言比较平实,而《松鼠》的语言比较活泼;说明方法方面,《太阳》运用了大量列数字、作比较的说明方法,将抽象、复杂的事物说得清楚明白,而《松鼠》运用了大量打比方的说明方法,抓住事物鲜明的特点进行具体说明,使读者清楚地了解事物。《松鼠》的课后题中也有要求学生求异比较的题目:"读下面选自《中国大百科全书(第二版)》中的句子,找出课文中相应的内容,体会表达上的不同。"类似的问题还有"两篇文章采用了不同的写法,你更喜欢哪一种?"当然,在求异比较的同时,教师可以继续借助表格,发挥范例的作用,引导学生打开思路,也可以通过小组讨论,对不同的观点进行分析质疑,从而增加比较项。

三、深度比较,更新观点

通过阐述和思辨观点,学生基础理解了文本,也展示了自己的思考成果,在此过程中,学生会有新的思考,更新甚至改变原有的观点。因此,教师还应继续开发文本,运用多种方法,拓展学生思维,使学生的阅读思辨能力能更加有深度,观点能更加成熟。

(一)求全比较,培养学生整体思维能力

求全比较,即引导学生比较同一主题的不同的文本,对事物的特点进行整合,全面把握文本内容、形式等,从而形成全面的认识,培养学生整体思维能力。

比如五下《金字塔》,可以聚焦"读了两篇短文,你知道了有关金字塔哪些方面的信息"等问题,让学生把两篇短文中介绍埃及金字塔的信息整合起来,运用表格、资料卡等形式进行归类,从地理位置、外形特点、建造历史、奇特之处等方面完整介绍金字塔,从而对埃及金字塔形成全面的认识。

再比如五上《圆明园的毁灭》,教材要求学生查找相关资料进行学习,因此教师可以引导学生聚焦"圆明园为什么会毁灭",让学生把教材与资料整合起来,从"连续的动作""关联的时间""具体的数字"等角度进行归类分析、多角度思考,从而对圆明园毁灭的原因形成完整的认识——既有英法联军野蛮残暴的原因,也有清政府腐败无能的原因,还有中国百姓麻木不仁的原因。

人对事物的认识总是有局限性的,而教材的文本也不一定能将事物介绍得完整。因此在多个文本的阅读中进行求全比较,可以让学生的思维更加整体、全面。

(二)求新比较,培养学生创新思维能力

求新比较,即设置开放性问题,发散学生思维,比较不同解决方案的优劣,从新的角度认识事物特点。在观点阅读中,应当重视学生从不同角度进行思考的创新思维能力培养。

比如五上《猎人海力布》的教学，可以引导学生将问题聚焦于"海力布应不应该说出实情"，引发学生的深度思考。表面上看，学生的观点将局限于"应该"或者"不应该"。但是别忘了民间故事的一大特点是"想象神奇"，因此无论"应该"还是"不应该"，都并没有决定故事的结局。哪怕是选择"不应该"的同学，也可以继续续编故事，海力布也许是用了别的方法来改变结局，或者他后来为自己的选择后悔了。而选择了"应该"的，海力布一定为此牺牲了吗？或者龙女后来救活了海力布呢？创造性想象和创新性表达，都是我们在阅读教学中应该着重培养的，这有利于学生创新思维能力的发展。

总而言之，阅读是学生与文本相互作用、建构意义的动态过程。在阅读过程中，学生需要的不仅是正确理解文本，更重要的是在理解的基础上，对文本做出自己的判断辨析，形成并发表自己的观点并迁移运用，即思辨性阅读。而落实比较阅读，是提高学生思辨能力的，较为切实可行的策略，能帮助学生加深阅读思考能力，掌握分析、推理等思维方法，学会有理有据地表达观点。

参考文献：

[1] 刘荣华.小学阅读思辨性问题的教学实践与研究[J].语文教学通讯,2022(09):4-7.

[2] 王华,傅登顺.思辨走向"思辨"：提升"思辨性阅读与表达"的策略思考[J].中小学教师培训,2022(12):32-35.

[3] 张强.阅读教学中思辨性问题的设计路径[J].语文建设,2022(16):72-74.

[4] 魏小娜,陈永杰.小学语文"思辨性阅读"教学探析[J].语文建设,2022(08):16-19＋75.

[5] 曾焕,李嘉裕,王钰媛.小学语文阅读教学中的高阶思维培养——以统编版小学语文五年级上册为例[J].现代教育,2021(11):47-50.

[6] 袁萍.小学语文"开放性问题"的教学探究[J].上海教育科研,2017(07):89-91.

[7] 杨珣.前置学习三问,促小学语文课堂走向深入[J].教育观察,2020(27):121-122.

[8] 欧阳林.思辨性阅读：从理解、求异到建构[J].语文建设,2018(01):18-21.

[9] 陆香.在思辨性阅读中实现小学语文深度学习[J].教学与管理,2022(26):27-29.

[10] 张达红.语文学科培养思辨力的实践与思考[J].教学与管理,2015(35):38-40.

高年级语文阅读教学中思维能力培养例谈

舟山市定海区定海小学教育集团昌东校区 张琳娜

《义务教育语文课程标准(2022版)》指出语文学科核心素养包括文化自信、语言运用、思维能力、审美创造四个方面。其中思维能力是核心,是纽带,学生思维能力的培养过程就是语言发展的过程,教师要利用阅读文本引导学生积极思考,让思维在深入阅读中不断发展,从而促进语文核心素养的提升。

一、抓住有思维含量的问题,引导学生进入思维空间

有思维含量的问题能激发学生兴趣,让他们主动思考。皮亚杰说:"所有智力的工作都要依赖于兴趣。"统编教材的篇章页明确提出了单元教学目标,而课后习题和导语中,更为鲜明地为教者提供了许多有思维含量的问题,我们可以直接借用;此外,还可根据需要专门设计。阅读教学中,要充分利用这些有价值的问题培养学生的思维能力。

(一)整体关照类的问题:思考中演绎

统编教材五上《白鹭》课后题中要求学生"说说从哪些地方感受到'白鹭是一首精巧的诗'"。学生在理解"精巧"这个词义后,需要抓住"哪些地方"这个关键词从全文中寻找信息。教学中先引导学生从整体上梳理文脉,发现课文是从静态和动态两个方面来写;然后找到具体描写的内容,进一步发现作者生动地描写了"外形长得精巧匀称""钓鱼水田的和谐美""闲立枝头的悠闲美""黄昏低飞的清澄美",来赞美白鹭是一首精巧的诗。"精巧的诗——白鹭的活动(动态美)——三幅画面美",利用这类课后题经历这样的学习过程就是经历从整体到部分的思考过程,也是演绎思维的训练过程,初步培养了逻辑思维能力。

其实教材中这一类的问题很多,如:五下《杨氏之子》的课后题"说说从哪里可以看出杨氏子的机智"。学生先理解文言文的意思,整体理解"杨氏子九岁,甚聪惠"这个中心句,再联系上下文的意思,从杨氏子的言行等方面找到他的机智之处。

除此根据教学的需要来设计,如五上《少年中国说》,针对最后一个自然段提

问:"联系全文说说'少年中国美在哪里？中国少年壮在哪里？'"设计这个问题既是检查学生对前文内容的整体理解,又是对第二自然段多种信息的梳理,是对整体思维的一次有效训练。

（二）矛盾冲突类的问题：分析中归纳

五上《圆明园的毁灭》的课后题有两个富有思维含量的问题:"（1）说说为什么'圆明园的毁灭是中国文化史上不可估量的损失,也是世界文化史上不可估量的损失'?""（2）课文题目是'圆明园的毁灭',作者为什么用那么多笔墨写圆明园昔日的辉煌？和同学交流你的想法。"

学生先针对第一个问题引导学生结合资料学习第2—4自然段,在分析、辨别和比较中逐步发现"曾经的圆明园从布局、建筑,再到历史文物,都是辉煌无比的",而"圆明园内珍藏着的历史文物,在当时来说也是世界上最大的博物馆、艺术馆,如今却化成了一片灰烬",由此让学生综合归纳,解决第一个问题。

教师顺势引导学生从多个角度思考第二个问题,这样写的原因:"其一,形成鲜明的对比,表达对侵略者的无比仇恨；其二,让我们感受到圆明园被毁的痛心、惋惜；其三,提醒我们要有不忘国耻、振兴中华的责任感和使命感；其四,更激发我们热爱祖国灿烂文化的情感。"

这两个问题的解决过程,就是引导学生对阅读文本分析比较、压缩提炼的过程,就是让学生在去粗取精、去伪存真的思维过程中,提高分析、概括等能力。

（三）辨析比较类的问题：对比中发散

除了课后题,在略读课文前都会有导读提示,如五下《金字塔》课前就有两个提示,其中一个是:"比较两篇短文的表达方式有何不同,你更喜欢哪一种？说说理由。"这是个思辨性问题。问题的结论指向多个方面,具有开放性的特点,学生可以喜欢第一篇,也可以是第二篇,关键是要有理有据地说清喜欢的理由。五年级学生的思维已有了一定的发展,但仍趋于单一,发散思维能力仍较弱。对于这个喜欢的理由,教师需引导学生转变常规思维方式,从"体裁、内容、表达方式"等不同的角度去发现、提炼、整合。借助这个思辨性问题统领学习全过程,更深层次地理解了课文特点,提高了阅读鉴赏能力,也锻炼了阅读的主动性和创造性。

除了借助导语提示,教师还可以自主组合教材进行比较教学。如五上《古诗三首》中《示儿》和《题临安邸》处于同一个单元的同一课,《题临安邸》可以作为《示儿》的时代背景来学习,所以组合在一起进行比较。在了解两首诗之后提出:你们觉得这两首诗中包含着怎样的情感？（悲和愤）陆游"但悲不见九州同""悲"在哪里？教学中紧紧抓住单元语文要素"结合资料体会情感",体会到诗人一悲北宋王朝的灭亡,二悲北宋王室和老百姓受尽了折磨,三悲南宋王朝不去收复失地却在杭州过着纸醉金迷的生活,由此链接《题临安邸》,引出这些达官贵人又"醉"于什么？正是这样屈辱的生活让诗人"悲"自己空怀报国之志,直至临死还"不见九州同",除了"悲",心中还有无限的期盼。古诗的比较学习中,链接了时代背景、作者生平和历史事件,引导学生多角度理解诗人的情感,既锻炼了思维,启迪了智慧,也为学生鉴赏古诗提供了学习方法。

二、提供有阅读价值的思维工具,促进学生的思维不断深入

思维工具是将思维过程图示化的思考工具,是一种把抽象思维过程具体可视化的技能方法总称,能借助外显的图示来联结与组织信息,以激发大脑思维的发散与聚合,让阅读更高效。阅读教学中借助思维工具,更能有效培养学生的阅读能力。

（一）利用多种思维导图加深理解

思维导图是一种可视化的思维工具,它能化繁为简,将抽象的语言更直观、形象,如绘制表格、流程图、气泡图、圆圈图等。阅读教学中,提供多种可视化思维导图,让学生在发散想象、聚合思维、逆向思维等过程中明确课文的脉络和结构,就能使学生的分析、综合、想象等高阶思维得到发展,创造性思维能力得到提升。

1.画地图辅助深入思考

如:《冀中的地道战》是五上第二单元中最后一课,学生带着前几课学到的快速阅读方法边读边思考"地道是什么样的""地道战取得成功的关键是什么",从整体到部分,分别圈画"地道出现的原因、对生活生产的作用、利用地道对付和防御敌人、了解地面的情况"等方面的关键信息,进行小组交流,再以小组合作的方式用思维导图完成"地道设计图"或"地道布防图"来展示。"这个导图如何画？需要提取哪些信息？如何筛选整合这些信息？"都通过讨论来完善。这样的教学,让学习任务活动化,阅读思维可视化,学习方式自主化,更是在合作中探索了地道设计和布防的精妙,体会到了人民群众的无穷智慧和顽强斗志。

2.列表格发现表达方法

如:六上习作单元精读课文《夏天里的成长》直接指向了表达方法的学习。为了突破"体会文章是怎样围绕中心意思来写的"这个教学重难点,在学习第二自然段时,根据课后题2和《语文作业本》(浙江省教育厅教研室编写)的要求,引导学生完成以下表格(见表1),再引导学生观察,从表格中更直观地发现作者

"围绕中心选取了生活中常见的、熟悉的动植物,有顺序地表达,用词丰富"这些方法,然后仿写,从而为习作打下基础。

表1 《夏天里的成长》课内练习

动植物	时间	怎样长
瓜藤	一天	长出几寸
竹子、高粱	一夜	多出半节
苞蕾	昨天、今天、明天	变成鲜花、变成果实
苔藓	几天不见	长满了石头
草、菜	几天不见	由黄泥土变成草坪菜畦
小猫小狗小鸡小鸭	个把月	有了妈妈的一半大

3. 不同图式梳理文脉

五上《松鼠》的课后题要求"把从课文中获得的有关松鼠的信息分条写下来",以此来梳理文脉,感受说明文就是要抓住事物的主要特点,分别通过几类内容来分段说明,这样能使文章条理更清楚。教学中,可以让学生自主选择不同的图式来帮助梳理:

引导学生先在全文中圈画出介绍了松鼠哪些方面的内容,然后对每段的内容进行了更为细致的提取和梳理,最后小组合作,分别用不同的思维导图展示,有的用表格式(见表2),有的用提纲,还有插图+注解式(见图1)。这些图表呈现的是学生的阅读所得,体现的是阅读的个性化,通过比较不同图式发现说明文的表达共性,从而领悟"交流平台"中的"说明性文章通常抓住事物鲜明的特点进行具体说明,使我们清楚地了解事物""描述准确、清楚、有条理"。

表2 《松鼠》课文内容梳理

松鼠	相关信息
外形特点	漂亮、乖巧、驯良;面容清秀,眼睛闪闪发光,身体矫健,四肢轻快,有帽缨形的尾巴;吃相好
活动范围和生活规律	经常在高处活动;白天休息,晚上活动
行为特点	警觉,动作敏捷;秋天储藏冬天的食物
搭窝	搭在树枝分叉的地方,干净、暖和、舒适、安全;搭窝很有技巧,窝口朝上,并且有一个圆锥形的盖
其他习性	通常一胎生三四个;小松鼠过了冬会换毛;用爪子和牙齿梳理毛发

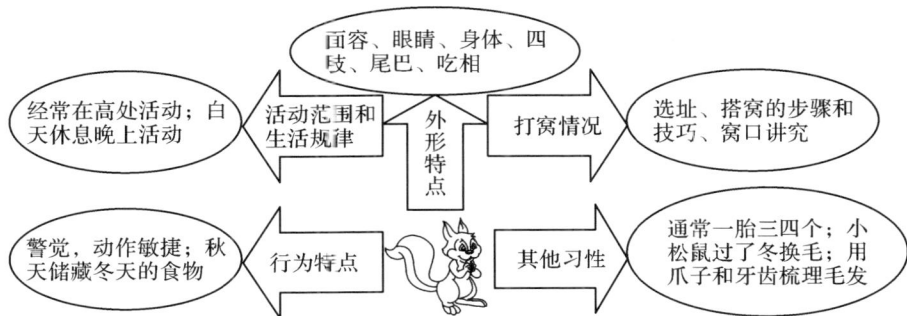

图 1 《松鼠》课文内容梳理

在这个单元的学习中，笔者尝试让学生将每篇课文都用不同思维导图的形式进行梳理，最后在写"介绍一种事物"这个单元作文前，学生很自觉地先完成了作文提纲或思维导图再进行习作，知识和方法就得到了迁移。

其实在语文学习中，特别是高年级学生，知识越学越多了，如能养成经常运用思维导图梳理、回顾知识的习惯，逐步让所学知识得以积累、融会贯通，就能形成语文知识"百宝箱"，一旦写作需要时便可信手拈来。

（二）提供不同清单工具深入阅读

清单，就是把干好一件事情的原则和关键点一条一条地写下来。俗话说，大脑是用来思考的而不是用来记忆的，毕竟大脑的记忆极限是"7 加减 2"，一条一条地列好清单才更有逻辑性，而且不容易遗漏。

在统编教材《快乐读书吧》教学中，为学生在不同阶段提供多种阅读清单，以打通课内外阅读渠道，诱导学生持续深入阅读，从而在大量阅读中大面积提升语文素养。如：六下第二单元安排了外国文学名著的课文学习与课外阅读，单元语文要素是"借助作品梗概，了解名著的主要内容""就印象深刻的人物和情节交流感受"。"交流平台"中还提出了人物评价要求："每个人都是立体的、多面的，评价人物时角度不能太单一。"到了六年级，如果我们的"阅读单"还是一成不变记录"作者、主要内容、精彩片段"等内容，学生的每一次阅读就会变成一项任务，甚至变成负担去完成，达不到阅读目的。而设计出有创意的"阅读单"，就像思维导图一样，将本来不可视的思维过程更好地呈现出来，不但能激发阅读兴趣，还能促进阅读理解、记忆和内化。

1.设计阅读记录单，培养阅读习惯

布置阅读任务后，先要制订阅读计划，以便培养自主阅读、自我监督的能力，养成良好的阅读习惯（见表 3、表 4）：

表 3　我的阅读记录表

日期	书名/作者	起始页	结束页	阅读时长（开始和结束时间）	阅读地点	自我评价

表 4　我的阅读时长记录表

日期	阅读时长			
	第一次阅读	第二次阅读	第三次阅读	本日总计时长

2.设计阅读支持单,提示阅读方法

（1）给作者写一封信。通过与作者的对话,将自己阅读故事后的感受罗列下来,可以是总体上的想法,也可以是对故事中人物的评价,还可以讲讲印象深刻的故事情节,甚至可以表达自己对这本书的看法或建议。如:

给作者的信

书名:＿＿＿＿＿＿＿＿＿　　作者:＿＿＿＿＿＿＿＿＿

出版社:＿＿＿＿＿　阅读时间:＿＿＿＿＿　阅读页码:＿＿＿＿＿

阅读这本书后,试着给书本的作者写信,讲讲自己对书本的感受。

尊敬的＿＿＿＿:

　　您好! 我刚读完您写的＿＿＿＿＿＿＿＿＿

　　我认为,＿＿＿＿＿＿＿＿＿

＿＿＿＿＿＿＿＿＿＿＿＿＿＿＿

　　我最喜欢的人物(或我最喜欢的故事)是＿＿＿＿＿＿＿

＿＿＿＿＿＿＿＿＿＿＿＿＿＿＿

　　谢谢您,因为＿＿＿＿＿＿＿＿＿

读者:＿＿＿＿＿

图 2　阅读支持单"给作者的信"

（2）与故事人物通信。在阅读过程中关注故事人物，读懂人物性格特点，在反复阅读中设身处地地走进人物内心，体会人物命运的变化，从而提升阅读的整合、分析能力。如：

与故事人物通信

书名：＿＿＿＿＿＿＿＿＿＿＿　　　　作者：＿＿＿＿＿＿＿＿＿＿＿＿

出版社：＿＿＿＿＿＿＿　　阅读时间：＿＿＿＿＿＿＿　　阅读页码：＿＿＿＿＿＿＿

我喜欢书中的＿＿＿＿＿＿，并有深刻的印象，所以我写了下面的一封信给他。

提示：内容可以安慰、鼓励、问候、赞美……

＿＿＿＿＿＿＿＿＿＿＿＿＿＿＿＿＿＿＿＿＿＿＿＿＿＿＿＿＿＿＿＿＿＿

＿＿＿＿＿＿＿＿＿＿＿＿＿＿＿＿＿＿＿＿＿＿＿＿＿＿＿＿＿＿＿＿＿＿

＿＿＿＿＿＿＿＿＿＿＿＿＿＿＿＿＿＿＿＿＿＿＿＿＿＿＿＿＿＿＿＿＿＿

图 3　阅读支持单"与故事人物通信"

（3）向作者提问等。学生一旦只接受了固定模式的思维方式，思维就会被固化，看待事物就会片面，所以还要适时培养辩证思维和批判性思维能力。可以设计"向作者提问""故事结局（或插图）我来设计""看目录来预测"等阅读支持单，有意识地促进学生边读边思考。如：

向作者提问

书名：＿＿＿＿＿＿＿＿＿＿＿　　　　作者：＿＿＿＿＿＿＿＿＿＿＿＿

出版社：＿＿＿＿＿＿＿　　阅读时间：＿＿＿＿＿＿＿　　阅读页码：＿＿＿＿＿＿＿

如果你有机会向作者提问，你会问什么？列出你想问的问题吧！

图 4　阅读支持单"向作者提问"

3.设计阅读评价单，总结阅读收获

以一个月为一个周期阅读一本书，按照一星期阶段评，四个星期进行总评。每个学生自主设计并上交一份"我的阅读清单——这个月我阅读的书"，内容可

以从阅读书目、主要内容、人物档案、作品主题或故事情节分析等方面谈谈自己的收获,如走进鲁滨逊(盘点鲁滨逊荒岛求生宝典)、鲁滨逊漂流故事时间轴、尼尔斯旅行地图、回顾汤姆索亚历险记、人物图谱等。如:

人物档案

给故事人物建立一份个人档案。在左边的框中,画一画他在你心中的样子。在右边的框中,写一写可以用来形容他/她性格和行为的词或句子。

这个人物长什么样?	这个人物的基本情况是什么?
	这个人物在故事中的角色地位是什么?　这个人物的性格是什么样的?
	对于这个人物,你还知道哪些信息?

图 5　阅读支持单"我的阅读清单——这个月我阅读的书"

（三）搭建项目化学习平台主动思考

项目化学习以学生、活动、经验为中心,通过实践活动培养各种能力,提升思维品质。我们可以在语文综合性学习、单元整组教学、跨学科学习、相同主题学习中引导学生展开项目化学习。如五下的《综合性学习:遨游汉字王国》可以按以下步骤学习:

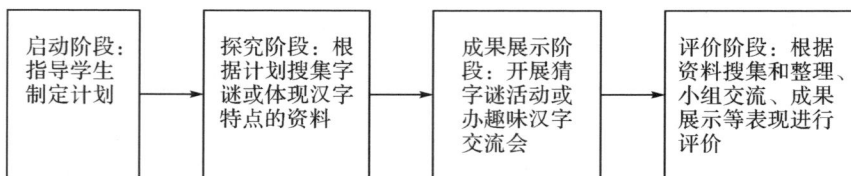

启动阶段:指导学生制定计划 → 探究阶段:根据计划搜集字谜或体现汉字特点的资料 → 成果展示阶段:开展猜字谜活动或办趣味汉字交流会 → 评价阶段:根据资料搜集和整理、小组交流、成果展示等表现进行评价

图 6　《综合性学习:遨游汉字王国》项目化学习

教师在情境创设、方法指导、小组合作、兴趣激发等方面进行引导、激励,让学生的"学"在课堂上真正实现。而每个学生根据自己学习的任务和需求,在激励中积极探究,在竞赛中主动思考,在合作展示中运用思维方法,提升了综合能力。

三、落实多向思维的有效训练，提升学生的思维能力

我们知道后天的思维与先天的思维有些不同，就像叶圣陶所说："语言说得好，在于思维的正确，思维的锻炼相当重要。"思维能力是可以在阅读训练中提升的。

（一）集散为整，化单一思维为复合思维

如《威尼斯的小艇》一文中有一道阅读题："……不管怎么拥挤，他总能左拐右拐地挤过去。遇到极窄的地方，他总能平稳地穿过，而且速度非常快，还能作急转弯……"体会这个句子中两个"总"有什么好处？

有学生回答：两个"总"说明了船夫的驾驶技术特别好。这是学生原有思维认知，比较单一、宽泛，原因是没有联系整段话的内容来进行表达。教师要注意培养学生的复合思维，也就是联系上下文内容来思考表达："重复使用两个'总'字写出了船夫无论是遇到极窄还是极拥挤的情况，都能又快又平稳地穿过，说明了船夫的驾驶技术特别好。"这里的"重复使用两个'总'字写出了船夫无论是遇到极窄还是极拥挤的情况，都能又快又平稳地穿过"回答就是读懂了这部分意思，联系了上下文的内容，而不是笼统地表述"说明了船夫的驾驶技术特别好"。

（二）循序渐进，练习思维的全面性

　　　　五上《将相和》的课后题：蔺相如、廉颇给你留下了怎样的印象？结合具体事例说一说。

如果学生只能说：我喜欢蔺相如，因为他很聪明、勇敢。我喜欢廉颇，因为他知错就改。这样的回答作为五年级学生的思维不够全面。教师要引导学生找到文中的具体事例，用观点＋事例的方法来归并，并能条分缕析地梳理表达：

　　　　我喜欢廉颇。第一，他百战百胜，攻无不克，立下许多大功。渑池会上正是因为他带领军队在边境做好了抵御秦兵的准备，才使秦王不敢欺负赵国。第二，他能顾全大局，为国家利益着想。他知道蔺相如为了国家利益不跟他一般见识，觉得自己真不该嫉妒他。第三，他知错就改，忠心为国。他放下架子，脱下战袍，背上荆条，真心诚意地来到蔺相如门上请罪。

另外,我们可以在《晏子使楚》一课中练习思维的深刻性,在五上第五单元中训练思维的严谨性,在五下第六单元中训练多元思维,借《忆读书》《鲁滨逊漂流记》等课文训练辩证思维……阅读教学中,思维训练一定要到位,要让每一个学生经历一个个探索和发现的过程,让语言和思维得到同步发展。

总之,培养思维能力是语言运用的需要。高年级语文阅读教学中要注重培养学生的语言运用能力,即培养学生运用语言表达思维同时通过语言领会他人思维的一种能力。教学中要将语思训练紧密结合,抓住有思维含量的问题,转变学习方式,展开思维训练过程,以此增强阅读思维能力,提升语文核心素养。

参考文献:

[1] 中华人民共和国教育部. 义务教育语文课程标准(2022 年版)[S]. 北京:北京师范大学出版社,2022.

[2] 余琴. 浙江小学语文最新课例精选(五年级上册)[M]. 上海:文汇出版社,2020.

[3] 骑象小学堂. 小学整本书阅读笔记[M]. 上海:上海教育出版社,2019.

[4] 刘荣华. 小学阅读思辨性问题的教学实践与研究[J]. 小学语文教与学,2022(09):4-7.

巧用"分层支架" 培养"数学思维"

舟山市定海区北蝉中心小学 唐增艳

《基础教育课程改革纲要（试行）》要求在教学过程中，教师应尊重学生的人格，关注个体差异，使每个学生都能得到充分的发展。因此，笔者通过大量高年级的关键课的教学和探索，以尽力促使每个学生在原有基础上得到较大提升为目标，形成了有利于学生的四种结构化支架，即搭建分层的"起点支架"，奠定学生学习基础；构建分层的"量点支架"，给予学生多维支持；营建分层的"柔点支架"，关注学生探究自由；创建分层的"退点支架"，提升学生数学素养。教师只有时刻以学生为本，才能充分达成目标，促进学生思维结构化发展，提升学生的"数学思维"。

一、缘起：发现课中的问题和原因

在传统的教学中，教师只重视知识的传授，而忽略了对学生数学思维的培养。如今，在小学数学教学过程中，主要存在以下问题：

（一）学生的数学批判性缺失

例如，有老师在上《三位数乘两位数的竖式计算》一课时，故意将选项中的 4 个答案都设置为错误的答案，让学生进行选择。

153×21，不计算，请判断出下面 4 位同学哪一位同学的结果是正确的。

A 同学：453　　　B 同学：1213　　　C 同学：5213　　　D 同学：3214

学生在做这道题时，当排除前 3 个错误答案时，理所当然地认为第 4 个就是准确答案，因此不假思索地选择 D，而准确的答案却没有出来。

可见，唯教师的答案正确的现象比比皆是。在数学思维培养过程中，学生的批判性思维还是有待加强。

（二）学生的数学探究深度不足

在常规的课堂上，学生没有深入思考的机会。由于一节课的时间有限，教学计划的紧凑，导致教师在课堂上一直在传授知识，没有留下足够的思考空间，学生课下也很少再去思考，这样不利于数学思维的发展。

例如，在探究五年级下册《包装的学问》一课时，当教师问学生到底几个小长方体包装可以用大面重合法最省包装纸时，让学生进行小组讨论。但是在讨论的过程中，只有个别的孩子能够探究这个问题，更多的孩子只是在一旁看着别人进行讨论。而由于时间关系，在大多数学生还没有进行深入探究的情况下，教师就揭示答案了，这样不利于学生数学思维的培养。

（三）学生的数学知识广度欠缺

教师在平时上课过程中，将知识传授给学生后，更多的学生只会依样画葫芦式地进行习题的练习，而对于稍微深入一点的内容，学生就难以拓展。

例如，在上新课《加法的运算定律》后，学生在练习的过程中碰到这样一题："12＋45＋88＋55＝（   ）"，你可以运用哪些所学的定律进行回答？有的学生说，可以用加法交换律；有的学生说，可以用加法结合律。只有较少部分的学生会进行综合考虑，这道题不仅需要加法交换律，也需要加法结合律。因为那些学生知道，12 和 88 加起来就是一个整百数，而 45 和 55 加起来也是一个整百数。因此这道题最后就是：12＋45＋88＋55＝（12＋88）＋（45＋55）进行解答。然而，真正能够综合考虑的学生，只是极小的一部分。

产生以上情况，主要是以下原因：

1. 教师没有对学生进行分层教学

针对不同的学生，我们应该充分尊重学生的"最近发展区"，让所有的学生在"跳一跳"的助力下，都能够摘到桃子。优等生的高阶思维在分层学习下，能够达到更高级水平；中等生的高阶思维能够达到稍高的水平，是和自身比较，比原来的水平更进一步；后进生主要以把握基础为主，同时也有一定的思维水平的进步。

2. 教学方法的单一限制了学生的操作

小学生们正处于活泼好动的年纪，教师应该时不时改变自己的上课方式，吸引学生的兴趣。让学生自己动手做一做，加深印象，这样有利于学生数学思维的发展。

3.教师没有给学生搭建适宜的学习支架

教师在教学过程中,常常以自己的教学设计为中心,进行讲授式的教学,这严重阻碍了学生数学思维的发展。我们只有在不同的教学环境下,搭建适合不同程度水平学生的学习支架,才能促进学生思维结构化发展,提升学生的"数学思维"。

二、实践:解决问题的具体操作

提炼教学策略是教学改进的重要途径和内容,在探索数学分层教学策略的过程中,教师设计并修改了指向"数学思维"的分层教学,并在学生探究过程中发现,给予不同层次学生不同的学习支架,对分层教学活动有很大的帮助。

(一)搭建分层的"起点支架",奠定学生学习基础

面对不同层次、不同水平的学生,教师首先要找准学生数学学习的起点,因为不同的学生,有不同的学习起点。构建分层的起点支架,是在充分关注学情、尊重学生个体差异的前提下,搭建不同层次水平的台阶。

1.案例呈现

例如,在五年级上册《平行四边形的面积》一课分层教学中,在差异性的指导前提下,教师根据不同学生的能力水平,给予学生分层的起点支架。教师提供给不同层次的学生不同的学习支架(见表1)。

表1　分层学习的起点支架

学生	学习素材	学习支架
A 层		请你试着计算一下这个图形的面积
B 层		请你用尺子量一量,算一算。想一想长方形的面积是怎么求的?这个图形的面积究竟和它的哪几条边有关系?
C 层		请你数一数,这个图形的面积,并想一想可以怎么算?

2.成效分析

由上可见,指向"数学思维"的小学数学差异性的课堂教学,较好地实现了以下两点:

一是按数学差异性设计的课堂教学能为学生提供尽可能多的思考与创造的机会,教师在课堂上更加退向后台,学生的思维能力和主动性都很好地得到发挥、相得益彰。课堂教学较好地呈现出"研究大模型、提供大空间、呈现大格局"的状态。

二是改变了以前单一的教学方法,留给学生操作讨论的空间,课堂处于一种指向"数学思维"的研究探讨、立体交流、思维碰撞的大好局面。

在这个分层教学过程中,教师以培养学生数学思维为主要教学任务,通过不同形式的方法进行不断探索与发现,培养了学生的空间想象能力,加深了学生数学学习的深刻性和灵活性。

3.实践小结

在"图形与几何"的教学中,培养学生"数学思维"的关键点在于对学生动态想象能力和空间意识的大力培养,这样有利于发展学生"数学思维"中的深刻性和灵活性。

正确设定分层教学的起点是整节课教学的关键之处,小学数学差异性课堂教学应从不同层次的学生的实际出发设计与调整,做到"以学定教"。只有在找准不同层次的学生现有知识起点的基础上,才能提高课堂效率。

搭建分层的起点支架,就是在紧紧抓住不同层次的学生的前提下,进行的分层教学活动。搭建分层的起点支架不仅可以让学生更好地进行分层学习,发展学生的"数学思维",同时能有效地激发学生学习数学的热情,从而更深入地进行自主性的探究,促进数学思维的活动。

(二)构建分层的"量点支架",给予学生多维支持

教师在分层教学中,给予学生多维的学习支持,能够高效地进行课堂深入学习。在实践教学中,我们教师应该努力提供"少而精"的支架,就是教师尽可能提供最少的支架给学生,而学生的数学差异性学习却能够达到最高效的状态。笔者认为应当给学生搭建分层的量点支架(即要控制提供的学习支架的数量和质量),以此来给予学生数学差异性学习的多维支持。

1.案例呈现

例如,在五年级上册《组合图形的面积》一课分层教学中,教师搭建了一些主体性的支架,即教师设置不同层次性的问题来作为学生的学习支架,引发学生思考,使学生能够更好地去理解问题,从而发展学生的数学思维(见表2)。

表2　分层学习的量点支架

学生	学习素材	学习支架
A层	计算下面图形的面积。你能想出几种方法? (图形:10cm、6cm、5cm、12cm)	问题1:试着用学过的数学方法进行求解 问题2:再想想除了你得到的这种计算方法之外,还有其他方法吗? 问题3:回忆你学过的基本的平面图形有哪些?
B层	计算下面图形的面积。你能想出2种方法吗? (图形:10cm、6cm、5cm、12cm)	问题1:回忆你学过的基本的平面图形有哪些? 问题2:将组合图形变成你学过的图形后计算。 问题3:除了分割法,还可以用填补法
C层	计算下面图形的面积。 (图形:10cm、6cm、5cm、12cm)	问题1:回忆你学过的基本的平面图形有哪些? 问题2:你能将图形分割成2个你会算的基本图形吗? 问题3:你是不是将图形分割成一个长方形和梯形了?它们的面积怎么算?

这些分层的三个看起来很简单的问题,对学生却有很大作用。对A层学生来说,支架提供不需要过多,过于明白,否则会阻碍优秀学生思维的发展;对B层学生来说,需要提供一定的指导性意见,这样有利于学生去研究探索;对C层学生来说,需要一步一步带着走,给学生一些辅助性的支架,这样在学习的过程中,这些学生能够得到一定的自信心。

2.成效分析

总的来说,无论对于哪类学生,其中“问题1”的三种不同提问方式都关注到了不同层次学生的起点知识。在教学《组合图形的面积》一课前,学生已经学习了各类平面图形的面积的求法,即分割法。因而对于"问题1",学生更多地会运用分割法去进行学习。"问题2"的帮助,让不同类型的学生形成不同的解题方法,并将这种解题思路逐步运用于其他类型问题的解决中;通过"问题3",学生会根据提供的支架,主动去探索,并发现其他方法。在整个过程中,通过这样三个问题支架的提供,让学生的数学差异性学习逐步地得到了帮助,从而更好地进行数学学习。在这个过程中,学生的数学思维得到了发展,并且解决问题的能力也有所提升,为未来解决生活中的实际问题奠定了基础。

3. 实践小结

此次的分层教学,培养了学生的分析问题能力,问题的转化能力,这是培养学生"数学思维"的关键点。

根据量点支架的特性,我们教师需要明白,在分层教学过程中,要有针对性、分层性地控制提供给不同层次学生学习的支架的数量。同时,我们教师要清楚,在搭建不同层次的学习支架时,需要特别注意给予学生充足的时间进行思考,并根据支架逐步进行学习并获得知识。只有这样,学生的数学差异性学习才具有意义和效果。

(三)营建分层的"柔点支架",关注学生探究自由

在以往的教学中,教师也会给学生提供学习支架,但是他们常常忽略学生具体的学情,疏忽课堂的千变万化。因而,支架的效果没有很好地体现。因此,笔者认为教师创建的分层支架应当适应课堂的不断变化。而柔点支架恰好有这一作用,柔点支架的构建能够让教师更好地进行数学分层教学。

1. 案例呈现

例如,在五年级下册《分数的加减法和乘法的拓展课》一课分层教学中,教师根据学生的不同层次的需求,尽可能地搭建学习支架(见表3)。

表3　分层学习的柔点支架

学生	学习素材	学习支架
A层	$\frac{1}{2}+\frac{1}{4}=(\quad)$ $\frac{1}{2}+\frac{1}{4}+\frac{1}{8}=(\quad)$ $\frac{1}{2}+\frac{1}{4}+\frac{1}{8}+\frac{1}{16}=(\quad)$ …… $\frac{1}{2}+\frac{1}{4}+\frac{1}{8}+\frac{1}{16}+\frac{1}{32}+\cdots+\frac{1}{1024}=(\quad)$	观察数的特点,试着计算求解

续　表

学生	学习素材	学习支架
B层	$\frac{1}{2}+\frac{1}{4}=(\qquad)$ $\frac{1}{2}+\frac{1}{4}+\frac{1}{8}=(\qquad)$ $\frac{1}{2}+\frac{1}{4}+\frac{1}{8}+\frac{1}{16}=(\qquad)$ …… $\frac{1}{2}+\frac{1}{4}+\frac{1}{8}+\frac{1}{16}+\frac{1}{32}+\cdots+\frac{1}{1024}=(\qquad)$	试着通过我们学过的方法进行求解,并观察数的特征,想一想还能运用什么方法求解?
C层	$\frac{1}{2}+\frac{1}{4}=(\qquad)$ $\frac{1}{2}+\frac{1}{4}+\frac{1}{8}=(\qquad)$ $\frac{1}{2}+\frac{1}{4}+\frac{1}{8}+\frac{1}{16}=(\qquad)$ …… $\frac{1}{2}+\frac{1}{4}+\frac{1}{8}+\frac{1}{16}+\frac{1}{32}+\cdots+\frac{1}{1024}=(\qquad)$	试着利用通分的方式,进行求解,并能够观察数的特点

　　在提供分层的柔点支架时,教师不仅需要关注学生的学习内容,更需要关注不同层次的学生的学习需求。只有当支架具有一定的柔性,数学差异性的教学才会有一定的实效性。因此,教师所提供的支架要体现导学的灵活性。

　　2.成效分析

　　充分考虑到学生能力的不同,提供不同层次的柔点支架。对能力强的学生来说,提供支架可以让其更快进入模型构建的过程;而对能力稍弱的孩子来说,提供学习支架后,学生通过通分的方式也可以得到准确的结果。在此过程中,教师在提供支架时,根据学生的课堂需求而及时给予帮助,这充分体现了以学生为本的教学目标,也为发展学生数学思维的广阔性和灵活性奠定了基础。

　　在一系列学习材料下,通过分层的柔点支架的导引,可以让学困生吃得了,也可以让学优生吃得饱。这样,所有的学生都能展开积极的思考,形成有效的思维过程。

　　3.实践小结

　　运用所学知识,通过不同的方法,观察和计算数的特点,根据特点进行数学差异性教学,也是培养学生"数学思维"的一种方法,提高学生的数学观察能力,培养了学生的数感。

　　分层的柔点支架,能关照到不同层次的学生的探究自由,能引导学生开展丰富的差异性学习活动。

笔者认为我们教师应当牢记，始终要将学生的数学思维的培养贯穿于数学差异性学习的各个过程与环节之中。我们教师只有尝试通过运用分层的学习支架，努力去开发学生的数学思维，才能有效地提高学生的数学能力。

（四）创建分层的"退点支架"，提升学生数学素养

在分层教学过程中，要让学生形成真正的质疑能力、自主探究能力，发展学生的数学思维，教师还需要创建退点支架。在小学数学分层教学中，为了赋予学生更为自由和广阔的探究空间，我们教师应该逐步地拆除支架，逐步地移走支架。因而，笔者认为创建分层的退点支架，对于提升不同层次学生的数学素养有很大的帮助。

1. 案例呈现

例如，在五年级上册《小数乘小数》一课的分层教学中，教师根据学生的不同层次的需求，秉持着渐退性原则，逐步地创建退点支架（见表4）。

表4 分层学习的退点支架

学生	学习素材	学习支架
A层	计算下面各题 2.4×0.8= 1.92×0.9=	尝试计算下列各题
B层	计算下面各题 2.4×0.8= 1.92×0.9=	根据昨天学习的小数乘整数进行计算
C层	计算下面各题 2.4×0.8= 1.92×0.9=	回忆小数乘整数的计算法则，并计算2.4×0.8

2. 成效分析

在以上的《小数乘小数》一课的分层教学过程中，有的教师会搭建繁复的支架，比如"小数乘整数的法则是怎样的？""小数乘整数是将小数的末尾对齐吗？""还是小数乘整数是将小数点对齐呢？"等。事实上，"小数乘小数"是承接"小数乘整数"而展开教学的，绝大多数的学生经过上一节《小数乘整数》的计算，已经掌握了计算方法，此时如果教师还是提供给学生繁复的支架，很容易束缚住学生灵活的思维，极其可能形成"支架依赖"。这样就违背了我们提供学习支架的初衷。笔者经过实践研究认为，在这个过程中，教师只要求学生尝试进行计算就可以了，这就是在创建退点支架。从教学中发现，学生会形成"小数的末尾对齐"和

"小数的小数点对齐"这样两种计算思路,随即教师可以根据学生的结果,顺学而导,引导学生进行思考,展开思维碰撞的研讨。

经过这样整个过程,学生经历了认知冲突或者认知认同,就会对"小数乘小数"的方法更加深刻。不仅发展了学生的数学思维,让学生进行了深刻的自学活动,更丰富了数学差异性的学习。

3.实践小结

在分层教学中,让学生展开深度研讨和交流,赋予学生更为广阔、更为自由的探究空间,培养学生的学习能力,这是数学分层教学的目标之一,也是培养"数学思维"的一种方式。

因此,在数学分层教学中,为了引导学生展开真正独立的思考和探究,教师更要创建退点支架。只有这样,才能让学生摆脱支架依赖,形成自学自练的能力,才能让学生的数学差异性学习走向深度学习,发展数学思维。

利用结构化支架开展小学高段数学教学是小学数学教师在课堂上所进行的大胆而有效的尝试。在分层教学中,教师只有紧紧抓住有效时机,给学生搭建不同的结构化学习支架,才能有效帮助不同层次的学生学会思考,促进数学思维的发展,提高数学素养,从而有效提升学生的"数学思维"。

总之,在小学数学教学中,教师应该努力在课堂上为不同层次的学生建构不同的学习支架,并进行有效的分层教学,从而让不同层次的学生得到不同程度的发展,促进小学数学学科要素的扎实落地。

参考文献:

[1] 周卫东.数学教育如何培养"必备品格"[J].人民教育,2019(22):53-57.

[2] 冯革琳.以问题引领谈学生数学品格的培养[J].中学数学教学参考,2018(30):69-70.

[3] 张静.以"思考题"催生学生的数学品格[J].中小学数学(小学版),2020(Z1):112-113.

[4] 韦丽兰.数学建模思想在小学数学教学中的应用[J].数学学习与研究,2021(14):106-107.

[5] 陈明珠.小学数学教学中学生建模能力的培养策略分析[J].天津教育,2021(12):17-18.

[6] 田彩霞.立足学生实际　培养建模思想——小学数学教学中融入建模思想的策略[J].新课程,2021(13):81.

[7] 林善颖.小学数学建模步骤与实行策略[J].基础教育研究,2021(04):47-48.

[8] 王磊.助学支架:促进学生数学深度学习[J].数学教学通讯,2020(13):17-18.

指向思维能力发展的小学数学活力课堂建构

舟山市嵊泗县菜园第二小学　欧方力

思维,是人的活力之光,也是教育创新之本。没有思维的过程,也就是没有真实发生的学习。2019 年中共中央、国务院发布《关于深化教育教学改革全面提高义务教育质量的意见》,提出"着力培养认知能力,促进思维发展,激发创新意识"。2022 年新发布的《义务教育数学课程标准(2022 年版)》指出,数学课程要培养学生会用数学的眼光观察现实世界,会用数学的思维思考现实世界,会用数学的语言表达现实世界。通过经历独立的数学思维过程,学生能够理解数学基本概念和法则的产生与发展,数学基本概念之间、数学与现实世界之间的联系,能够合乎逻辑地解释或论证数学的基本方法与结论,分析、解决简单的数学问题和实际问题。可以看到,国家已经把学生的认知能力、思维发展和创新意识的培养上升到了智育的首要位置。

近年来,我县与某大学思维型教育团队合作对所辖学校 2000 多名小学生开展了包括观察、想象、创造等 15 种思维能力在内的小学生思维能力测评(见表1),结果显示,全县小学生思维能力平均值为 68.31。从学生个体看,X5、X6、X8等外岛学校为主学生思维能力主要分布在等级一和等级二上。X1、X2、X3、X4、X7 等以本岛学校为主学生思维能力主要分布在等级二和等级三,全县小学思维能力呈现负偏态分布,整体水平不高,学生思维能力有待进一步提高。

表 1　某县各学校学生在不同的思维能力等级中占比分布情况表

(单位:%)

学校	等级一	等级二	等级三	等级四	等级五
X1	13.60	37.30	29.60	18.70	1.50
X2	21.30	46.00	22.80	7.20	0.00
X3	14.80	35.30	28.80	17.60	2.20
X4	20.90	41.30	23.70	11.10	2.60
X5	33.50	42.60	18.70	4.00	0.00
X6	34.60	27.90	24.50	9.70	0.00

学校	等级一	等级二	等级三	等级四	等级五
X7	19.50	52.90	22.10	6.50	0.00
X8	30.80	4□.40	19.60	8.80	0.00

而理性审视小学课堂现状,确实存在诸多思维缺失的问题。如何培养学生创造性思维能力?笔者认为应将学生高阶思维能力培养与学科课堂教学结合,在课堂教学中以思维为核心和主线,通过真实情境创设、自主合作探究、拓展想象等,让学生尽情地说、尽情地做,培养学生积极思维的习惯,掌握基本的学科思维策略方案,提升学生思维品质,打造活力课堂。

一、在情境创设中"解放眼睛",看中思考,培养观察能力

活力课堂应向学生生活的环境延伸,向学生的生活开放,而要真正开放学生的视野,最关键的还是解放学生的眼睛,让其学会观察,因为观察是探索的起点。例如在教学《从简单处入手》一课时,笔者创设了"拉面问题"情境,首先给学生初次观看视频《舌尖上的中国》西安拉面,马师傅做的拉面,到底有多少根呢?如果再给你一次看视频,你会关注些什么呢?再次播放后追问经过 8 次拉扣,面条到底多少根呢?想想怎么解答?学生通过仔细观察了解到拉面根数与师傅的拉扣次数有关,并得出不同的想法:

学生甲(算式法):1×2＝2 根,2×2＝4 根,4×2＝8 根……

学生乙(枚举法):第一次　第二次　第三次　第四次……第八次

　　　　　　　　　　2　　　　4　　　　8　　　　16 ……　256

如又学了"圆的周长和面积",让学生练一练:下面各图(见图1、图2、图3)的周长相等吗?面积相等吗?通过观察学生在空间知觉的基础上发展了有关几何图形的空间观念,发展了观察的整体性、选择性、灵活性等良好品质。

图1

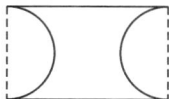
图2

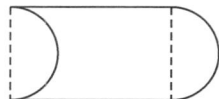
图3

二、在合作探究中"解放双手",做中思考,培养动手操作能力

操作是思维的起点、认知的来源。通过操作,可使学生手、脑、眼协调发展,许多抽象的数学概念、极限思想,通过学生的动手操作就会形成规律,运用自如。例如在教学《从简单处入手》一课时,笔者出示问题:"平面上有 101 条直线,它们

最多有多少个不同的交点?"学生一下子非常茫然,继续追问"101条直线太多,无法画出,更不可能直接去数交点的个数,你觉得怎样思考就是从简单处入手呢?"引导学生先从一条直线、两条直线的交点入手。于是,学生们开始在学习单上动手操作,边画边做记录,通过画图、填表,逐步发现每增加一条直线就多和已有直线条数相同的点数,第101条直线会与前面100条线相交产生100个交点,就是+100(见图4)。甚至有的学生直接概括出"从1开始等差数列一直加到直线数-1"这样的方法。通过活动操作,实质上帮助学生解开了捆住双手的绳子,使他们手脑并用,在做中思考,在做中体验,享受操作的过程。更有价值的是,操作过程中学生思维活动的心理体验,对提升学生思维能力来说是非常有意义的。

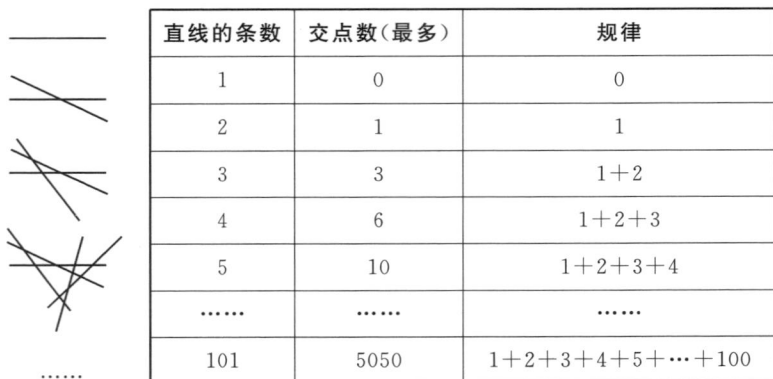

直线的条数	交点数(最多)	规律
1	0	0
2	1	1
3	3	1+2
4	6	1+2+3
5	10	1+2+3+4
……	……	……
101	5050	1+2+3+4+5+…+100

图4　直线交点记录图

三、在认知冲突中"解放头脑",主动思考,培养综合思维能力

数学学习是实行"再创造"的过程,让学习者去发现或创造,亲历思维过程,组学辨思,做中探究,在活动中体验自己与他人思维方式的不同,逐步建构和完善思维方法。教师则是引导和帮助学生逐步掌握运用观察、比较、分析、综合、判断、推理、抽象、概括等思维方法解决数学问题,培养学生的重组思维、发散思维、臻美思维、突破定势等综合思维,而不是把现成的知识灌输给学生。例如我县引进的数学思维活动课程《帽子的颜色》一课中,教师首先创设"晚饭后,弟弟帮妈妈一起在厨房收拾餐具,爸爸在客厅指导姐姐作业。这时听见厨房传来"叮,哗啦"的碗摔碎的声音,此时家里寂静无声——爸爸问姐姐,你知道碗是谁摔碎了吗?"通过略带悬念的故事引入激发学生的兴趣,引发学生的猜想,从而创设思维冲突,激发学生的学习内驱力。这里有隐含线索"弟弟帮妈妈一起在厨房收拾餐具""寂静无声",通过大条件、小线索的分析,潜移默化地为后面的推理学习铺路

搭桥。接着开始第一次活动（集体演示）：有两红两黄帽子，全体闭眼、戴帽、睁眼，第一轮询问开始，⑤号先问④号你知道自己帽子的颜色吗？再问①号、②号、③号（③号说知道）。

图 5　第一次活动（集体演示）示例图

进而提出思维问题串：③号你是如何推理出自己帽子颜色的？③号一定能先知道自己帽子的颜色吗？③号是红色，背后隐藏着什么信息？如果游戏继续下去，还有谁能知道自己的颜色呢？以问促思，通过一个个开放性、启发性的问题，充分激起学生的认知冲突，唤起学习动机，引领学生主动思考，经历头脑风暴。紧接着开始第二次活动（分组演示）：有两红两黄帽子（顺序变化），全体闭眼、戴帽、睁眼，第一轮询问开始，⑤号先问④号你知道自己帽子的颜色吗？再问①号、②号、③号，第二轮询问……记录单展示：

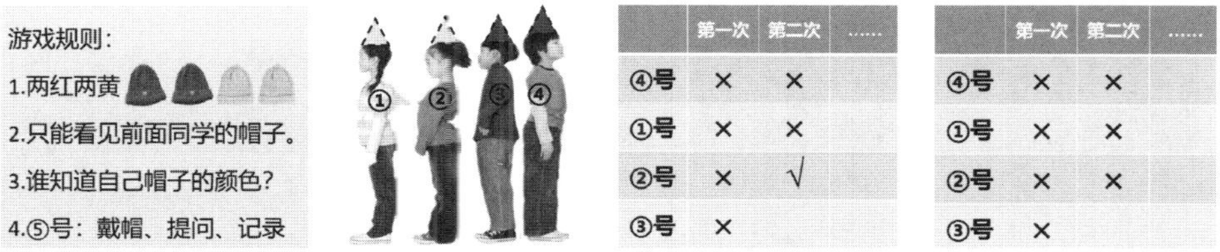

图 6　第二次活动（分组演示）示例图

对比两个小组演示结果，你有什么发现？请左边一组的②号来说说你是怎么知道的？活动过程中着重引导学生阐述推理的过程，始终围绕推理的三段论来进行推理解释，在这样一次次的推理阐述中，学生的逻辑思维能力和语言表达能力不断得到提高，对推理的一般方法也更加深入地理解。

在一次次"立"与"破"的动态推理过程中，学生思维的深度与广度、批判性和差异性得到不断发展，逻辑思维得到不断进阶。思维是隐性的，思维参与的难度要远远大于纯粹知识的传授。如果我们能把"不可视"的思维过程及方法"可视化"地呈现出来，自然就能更好地理解、记忆和运用。

四、在展示交流中"解放嘴巴",说中思考,培养学生思辨见解能力

实践中许多思维的跨越和问题的破解正是在"说"的过程中实现的。语言是思维的"外壳",思维是语言的"内核",学生思维参与和提升是借助语言来实现的,因此推动学生发展思维,必须解放学生的嘴,重视语言表达训练。例如在教完《从简单处入手》一课后,我发现部分学生只会在教师边导边演中完成思维活动,不会独立运用,举一反三,于是笔者在练习课时设计了一道兔子问题(又称斐波那契数列):假如有一对刚出生的小兔一个月后能长成大兔,再过一个月就能生下一对小兔,并且以后每个月都能生下一对小兔。一年内没有发生死亡现象。那么,由这对刚出生的小兔开始,12个月后会有多少对兔子存在? 这对六年级学生来说是非常困难的,学生首先要理解题目中的每句话的意思,所以笔者用实物图例△(小兔)、○(大兔)帮助学生理解题意,并引导学生四人一小组一边摆放一边说:第一个月刚出生是(   ),第二个月变成了(   ),第三个月(   )生了对(   ),(   )本身也还在,第四个月(   )变成了(   ),且(   )生了对(   ),(   )本身也还在第五个月……这样在学生的边摆边说中完成从简单到复杂的思辨过程(见表2)。

表 2 设计示例表

	第一个月 (刚出生)	第二个月	第三个月	第四个月	第五个月	第六个月
小		△	△	△	△△△	△△△
大		○	○	○○	○○○	○○○○○
总	1	1	2	3	5	8

实践证明,"看""写""说"三者,"说"的思维效率是最高的。在教学中,让学生去尽情地表达自己的看法,有利于思维能力的发展,既锤炼了语言的表达,又推动了思维逻辑的形成,有助于形成学生良好的思维品质。

五、在延伸拓展中"解放时空",自由思考,培养学生探究创新能力

好的教育除了传授知识以外,更关注学习者自我认知的生成。在传统的课堂里,学生大部分被禁锢在班级空间座位上,沿着老师设定的教程完成40分钟,

学习时间与空间被压缩,思维纵深被局限。教师需要通过教学创新,打破时空界限,带领学生走出教室,来到室外,开展跨学科、跨领域学习,进入蕴含丰富事物形象的社会大环境,为创造、创新能力的提升提供养料、阵地。

例如学了三年级下册数学《活动日历》一课后,学生对"时间"这个概念充满了不解,尤其是对"它怎么被计量的""计时工具的历史发展"等问题有很大的好奇心和强烈的探究欲望。故此笔者安排了《各种计时工具在生活中应用的研究》探究活动,把学习的空间从教室里搬到广阔的社会中去,学生先利用网络进行查询,了解"从古到今主要有哪些计时工具?""时间是怎么被'表示'出来的?"知道了日晷、刻漏、沙漏、圭表等古代计时工具,又利用春节期间进行市场调查了解"现在的市场上究竟有哪些表示日、月、年的计时工具?"并对这些日历进行比较,最后利用硬卡纸和纸盒制作循环使用的"活动日历",经历提出问题—制定方案—创新设计—满足不同需求的过程,享受到学习的乐趣和成功的体验。

综上所述,在新课程改革的背景下要想实现小学数学活力课堂的有效构建,需要教师结合生活创设具有活力的教学情境不断调动学生的学习热情,为学生提供合作学习的机会,不断激发学生对数学知识的探究欲望,同时还要开展有效的数学探究实践活动,有效发展学生的数学思维,从而全面打造活力课堂,增加课堂教学的魅力和乐趣,有效实现学生的核心素养培养的教学目标。当然,在基于思维的活力课堂中,各种学习能力是一个彼此相连的有机整体,不可孤立分割,应综合运用,交互整合,创设思维灵动的数学课堂,提高学生数学核心素养,把他们塑造成适应时代需要的具有创新精神和创新能力的人才。

参考文献:

[1] 黄明华."六大解放"与学生创新思维发展——谈小学数学课堂教学学生思维能力培养[J].生活教育,2006(10):48-49.

[2] 冯喆.论如何在小学数学教学中有效开展思维训练[J].教学管理与教育研究,2019(06):60-61.

素养导向下中考几何题特征分析与教学启示

舟山市定海区第七中学　余　鹏

一、试题呈现

(2020 年浙江舟山中考数学第 23 题)在一次数学研究性学习中,小兵将两个全等的直角三角形纸片 ABC 和 DEF 拼在一起,使点 A 与点 F 重合,点 C 与点 D 重合(如图 1),其中∠ACB＝∠DFE＝90°,BC＝EF＝3cm,AC＝DF＝4cm,并进行如下研究活动。

活动一:将图 1 中的纸片 DEF 沿 AC 方向平移,连接 AE、BD(如图 2),当点 F 与点 C 重合时停止平移。

【**思考**】图 2 中的四边形 ABDE 是平行四边形吗?请说明理由。

【**发现**】当纸片 DEF 平移到某一位置时,小兵发现四边形 ABDE 为矩形(如图 3)。求 AF 的长。

活动二:在图 3 中,取 AD 的中点 O,再将纸片 DEF 绕点 O 顺时针方向旋转 α 度(0≤α≤90),连接 OB、OE(如图 4)。

【**探究**】当 EF 平分∠AEO 时,探究 OF 与 BD 的数量关系,并说明理由。

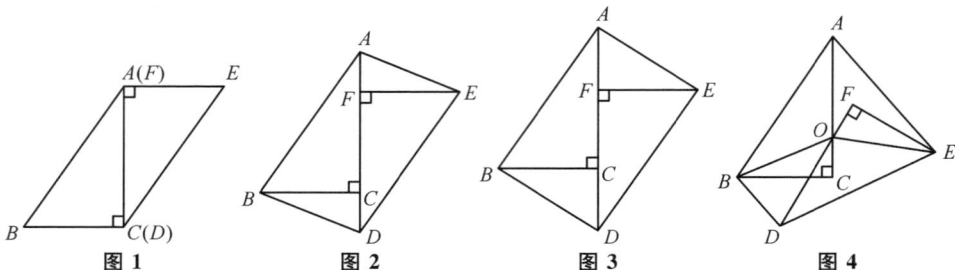

图 1　　　　　图 2　　　　　图 3　　　　　图 4

二、试题评价

《义务教育数学课程标准(2022 年版)》将初中数学分为四大板块:"数与代数""图形与几何""统计与概率""综合与实践"。"综合与实践"是数学教学中的一个重要内容,近年来中考题常以操作型问题呈现,内容新颖。这道几何探究类中考题就是在这样的背景下,凸显了对核心素养的检测。

(一)基于学生素养的命题要依托教材

中考是每个学生人生道路上比较重要的一次测试,为了更好、更公平地检测学生的知识水平和数学素养,所有学生都在学习的教材,就成了出题者的重要依托。本题第一个问题:从两个全等的直角三角形出发进行,按照已定的方向平移,平移的过程中四边形 $ABCE$ 是平行四边形吗? 在这个问题中涵盖了初中数学中的直角三角形的相关性质、平移的特征、全等三角形的性质以及平行四边形的判定等相关知识体系。出题者完全依托教材,检测学生几何直观、推理能力、应用意识等素养。

(二)基于学生素养的命题要活用教材

第二问是数学当中常见的"从一般到特殊"的情景。让学生探究当四边形 $ABCD$ 为矩形时,根据已知的数量关系,求 AF 的长。对于能够"活用"教材的学生来说,脑海中会浮现初中阶段求线段长度的方法:全等三角形、相似三角形、勾股定理和三角函数。所以在这个问题的解答中出现了各种思维,同学们都在用自己最熟练的方法来解答这个问题,很好地彰显了每一位学生的核心素养,同时考察了学生能否"活用"教材中的知识。

(三)基于学生素养的命题要融入数学思想方法

第三问是在第二问的四边形 $ABCD$ 为矩形的基础上升华,再将纸片 DEF 绕 AD 的中点 O 顺时针方向旋转 α 度,探究当 EF 平分 $\angle AEO$ 时,OF 与 BD 的数量关系。这是一个半开放性问题,学生需要通过自己的数感和推理能力,合理猜想他们之间存在什么样的关系并证明。题目本身在于证明两条线段的 2 倍关系,全市做对的学生却不多,主要原因就是这道题已经不再是书本上的"死"知识而是"超越"教材的内容,需要学生对于教材知识有全面把握,结合数学思想方法才能解决此类问题。初中阶段证明线段数量关系的思路:截长法或者补短法,学生如果能够想到这一点,就为解决此题提供了一个思考方向。

三、解法赏析

关于第一问:证明四边形 $ABDE$ 是平行四边形。这道题目通过图 2 中两对全等的三角形的特征,再运用平行四边形的判定定理就可以解决。

关于第二问:求 AF 的长。一般有两种解题思维。

第一种思维:运用勾股定理计算。

解法 1：如图 5，在 Rt△AFE 中，

由勾股定理得：$AE^2 = AF^2 + EF^2 = 9 + AF^2$，

∴在 Rt△AED 中：$AE^2 + DE^2 = AD^2$，

即 $9 + AF^2 + 25 = (4 + AF)^2$，得 $AF = 2.25$cm。

分析：其实这道题目当中有许多的直角三角形，在运用勾股定理的时候可以任意选取不同的直角三角形，都能合理地推出 AF 的长度。当然也可以运用矩形对角线的性质重新构造直角三角形，然后运用勾股定理解决。

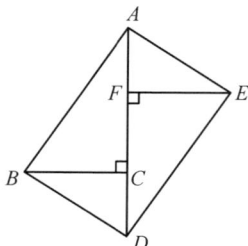
图 5

解法 2：如图 6，连接 BE 交 AC 于点 O。

设 $AF = x$(cm)，则 $AD = (x+4)$cm，

∵$OA = OE = \frac{1}{2}(x+4)$，$OF = OA - AF = 2 - 0.5x$，

在 Rt△OFE 中，$OF^2 + EF^2 = OE^2$，

代数得：$AF = 2.25$cm。

第二种思维：运用相似三角形。

解法 3：证△AFE∽△EFD，

∴$\dfrac{AF}{EF} = \dfrac{EF}{FD}$，

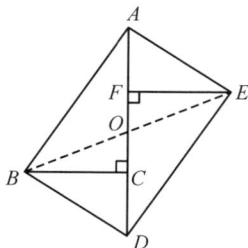
图 6

代入数值解得：$AF = 2.25$cm。

关于第三问：OF 与 BD 的数量关系，通过推理和合理猜想很容易得出 $BD = 2OF$。证明线段关系的常见思维：截长补短法。如图 7，易得 $OH = 2OF$，通过△OBD≌△EHO 即可得出结论，但是在证明全等的时候只能得出两组对边相等，角之间的等量关系很难得出，如何找这两个三角形角之间的等量关系，是一个难点。针对这个难点一般有三种解题思维。以下解法除了解法一有详细过程，其他解法只书写到如何证明△OBD 和△EHO 中的角相等。

第一种思维：从角之间的转化得结论。

解法 1：如图 7，延长 DF 交 AE 于点 H。

易得：∠1 = ∠3 = ∠5 = ∠6，$OA = OB = OE = OD$，

∴∠OBD = ∠4，∠2 = ∠AEO，

∵四边形 ABDE 内角和 360°，∴∠1 + ∠2 + ∠3 + ∠OBD = 180°，

∴$BD // AE$，∴∠4 = ∠OHE = ∠OBD = ∠HOE，

∴△OBD≌△EHO(AAS)，∴$BD = OH$，

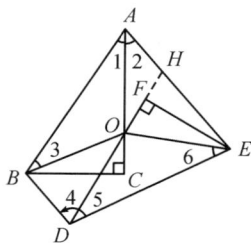
图 7

∵EF 平分∠AEO，∠DFE＝90°，∴OF＝FH，

∴BD＝OH＝2OF。

分析：这种解法是通过图中角之间的等量关系入手，然后通过四边形内角和 360 度，各取一半角相加即为 180 度，得出来 BD∥AE，进而得∠4＝∠OHE＝∠OBD＝∠HOE，证得△OED≌△EHO。所以这道题目最终的转折点就在于怎么去证△OBD 和△EHO 中的角相等。在批阅试卷中发现，许多学生思路非常明确，但都在证明△OBD 和△EHO 中的角相等时不会解答。

解法 2：（等角转化）如图 8，延长 DF、BO 分别交 AE 于点 M、N。

易证△OBC≌△OEF，∴∠BOC＝∠OEF＝∠AON，

∴∠2＝∠3，∴∠4＝∠ONA＝∠OAN＋∠2，

在△OMN 和△OBD 中，OB＝OD，OM＝ON，

∠BOD＝∠MON，

∴∠4＝∠1

∴BD∥AE 按照解法一继续证明即可。

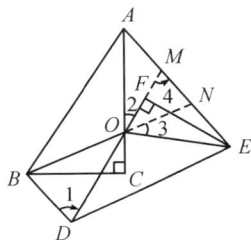

图 8

解法 3：（外角转化）如图 9，延长 DO 交 AE 于点 M。

由解法 2 得∠BOC＝∠OEF＝∠OME，

又∵∠BOC＝∠BOD＋∠DOC，∠OME＝∠1＋∠2，

∴∠BOD＝∠1，

∴∠1＝∠AEO＝∠BOD，

证得：△OBD≌△EMO。

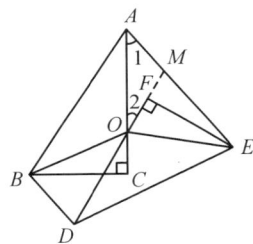

图 9

解法 4：（倍角转化）如图 10，延长 DF、EF 分别交 AE、AC 于点 M、P。

由题易得：∠OAE＝∠AEO＝2∠1＝2∠2＝2∠3，

在 Rt△OPF 和 Rt△ONC 中，得∠ONC＝∠OPE

又∠ONC＝∠3＋∠BOD，∠OPE＝∠1＋∠OAE

∴∠BOD＝∠OAE＝∠AEO

证得：△OBD≌△EMO

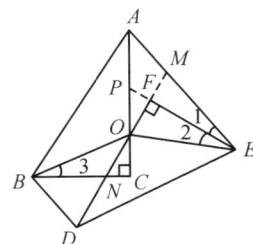

图 10

解法 5：（代数转化）如图 11，题意设∠5＝∠6＝∠7＝∠8＝x，

则∠4＝2x，∵Rt△MFE≌Rt△OFE，

∴∠OME＝∠4＝2x，∠3＝∠OEA＝2∠2＝180°－4x，

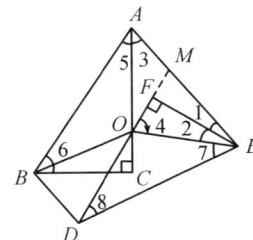

图 11

$$\therefore \angle DOC = \angle AOM = \angle OME - \angle 3 = 6x - 180°,$$

$$\therefore \angle BOD = \angle BOC - \angle DOC = \angle FOE - \angle DOC = 180° - 4x,$$

$$\therefore \angle BOD = \angle OEA,$$

证得：$\triangle OBD \cong \triangle EMO$。

第二种思维：从构造矩形出发证 $BD \parallel AE$。

解法 6：如图 12，过点 B 作 $BP \perp AE$ 交 AE 于点 P，过点 D 作 $DQ \perp AE$ 交 AE 于点 Q，延长 DF 交 AE 于点 M。

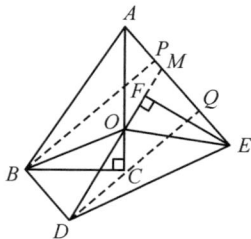

图 12

易证 $\angle BAP = \angle DEQ$，

又 $\because \angle BPA = \angle BQE = 90°$，$AB = DE$，

$\therefore \triangle ABP \cong \triangle EDQ(AAS)$，

$\therefore BP = DQ$，

$\therefore$ 四边形 $BDQP$ 是平行四边形，

所以 $BD \parallel AE$，即可证得 $\triangle OBD \cong \triangle EMO$。

解法 7：如图 13，还可以运用解法 6 的原理在外部构造 $\triangle ABP \cong \triangle EDQ$ 以此证明四边形 $APQE$ 是平行四边形。

证得 $BD \parallel AE$。

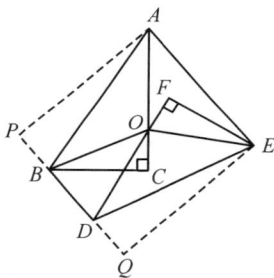

第三种思维：四点共圆法找角相等。

解法 8：如图 14，$\because OA = OB = OE = OD$，

$\therefore$ 点 A、B、D、E 在以 O 为圆心，OA 为半径的圆上

由题得：弦 $AB = DE$，

$\therefore \angle BDA = \angle DAE$，

$\therefore BD \parallel AE$，即可证得 $\triangle OBD \cong \triangle EMO$。

图 13

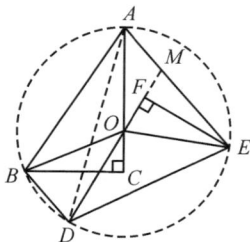

图 14

四、解后反思

"综合与实践"是初中阶段学生数学的重要组成部分。也是近几年来全面考查学生数学素养的重要载体。所以"综合与实践"在教学中显得越来越重要。对于"综合与实践"教学，笔者认为可以从以下三点入手：

（一）依托教材　打牢基础

教材是学生共有的资源，为了更好检测学生知识水平和数学素养，出题者都是依托教材进行思维发散。所以教师在教学中要用好教材，让教材体现应有的价值。本题的第一问证明平行四边形,就是对教材中平行四边形判定定理的考察。第二问求线段的长度是对勾股定理和相似三角形的考察。教师在教学中如果能够帮助学生打牢基础,让学生做到教材了然于心,那么对于这两个问题的解答,学生会得心应手。

（二）构建知识体系

中考题是对学生三年数学知识的全面检测。所以题目不可能只局限在一个单元或者一本教材。比如本题的第二问考察了平移、矩形、相似三角形、勾股定理等相关几何知识。所以构建初中知识体系显得尤为重要。教师应在初三复习阶段对所有的初中知识进行跨单元整合,帮助学生构建全面的知识体系。

（三）教学中渗透思想方法

中考也是一次选拔性检测,为了更好检测出学生知识水平和数学素养,试题会在教材的基础上进行一定的活学活用。所以教师在教学中应该渗透数学思想方法,使学生的知识体系更加有条理。本题的第三问列出了 8 种解法,运用了补短法、倍角和外角转化法、构造全等法、四点共圆法等。这些数学思想方法都是平时教学中常用的思想方法。只有教学中慢慢渗透这些思想方法,学生的解题能力和数学素养才能得到更好的提升。

参考文献:

［1］边文艳. 第 25 讲:操作、探究与问题解决［J］. 中学数学教学参考,2020(08):54-57.

［2］余鹏,夏恩素. 凸显核心素养的"无刻度的直尺作图"［J］. 中学数学,2019(24):65-66＋93.

［3］陈世文,张宗余. 加强代数推理　发展理性思维——以"有理数的乘法(1)"的教学为例［J］. 中国数学教育,2022(17):61-64.

［4］周敦鸾,蔡定宏. 活动进阶促思维　整合优化增实效［J］. 中学数学教学参考,2022(17):29-32.

一题一课　生长思维

舟山绿城育华学校　程如朋

　　几何复习课教学一直是教学中的难点,特别是涉及添加辅助线时,大多数同学无法找到准确的解题方向与解题思路从而以失败告终。教师虽在课堂上讲述各种方法、各种题型,但转化成学生应用还是少之又少。因此,在复习课中,教师不应将讲更多的题作为目标,而应当精选例题,甚至可以通过一题串起一课,并通过适当总结、适当延伸、适当变式,挖掘题与题之间的内在联系,构建题与题之间的通式通法,帮助学生从本质上理解题意,并解决问题,从而构建数学学习的整体性。因此,笔者从"一题一课"的角度出发,开展了一节与中点相关的辅助线构造课堂,并得到一些思考,供同仁分享与探讨。

一、课堂例题

　　如图 1,在 $\triangle ABC$ 中,AD 是 BC 边上的中线,且 AD 平分 $\angle BAC$,求证:$\triangle ABC$ 是等腰三角形。

　　设计意图:这是考查"等腰三角形三线合一"逆定理的其中一题,其实对于三角形而言,若某条边上的中线或高线,与该边所对角的角平分线中有两条重合在一起,那么就可以证明该三角形是等腰三角形。乍一看,题目条件清晰,图形简单,好似容易入手,但研究发现,若证明 $\triangle ABD \cong \triangle ACD$,根据题中所给条件,是无法证明的,因此必须考虑添加辅助线,而利用中点如何添加辅助线,正是本节课的探究重点。

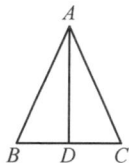

图 1

二、解法呈现

　　课堂教学以小组合作探究的方式进行,并派代表呈现与分享了本小组的方法,结合课堂目标,笔者将展示与中点相关的几种辅助线构造方法。

　　思路一:倍长中线法

　　通过倍长中线,构造"8 字"全等,通过转化线段实现条件转化,达到证明目的。

证法 1：如图 2 所示，延长 AD 至点 E，使得 $DE=AD$，连结 CE。可证得 $\triangle ABD \cong \triangle ECD$，从而可得 $\angle BAD=\angle CED$，$AB=EC$。因为 $\angle BAD=\angle CAD$，所以 $\angle CED=\angle CAD$，故 $AC=EC$，因此 $AB=AC$。

变式 1：如图 3 所示，在 $\triangle ABC$ 中，AD 平分 $\angle BAC$，点 E、F 分别为 BD、AD 上的点，且 $DE=CD$，$EF=AC$。求证：$EF /\!/ AB$。

设计意图：本题将原图变式，并增加线段。放置本题的目的一方面是巩固"倍长中线"的方法，另一方面是将"倍长中线"方法更加一般化，中线不一定非得要是三角形中的中线段，只要是与中点连接的线段均可以倍长。通过这种方法的一般化，学生能够更加深入地理解"倍长中线"的本质与内涵，拓展学生解决问题的思路与方法，从而提升学生的成长型思维。

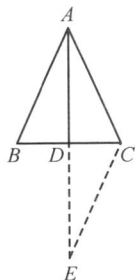
图 2

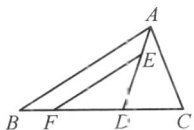
图 3

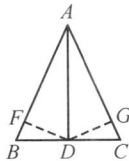
图 4

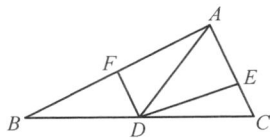
图 5

思路二：面积相等法

通过中点，联想中线等分面积，因此结合等面积法（即两种方法算同一个图形的面积）实施证明。

证法 2：如图 4 所示，过点 D 作 $DF \perp AB$ 交 AB 于点 F，作 $DG \perp AC$ 交 AC 于点 G。根据中线等分面积的定理，易得 $S_{\triangle ABD}=S_{\triangle ACD}$，所以 $\frac{1}{2}AB \times DF = \frac{1}{2}AC \times DG$，根据角平分线的性质定理，可得 $DF=DG$，因此 $AB=AC$。

变式 2：如图 5 所示，AD 是 $\triangle ABC$ 的中线，$DE \perp AC$，$DF \perp AB$，E、F 分别是垂足。已知 $AB=2AC$，求 DE 与 DF 的长度之比。（源于浙教版八年级上册数学第 9 页作业题 3）

设计意图：继续在原题中进行改编，采用课本中的原题进行变式训练。原因有二：一是将复习重点落实到源于课本并回归课本，以变式训练加深学生对基础知识的理解与应用。二是通过改变图形形状，增加线段比例关系，继续巩固中点与垂线出现时的等面积法的应用。

思路三：构造中位线法

当题目中遇到多个中点时，可以考虑构造中位线作为辅助线。

证法 3：如图 6 所示，分别取 AB、AC 的中点 E、F，连接 DE、DF、EF。结合 AD 平分 $\angle BAC$，易证得四边形 $AEDF$ 是菱形，故 $DE=DF$，因此 $AB=AC$。

变式 3：如图 7 所示，在 $\triangle ABC$ 中，点 D、E、F 分别是边 BC、AB、AC 上的中点，连接 EF、AD 交于点 O。

（1）求证：EF 与 AD 互相平分。

（2）连接 DE、DF，当 $\triangle ABC$ 满足什么条件时，四边形 $AEDF$ 是菱形？矩形？正方形？（改编自浙教版八年级下册数学第 102 页作业题 3）

设计意图：课本中的习题改编是近几年中考的热点，本题借助原题图形，改编课本习题并作为变式训练。这不仅可以让学生学习到当题目中存在多个中点时，可以考虑连接中位线作为辅助线，还可以让学生体悟到数学学习应当回归基础，关注本质。

在原题的基础上，继续增加线段，变化图形，可得变式 4。

变式 4：如图 8 所示，在原题的基础上，过点 C 作 $CE \perp AB$ 于点 E，取 AC 的中点 F，连接 EF、DF。证明：$EF=DF$。

设计意图：通过增加线段的方式，增设条件，改变图形，并让学生在已有尝试的基础上自行探索，能够有效培育学生的理性思维，提高学生的解题能力，加强学生的探究能力。

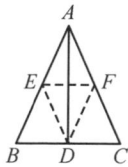 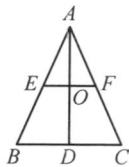 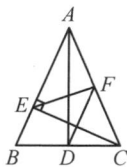

图 6　　　　图 7　　　　图 8

课例以一道题出发，展开小组讨论，生成不同解法，进而归纳总结，习得方法。在此过程中教学以学生构图为出发点，辅之以变式训练，进一步帮助学生巩固与落实方法。静下心来重新审视，其实所有方法均是在将未知转化成已知。在明知"SSA"无法判断全等的前提下，有学生考虑转化思路构造"8字"全等，从而习得倍长中线法。有学生考虑面积相等，从而习得等积法应用。有学生考虑构造特殊四边形，从而习得中位线定理。上述种种，均是将未知转化成已知，并借助已知习得未知的过程。这种探究式学习的过程，不仅能开放学生的逻辑思维，还能拓宽学生的思维广度，从而提升学生的思维灵活性。

三、设计思考

（一）一题一课构建学习整体性

数学知识之间彼此并不是孤立与隔绝的。相反，数学内容的所有模块既相互联系又相互影响，因此教师在授课时更不能人为地割裂数学本身的联系性与整体性。

本节课例从一张简单的图形出发，通过合作探究，学生将中线定理与"8字"全等法相联系、与等积法相联系、与中位线相联系、与特殊三角形的特殊中线相联系。这一系列的联系正是将数学知识本身进行了高度整合，使得数学内容并不是孤立存在的个体，而是相互影响的整体。但教师若在平时的授课过程中不注意把握教学的整体性，学生也就无法感知数学的整体性。因此一题一课可以有效地帮助教师实现教学整体性，学生也能在发散思维与方法探究的过程中感受到数学学习的整体性。

此外，在合作探究的基础上，针对每一种方法教师都给出了在原题上的变式训练。美国教育心理学家奥苏贝尔提出的认知结构迁移理论认为任何有意义的学习都是在原有学习的基础上进行的，有意义的学习中一定有迁移。一题一课中的变式训练正是在原有学习的基础上产生的迁移学习。通过对原题的变式，进一步帮助学生理解方法的本质并学会应用方法。同时，在方法应用的过程中，学生又能发现可以借助特殊三角形的特殊中线解决问题，发现可以人为构造"中线"解决问题等。这种发现与总结进一步帮助学生感受到数学学习是相互联系、相互作用的整体。

总而言之，教师可借助典型例题实施一题一课教学，这种典型例题应当涉及多领域、多模块知识，有助于学生建构知识的整体性。应当立足"四基""四能"，体现多种数学思想方法，并以提升学生的核心素养为终极目标。

（二）一题一误促进学生思维生长

在学习数学知识，掌握数学方法的过程中，解题训练是必不可少的方式之一。而解题训练并不是越多越好，相反，越多的训练可能往往让学生忽视数学学习的整体性，不利于学生掌握基本方法、领悟方法本质，最终无法开拓学生的思维，拓宽思维的广度。因此合适地选择一题，并让学生开展探究，将所学的知识进行相互关联，这不仅能培养学生的探究能力，还能拓宽学生的思维，调动思维的灵活性，最终提升学生逻辑思维的核心素养。

课例以小组合作探究的方式进行，不同的小组思维的切入点不同，有考虑到利用"8字"全等的,有考虑到面积相等的,有考虑到构造中位线的。借助一题多解的方式,在思考与延伸的过程中,不仅丰富了学生的解题方法,还在很大程度上拓展了学生思维的广度与深度,实现了学生思维的灵活性。

著名的教育学家波利亚说道:在你找到第一个蘑菇时,继续观察,就能发现一堆蘑菇。在大多数情况下,学生的思维容易产生定式,在找到第一个蘑菇时很难发现其他的一堆蘑菇,主要是不同的学生有着不同的知识储备与数学素养,此时若能给予学生不同的解题方法,就会使学生在原本的认知范围内产生认知冲突,从而发散思维,提升思维的灵活性与深刻性。

参考文献:

[1] 何斌."一图"一重构"一题"一世界[J].中国数学教育,2020(21):37-40.

[2] 吴子赟.根据教材例题,开发一题一课[J].中学数学,2019(08):36-37.

[3] 易良斌,赵安顺.奇思妙想皆可赞　一题多法价更高——对两道竞赛题的解法与变式分析[J].中国数学教育,2020(05):53-58.

[4] 赵宏敏.借助变式训练,培养学生的思维品质[J].中学数学,2020(06):74-75.

一题一课：指向学生思维生长

舟山市第一初级中学　戴承惠

一、问题提出

　　日常数学教学侧重于知识、技能，存在部分教师在教学内容上"选题不够灵活，缺乏层次感"，教学方式上"一讲到底"，漠视学生在学习中的主体地位，造成学生学习负担过重，忽视学生在学习中的数学思考，忽视学生思维方式的形成，导致学生学习到的知识缺乏迁移力，知识难以结构化，缺少系统思维。大部分学生对知识只是被动地接受，没有经过思维的加工，陷入"一学就会，一用就错，一放就忘"的困境，思维模式单一固化，缺乏提出猜想与质疑的动力，不太能主动提出问题。

　　因此，笔者创新提出"一题一课"教学设计框架，从知识层面看，能够立足章节、体系形成对知识的整体认知；从学习方法层面看，更多体现学生的自主性，学会学习、学会思考（见图1）。

图1　"一题一课"教学设计框架

二、"一题一课"的教学价值

（一）低起点，发展思维的灵活性

　　以"一题"为抓手，教师从一个初始问题出发，把握好学生知识生成的最近发展区，找准思维生长的起点，选好生长路径，从不同角度、不同方面帮助学生不断生长新的数学知识、方法、经验，激发学生思维的灵活性。

（二）重提问，发展思维的创造性

　　问题是思维的起点。创设开放问题，构建问题场域，激活数学思维，引导学生在学习中提出不同的观点。教师及时对学生如何提问、从哪些角度提问进行指导,让学生敢提问,会提问。教师及时梳理学生的问题,提炼核心问题,指向学生思维生长的刺激点,让学生在分享问题,解决问题的过程中自然架出一座思维的桥。

（三）高立意,发展思维的深刻性

整体把握教学内容,帮助学生构建数学知识体系的横向、纵向联系,找准思维生长的发散点,促进学习的迁移。让学生一开始学习时就能"见木见林",使知识呈现出生命态,唤醒并点燃学生学习的目的性和主动性,激活学习的内驱力,学生的思维才足够有深度,对知识的理解也会更加深刻。

三、"一题一课"的教学策略

（一）逆向寻源,加快思维的速度

基于教材例题、习题,借助归纳、类比、迁移等思维方式,实现基础知识、基本技能、方法、思想上的关联,形成一条思维链。运用问题链引发学生系统思考,达到"学一题,通一片"的效果,培养学生养成学习品质,锻炼创新思维和逆向思维的能力。

案例 1 浙教版数学教材八年级下册"正方形"（第 2 课时）作业题 A 组第 4 题

初始问题：如图 2,在正方形 $ABCD$ 中,E、F 分别是 BC、CD 上的点,$AE \perp BF$。求证：$AE = BF$。

变式问题：如图 3,在正方形 $ABCD$ 中,若 $HF = ME$,试问：$ME \perp HF$ 是否成立？

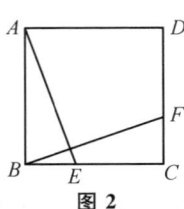
图 2

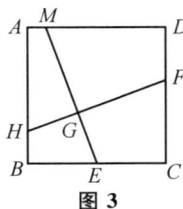
图 3

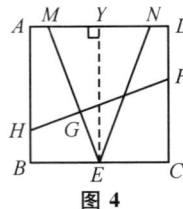
图 4

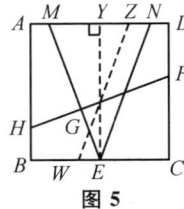
图 5

迁移问题：如图 6,在正 $\triangle ABC$ 中,D、E 分别是 BC、AC 上的点,且 $\angle AFB = 120°$。那么 AD 和 BE 相等吗？请你尝试模仿编一个题目？

教学解读：精选"一题",生长新知识,指向数学的本质,让逆向思维在问题链中绽放光彩。如图 4,ME、EN 关于 EY 轴对

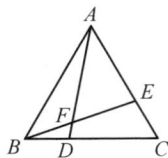
图 6

称，$EM=EN=HF$，由静到动对 EN 进行平移（如图5），$EN=ZW$，由浅入深，这样 ZW 有无数条。解决数学问题的本质是迁移，把正方形中基本图形的基本结论、基本思路和基本方法，迁移到正三角形中，逐步培养学生自主探究和类比的能力和意识，通过"学结构"，学会"用结构"，生长"新结构"，促进了知识的再创造，以知识迁移促进思维快速发散。

（二）图形"加减"，挖掘思维的深度

在数学教学中，选取典型习题，一题（图）贯之，对题目的条件添加、减少及类比实现多维度变式，衍生问题，步步向上，层层推进，把核心的知识技能、方法思想等融入其中，挖掘出更多、更有价值的数学问题，最终达到"举一反三"的教学目的。

案例2 "一道经典中考题"的专题复习课

问题：如图7，正方形 $ABCD$ 的边长为6，点 O 是对角线 AC、BD 的交点，点 E 在 CD 上，且 $DE=2CE$，过点 C 作 $CF \perp BE$，垂足为 F，连接 OF，则 OF 的长为_____。

以正方形为背景，求 OF 的长度，引导学生深度剖析图形结构，鼓励学生独立思考，一题多解，优化解法，形成自然简洁

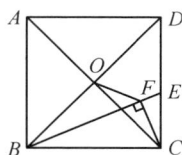

图7

的解题策略，着力考查学生的几何直观、推理能力、运算能力、应用意识等数学核心素养，为日常教学起到了良好的导向作用。

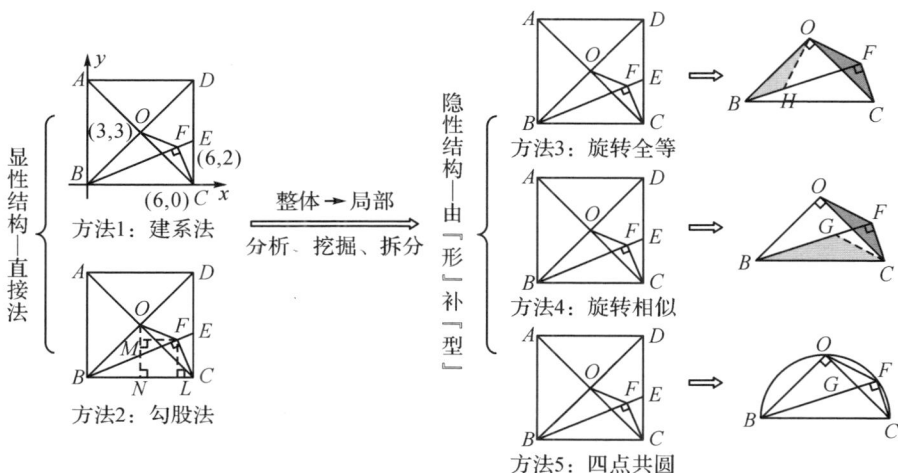

图8 解法示例图

47

（运动视角）**变式 1**：如图 9，正方形 $ABCD$ 的边长为 6，点 O 是对角线 AC、BD 的交点，点 E 在 DC 的延长线上，且 $DE=3CE$，过点 C 作 $CF \perp BE$，垂足为 F，连接 OF，则 OF 的长为_____。

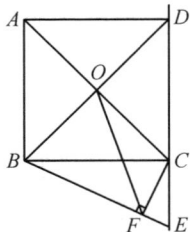 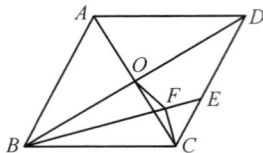 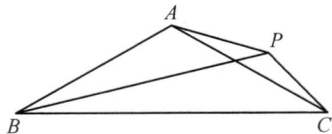

图 9　　　　　　　　　　图 10　　　　　　　　　　图 11

（结构视角）**变式 2**：如图 10，菱形 $ABCD$ 中，$BD=2AC$，E 为边 CD 上一点，$CF \perp BE$ 于 F，类比上述变式问题，猜想并证明 OF、CF、BF 的数量关系。

（有"型"无"形"）**变式 3**：如图 11，$\triangle ABC$ 中，$AB=AC$，点 P 是三角形右外一点，且 $\angle APB = \angle ACB$，若 $\angle BAC=120°$，猜想并证明 PA、PB、PC 的数量关系。

教学解读：问题 1 注重感悟方法，两个变式分别从运动和结构视角帮助学生内化方法。用心体会"一题"的营养价值，设计具有挑战性、延伸性的问题，追求"一题多能"，勇敢大胆地摒弃"题海战术"，注重解题后的反思，加深学生对共通性、共通法的认识，避免碎片化解题，造成"只见树木不见森林"的学习误区。对同一题目条件进行剖析，从不同视角分析探索，内化解题方法，追求解法简便，基于图形结构类比生长，从有"形"到无"形"，实现"一题"生长"多题"，"多题"归一成"一课"，不断促进学生思维向更深更远的地方生长。（如图 12）

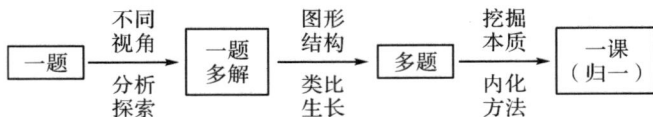

图 12　"一题一课"教学解读示例图

（三）整体设计，提升思维的力度

在单元复习课上，要把复习内容置于整体知识体系中，以开放性的问题统领知识主线的建构，核心问题引领学生思考，促进学生对知识体系的融会贯通，帮助学生将知识结构化、整体化，让认知思维走向高阶。

案例 3　浙教版数学教材七年级下册分式复习课设计思考

活动 1：给出诸如 5、x、$x+2$、$x-2$、x^2-4、x^2-2x 等代数式，写出尽可能多的分式，并把结果化成最简分式。

活动 2：在写出的分式中选择 2—3 个计算结果。

活动 3：请给写出的分式如 $\dfrac{5}{x}-\dfrac{5}{x+2}$ 赋予一定的具体问题情境。

活动 4：请给 $\dfrac{5}{x}=\dfrac{40}{x-2}$ 赋予一定的具体问题情境，并求出方程的解。

教学解读：活动 1 开放问题引入，复习分式的基本概念、基本性质，为分式的运算提供素材。活动 2 引导学生自主建构分式基本运算，着重复习异分母分式相加减、分式乘除法的基本步骤以及运算顺序，进一步梳理与内化学生的认知结构。活动 3、活动 4 通过已经列好的分式，分式方程，引导学生用逆向思维构建真实的情境，可以深化学生对所学知识的理解，引导学生在"说数学"中表达自己的思考，逐步增强学生数学应用意识，积淀个性化的经验，促进学生数学核心素养的形成。整个过程，四个环节，环环相扣，始终凸显学生的学习和思考，学生通过解决问题形成了整章知识的框架体系，促进数学知识结构不断优化，在丰富数学应用意识的同时加大思维力度。

（四）一题多变，拓展思维的广度

从一个问题出发，隐去问题的结论，引导学生对问题的结论进行多角度、多层次的探究，摆脱固定模式的变式。由于思维的差异性，学生自主探究会更具有层次性，学生自发、自主地提出问题时，更能建立认知结构的"承重墙"，沟通不同内容之间的内在联系，打通"隔断墙"，形成"一览众山小"的感觉，把握数学本质。

案例 4 浙教版数学教材七年级下册因式分解复习

初始问题：请在下面的括号内填上一个整式，并对补全后的整式进行因式分解，你有几种方法？请说说你的做法。$9a^2-(\quad)=$ _____ 。

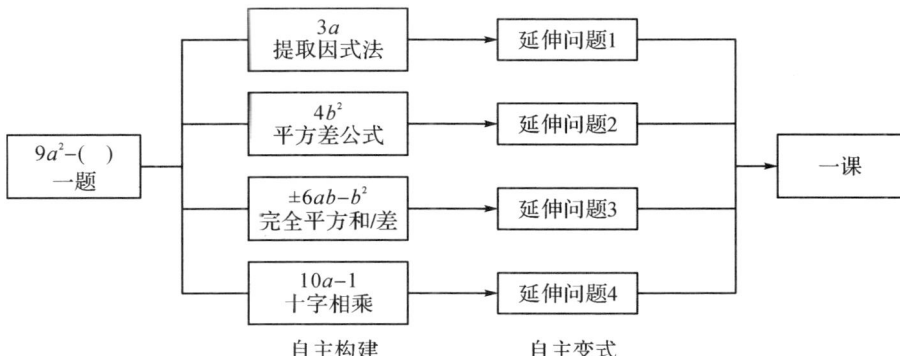

图 13 一题多解示例图

教学解读：巧设"一题"，贴近学生认知水平，在开放性问题中打开学生思维，在交流探讨中完善知识结构，问题看似只有一个公式，实际上内容丰富、综合性强、方法灵活多样,既考查了基础知识提取公因式、公式法(平方差公式、完全平方公式)。教师在此过程中,对学生及时进行学法指导,激发起一部分学生的探索欲望,打开思路,从关注知识到关注思考方法,从一题多解到多题归一中提炼数学思想(见图 13),着力挖掘"简约"背后的"深刻",引导学生完成对因式分解的知识和方法的整合,让学生的学习有思维含量,逐步走向理性的深刻分析,将学生以往的数学经验和积累变为思维生长的养分,从而发展学生思维的广度。

四、结束语

以"一题"为载体组织教学,理清问题蕴含的生长功能,不断添枝加叶,使得"一题"尽其所能,聚拢各年级教材中的相关基本知识,增进关联,凝聚成一个有机的整体系统链,重构知识体系。坚持"以生为本",并自主探索求新,激发学生思考和学习的积极性,引导学生提出"精准"问题,共同解决问题,在思维的碰撞中促进知识之间的融合、修正、再生、发展和形成新知。长此以往,学生学习主动性就会增强,发现问题和提出问题的意识得到激活,思维能力才能真正得到提升。

参考文献:

[1]戴承惠.激活问题意识　发展创新思维[J].初中数学教与学,2020(22):16-18.

[2]宗爽."一题"建构知识结构　"一课"发展数学素养——以"因式分解"复习课为例[J].中小学数学(初中版),2023(Z1):112-116.

借助尺规作图　培养思维能力

舟山市第一初级中学　王伟平

一、试题呈现

(2023 年浙江舟山中考数学第 24 题)已知,AB 是半径为 1 的 $\odot O$ 的弦,$\odot O$ 的另一条弦 CD 满足 $CD=AB$,且 $CD\perp AB$ 于点 H(其中点 H 在圆内,且 $AH>BH$,$CH>DH$).

(1)在图 1 甲中用尺规作出弦 CD 与点 H(不写作法,保留作图痕迹)。

(2)连结 AD,猜想:当弦 AB 的长度发生变化时,线段 AD 的长度是否变化?若发生变化,说明理由;若不变,求出 AD 的长度。

(3)如图 1 乙,延长 AH 至点 F,使得 $HF=AH$,连结 CF,$\angle HCF$ 的平分线 CP 交 AD 的延长线于点 P,点 M 为 AP 的中点,连结 HM。若 $PD=\dfrac{1}{2}AD$。

求证:$MH\perp CP$。

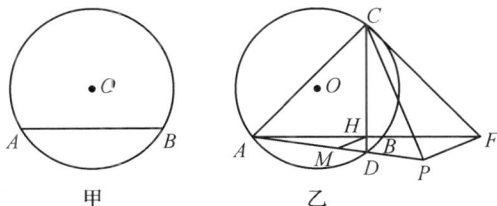

图 1

二、特色解读

(一)网格画图,有爱就会有恨

网格画图功能强大,利用现有的正方形、等边三角形、圆形等特殊的几何图形,通过数形结合,可以仅用无刻度的直尺完成尺规作图所能画出的各种图形,也可以在网格内画出任意比例的线段,还可以在网格内画出任意角度的角,因此网格画图有着广阔的命题空间。但是,随着这几年被广泛用于中考试题命制,部分教师、学生受"利益"驱动,学生掌握了一些舞弊的方法,先在试卷上用尺规作图画完,再把答案描在答卷纸上,导致阅卷教师有时很难辨别网格作图的真伪。本题的第一小题打破陈规,就让学生用尺规作出一条弦与已知弦垂直且相等,学生需要进行推理分析,优化方案,最终执行作图,也不像以前的尺规作图,指令非常明确。学生在分析问题的过程中,不仅要有几何直观,还要有良好的解题思维习惯。

（二）巧避模型,彰显学科价值

为有效遏制题海战术,减轻学生学业负担,真正体现双减价值,试题的命制要完全避免模型化套路,更应注重通性通法,淡化特殊技巧。本题以圆为背景,将圆的基本性质与三角形全等或相似、三角形的中位线、平行线、等腰三角形等核心知识融合在一起,呈现图形简洁漂亮、内涵丰富多元,巧妙避开常规套路,但蕴含了一般到特殊、转化思想等重要的数学思想,将核心知识和数学思维体现得淋漓尽致,彰显了对数学核心素养的考查要求。问题设置层次分明,前两小题在知识上自然衔接,相互关联;能力上逐步递进,环环相扣,体现了"图形简约,解法自然,思维深刻"的命题特点。最后一问旨在对个性发展的差异性做出有效区分,需要深入挖掘隐含的数量关系,解法自然形成且多元,不仅彰显个性,而且真正体现"知识与能力并重,思想与方法交融"的命题思想,充分体现了压轴题的综合性、创新性、导向性和公平性。

三、解法赏析

第一小问:

"静"态分析:要使弦相等,只要弦心距相等;要使弦垂直,只要弦心距垂直。

解法 1:见图 2,作线段 AB 的垂直平分线 OK 交 AB 于点 K,在线段 KB 上截取 $KH=OK$,再过点 H 作直线 $CD\perp AB$ 交⊙O 于点 C、D,弦 CD 即为所求。

解法 2:见图 3,作线段 AB 的垂直平分线 OK 交 AB 于点 K,在线段 KB 上截取 $KH=OK$,分别以 O、H 为圆心,OK 长为半径画圆,两弧相交于点 J,再过点 J、H 作直线 $CD\perp AB$ 交⊙O 于点 C、D,弦 CD 即为所求。

"动"态分析 1:圆内两条弦相等,那肯定是关于某条直径所在的直线对称。

解法 1:见图 4,作线段 AB 的垂直平分线 OK 交 AB 于点 K,在线段 KB 上截取 $KH=OK$,以点 H 为圆心,AH 长为半径画圆交⊙O 于点 C,再过点 C、H 作直线 $CD\perp AB$ 交⊙O 于点 C、D,弦 CD 即为所求。

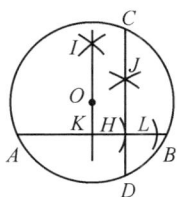 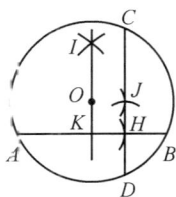 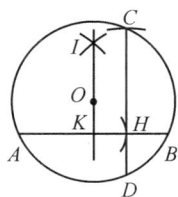 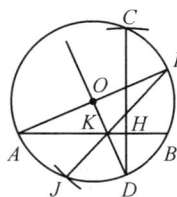

图 2　　　　　　图 3　　　　　　图 4　　　　　　图 5

解法 2：见图 5，作直径 AI，以点 I 为圆心，AB 长为半径画圆交 $\odot O$ 于点 J，交 AB 于点 K，作直线 GK 交 $\odot O$ 于点 D，以点 D 为圆心，AB 长为半径画圆交 $\odot O$ 于点 C，连结 CD。弦 CD 即为所求。

解法 3：见图 6，作直径 BI，连结 AI，作 $\angle BAI$ 的平分线 AC 交 $\odot O$ 于点 C，以点 C 为圆心，AB 长为半径画圆交 $\odot O$ 于点 D，连结 CD。弦 CD 即为所求。

"动"态分析 2：圆内两条弦相等且垂直，那肯定是一条弦绕着圆心旋转 $90°$ 得到另一条弦。

解法 1：见图 7，作直径 AI 的垂直平分线 OD 交 $\odot O$ 于点 D，以点 D 为圆心，AB 长为半径画圆交 $\odot C$ 于点 C，连结 CD。弦 CD 即为所求。

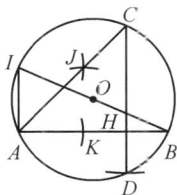 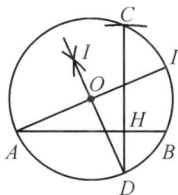 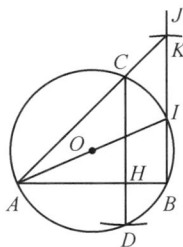

图 6　　　　　　　图 7　　　　　　　图 8

"动"态分析 3：圆内两条弦相等且垂直，可以通过平移得到。

解法 1：见图 8，作直径 AI，在射线 BI 上截取 $BK=AB$，连结 AK 交 $\odot O$ 于点 C，以点 C 为圆心，AB 长为半径画圆交 $\odot O$ 于点 D，连结 CD。弦 CD 即为所求。

这个小题的解法有上百种，但归纳起来，主要是以上这些，其他的解法只是稍作变化。

第二小问不做解答。

第三小问：

解法 1：见图 9，延长 FP、CD 交于点 Q，

由 $AH=HF$，$AM=PM$，得 HM 为 $\triangle APF$ 中位线，

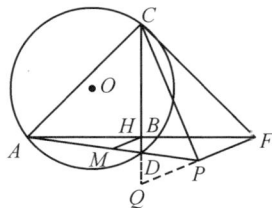

图 9

推得 $HM=\dfrac{1}{2}FP$，$HM/\!\!/FQ$，$\triangle MHD\backsim\triangle PQD$，

从而得到 $\dfrac{MH}{PQ}=\dfrac{MD}{PD}$，又因 $DP=\dfrac{1}{2}AD$，继续得到 $\dfrac{MD}{DP}=\dfrac{1}{2}$，$\dfrac{MH}{PQ}=\dfrac{MD}{PD}=\dfrac{1}{2}$，$PQ=PF$，

又因 CP 平分 $\angle FCD$，所以 $FP\perp CP$，最后得证 $MH\perp CP$。

说明：由条件 $PQ=PF$，CP 平分 $\angle FCD$，证得 $CF=CQ$。可以通过倍长中线 CP 证明全等，也可以通过等积法证明，又可以通过角平分线的性质 3（三角形的角平分线分对边成比例，等于邻边之比）证明。

解法 2：见图 10，分别过 P、M 作 $PN\perp CD$，$MK\perp AF$，垂足分别为 N、K。延长 MH 交 CP 于点 Q。得到 $AF/\!\!/PN$，$\therefore\triangle ADH\backsim\triangle PND$，$\dfrac{AH}{PN}=\dfrac{AD}{PD}=\dfrac{HD}{DN}=2$，设 $PN=t$，则 $AH=CH=2t$，CP 平分 $\angle DCF$，得 $\angle DCP=22.5°$，$\tan\angle DCP=\dfrac{PN}{CN}=\sqrt{2}-1$，$CN=(\sqrt{2}+1)t$，$HN=(\sqrt{2}-1)t$，$HD=\dfrac{2}{3}(\sqrt{2}-1)t$，$MK=\dfrac{1}{2}(\sqrt{2}-1)t$，$KH=\dfrac{1}{2}t$，$\tan\angle KHM=\dfrac{MK}{HK}=\sqrt{2}-1$，则 $\angle KHM=22.5°$，从而证明 $\angle CQH=90°$，$\therefore MH\perp CP$。

解法 3：见图 11，过 P 作 $PN\perp CD$，垂足为 N，交 HM 的延长线于点 K。延长 MH 交 CP 于点 Q。得到 $AF/\!\!/PN$，$\therefore\triangle ADH\backsim\triangle PDN$，$\dfrac{AH}{PN}=\dfrac{AD}{PD}=\dfrac{HD}{ND}=2$，设 $PN=t$，则 $AH=CH=2t$，CP 平分 $\angle DCF$，得 $\angle DCP=22.5°$，$\tan\angle DCP=\dfrac{PN}{CN}=\sqrt{2}-1$，$CN=(\sqrt{2}+1)t$，$HN=(\sqrt{2}-1)t$，$KN=t$，$\tan\angle HKN=\dfrac{HN}{NK}=\sqrt{2}-1$，则 $\angle HKN=22.5°$，从而证明 $\angle CQH=90°$，$\therefore MH\perp CP$。

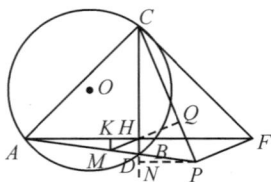

图 10

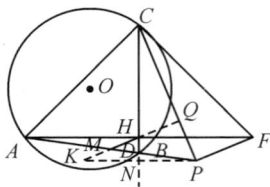

图 11

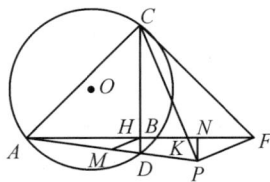

图 12

解法 4：见图 12，作 $PN\perp AF$ 于点 N，因 $AF\perp CD$，得到 $CD/\!\!/PN$，$\dfrac{AD}{DP}=\dfrac{AH}{HN}=2$。设 $HK=t$，$\tan\angle PCD=\tan22.5°=\dfrac{KH}{CH}=\sqrt{2}-1$，得 $CH=(\sqrt{2}+1)t$，

$HN=\dfrac{1}{2}(\sqrt{2}+1)t$，$KN=\dfrac{1}{2}(\sqrt{2}-1)t$，$FN=\dfrac{1}{2}(\sqrt{2}+1)t$，$PN=\dfrac{1}{2}t$，在

$\mathrm{Rt}\triangle FNP$中，$\tan\angle PFN=\dfrac{PN}{NF}=\dfrac{1}{2}t:\left(\dfrac{\sqrt{2}+1}{2}t\right)=\sqrt{2}-1$，所以$\angle PFN=22.5°$，

可求得$\angle CPF=90°$，$CP\perp PF$，因$MH\parallel PF$，所以$MH\perp CP$。

在这个解法的后半程中可以采用证明C、H、P、F四点共圆的方法，也可以
证明$\triangle CHK\backsim\triangle FNP$或$\triangle FNP\backsim\triangle PNK$。

解法5：见图13，作$PQ\parallel CD$交CF于点Q，由解法4可知PQ垂直平分
HF，可得$CQ=FQ$，又因CP平分$\angle HCF$，可证得$CQ=PQ$，利用一边上的中线
等于该边一半的三角形是直角三角形，推得$CP\perp FP$，最后得$MH\perp CP$。

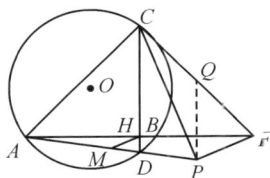 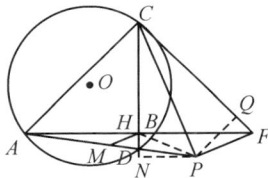 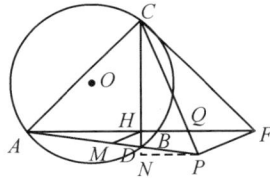

图13　　　　　　　　　　图14　　　　　　　　　　图15

解法6：见图14，作$PN\perp CD$，$PQ\perp CF$，垂足分别为N、Q，连结PH。可以
证明$\triangle HPN\cong\triangle FPQ$，推得$\angle NPQ=\angle HPF$，因$\angle NPQ+\angle NCF=180°$，所以
$\angle HPF+\angle NCF=180°$，从而推得$C$、$H$、$P$、$F$四点共圆，所以$\angle CPF=\angle CHF$
$=90°$，即$CP\perp FP$，最后得$MH\perp CP$。

解法7：见图15，作$PN\perp CD$，垂足为N。

可得$\triangle DAH\backsim\triangle DPN$，$\dfrac{AD}{PD}=\dfrac{AH}{PN}=2=\dfrac{FH}{PN}$，$\dfrac{HF}{PN}=\dfrac{CF\cdot\sin\angle FCH}{CP\cdot\sin\angle PCN}=$

$\dfrac{CF\cdot\sin45°}{CP\cdot\sin22.5°}=2$，$\dfrac{CF}{CP}=\dfrac{2\sin22.5°}{\sin45°}=\dfrac{2\sin22.5°}{2\sin22.5°\cos22.5°}=\dfrac{1}{\cos22.5°}$，又因$\dfrac{CQ}{CH}=$

$\dfrac{1}{\cos22.5°}$，$\angle FCP=\angle QCH$，所以$\triangle FCP\backsim\triangle QCH$，证得$\angle CPF=\angle CHQ=90°$，
即$CP\perp FP$，最后得$MH\perp CP$。

解法8：见图16，建立以点H为原点的直角坐标系，设$AH=CH=2t$，可求
得直线CP的解析式为：$y_{CP}=-(\sqrt{2}+1)x+2t$，点P的坐标为$(t,-\sqrt{2}t+t)$，又
因点A的坐标为$(-2t,0)$，中点M的坐标为$\left(-\dfrac{t}{2},\dfrac{-\sqrt{2}t+t}{2}\right)$，可求得直线$MH$
的解析式为：$y_{MH}=\sqrt{2}-1x$，因为$-(\sqrt{2}+1)(\sqrt{2}-1)=-1$，所以$MH\perp CP$。

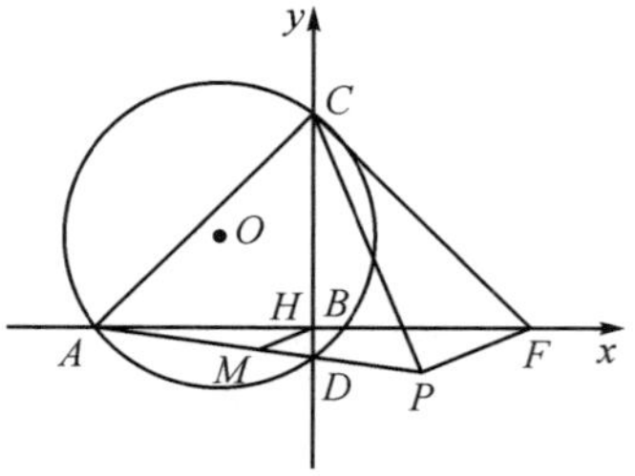

图 16

还有很多种解题方法,在这里不一一赘述了。

四、教学导向

(一)关注数学活动,培养问题意识

本题是以教材中的例题、习题为背景,通过借助尺规作图,培养学生的思维能力。第一小题,要作一条弦与已知弦相等且垂直,可以从旋转变换角度来思考,只要把弦 AB 绕着圆心 O 顺时针旋转 $90°$ 得到。我们也可以从轴对称变换角度来思考,只要作出两弦的对称轴即可得到,作 $\angle AHO = 45°$ 就可以了。又可以从平移变换角度去思考问题,先作一个等腰 Rt$\triangle ABN$,$\angle ABN = 90°$,AN 与 $\odot O$ 相交于点 C,作 $CD = AB$ 即可。这样的教学安排和教学落实,学生的数学素养会真正落地。因此,在数学教学中,教师应该让学生学用数学的眼光发现问题,会用数学的思维提出问题、分析问题和解决问题,使他们有足够的实践和空间经历观察、操作、猜测、计算、验证与推理等活动。学生通过独立思考、动手操作和合作交流,积累数学活动经验,从而培养问题意识,发展创新思维能力。

(二)渗透一题多解,落实核心素养

数学是一门综合思维要求很高的学科,目标是让学生学会思考、不断地积累经验并提升素养。本题解法多样,不仅有直接的几何推理论证,纯粹的代数计算,也有数形结合的综合解决方式。试题解答不拘一格,更多的是对学生思维的考查,既体现数学运算能力的重要性,也凸显逻辑思维推理能力的不可或缺。最后又是多解归一,很多方法都是用到相似三角形或特殊三角形的相关定理。因此,教师在组织教学活动时,应以思维引领课堂,让学生不断积累解题经验,从而发展学生的核心素养。

(三)注重整体教学,做实大单元复习

我们知道,现行的教材体系具有螺旋式上升的特点,这样的编排遵循了学生的认知特点和学习规律,有目的性地分散了学生的学习难点,为学生学习数学内

容提供了有利的基础条件,但是章节安排在不同年段、不同学期,在一定程度上割裂了学习内容的连贯性、系统性与整体性,导致学生对知识体系缺乏清晰的认知,对知识间的联系理解肤浅。因此,在九年级总复习期间,如何借助结构性的问题帮助学生从整体的视角更好地建构知识体系,深刻地理解知识间的内在联系就显得尤为重要。比如浙教版教材圆的内容在九上第三章圆,主要涉及两大块知识:圆的轴对称性和圆的旋转不变性,九下第二章主要是圆的切线。24 题第一小问的解答方法就是复习圆的旋转不变性和圆的轴对称性(垂径定理),当弦运动到特殊位置直径时,就可以研究圆的切线。我们就可以采用本题的图,开展"一图一课"进行整体观下的单元整体复习教学。

第二辑

项目化学习与样态实践

项目化学习:提升小学生语文核心素养路径探索

——以统编语文教材四年级下册第一单元为例

舟山市嵊泗县菜园镇第三小学　孙雪君

2014 年 3 月教育部发布《教育部关于全面深化课程改革　落实立德树人根本任务的意见》,首次提出"核心素养"这个概念,并解释为"学生应具备的适应终身发展和社会发展需要的必各品格和关键能力"。《义务教育语文课程标准(2022 年版)》多次出现"跨学科主题""项目化学习"等词,告诉我们核心素养立意下语文教学变革中的重要任务将是以项目化学习为代表的探究式、跨学科、体验式学习方式。在这之前传统语文单元教学常常以单篇课文教学为一个教学环,单元教学整体性不强,学生目标意识不够,往往以教师讲授为主要方式,学生口头和书面回答为测试方式,知识掌握零碎、能力提升效率低下,学生探究欲和学习兴趣不足,课文学完收获不多等现状已无法适应当下社会发展需要和培养终身发展的能力。

基于以上现状,我们在单元教学中实施项目化学习非常有必要。整个环节中在整合单元语文资源、联系语文前后要素的衔接基础上,立足语言建构和运用、突出语文实践性,做好整体规划;学生则在驱动问题的引领下进行探究过程,探索未知,进行深度思考、解决问题、重构知识,有效率地实施素养提升的目的。如何在单元教学中具体实施项目化学习,下面就统编版小学语文教材四下第一单元为例,谈项目化学习具体操作与体会。

一、小学语文项目化学习基本步骤

学科项目化学习脱离不了学科本位和项目化实施路径。语文教学注重核心素养引领下的单元语文要素的落实,在课堂教学中针对知识和技能的学习、过程与方法的掌握、思维训练或情感态度价值观的树立而进行;项目化学习过程则按照提出问题、探究问题、解决问题、成果交流、量化评价等环节进行,项目化学习设计要关注整合零碎的知识点,建立起学科知识技能和真实世界的联系,并关注学生"学"的思路。于此,我们兼顾两者特点,针对项目化学习以学科关键概念的掌握和运用及能力的提升为目的,设定适合语文学科项目化学习探究流程(见图 1)。

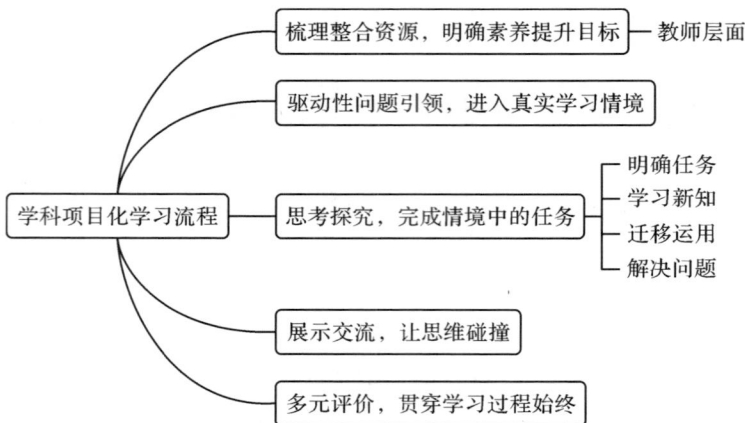

图 1　学科项目化学习设计一般流程

（一）整合教学资源，明确素养提升目的

语文核心素养内涵中文化自信、语言运用、思维能力、审美创造四个方面是一个整体。语言是重要的表达工具和思维工具，语言的表达可以彰显文化自信，体现审美创造，语言的发展过程也是思维的发展过程，所以我们的课文是语言学习和思维发展的载体和工具。学习课文要以素养提升为目的，摒弃冗长的教学环节、删掉不必要的细枝末节。

统编语文教材的做法是每单元把语文要素标示于单元篇章页上，每单元的语文要素是核心素养的具体体现，也就是告诉我们"教什么"。既然课文是实现语文要素的载体，教师通过教学单元课文来落实要素，这就给语文课"怎么教"指引了明确的方向：在落实字词的基础上以实现语文要素为重点的教学。课堂学习是为掌握、为提升、为运用，在单元课文教学时采用项目化学习的方式，更有利于直击重点，整合零碎知识点，落实对语文要素的学习和迁移，遵循阅读教学读写结合原则，现就四下第一单元，抓重点、做梳理（见图 2）。

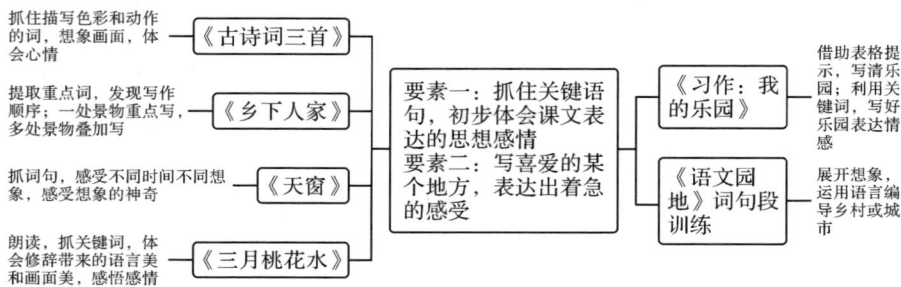

图 2　统编版小学语文教材四下第一单元要素与教学内容梳理

（二）驱动性问题引领，进入真实情境学习

夏雪梅把驱动性问题的概念理解为："驱动性问题将比较抽象的、深奥的本质问题，转化为特定年龄段的学生感兴趣的问题。本质问题比较抽象，而驱动性问题则嵌入学生更感兴趣的情境。"单一文本或单个篇章的知识点，无法让学生在头脑中形成一个知识逻辑，让学生产生去比较分析甚至发生更深层次的思维活动，所以需要一个总领的问题带领学生去阅读、去研究、去思考。在语文项目化学习设计中提出驱动性问题，并由该问题引领进入一定情境中学习，不仅能调动学生学习兴趣，更能让学生有体验感、真实感，积极参与课堂或实践中的听、说、读、写等学习活动，从而提升思维品质和语文学科素养。

基于四下第一单元的语文要素，我们要建立相对真实的生活情境或虚拟项目来实现驱动学生参与学习过程并主动学习的目的。教学中，须基于单元语文要素的掌握来设计我们的教学。文本情境的单一性和文学性并不能让学生进入真实的生活体验，所以教师设计的驱动性问题要依托能让学生引起生活共鸣的情境，才能问有所得，学有所获。针对四下第一单元教学内容和孩子们生活在渔农村这一事实，本次项目化学习设计名称为《"游美丽乡村　传渔乡风貌"嵊泗旅游宣传大使项目》，其驱动性问题为：领略乡村之美，宣传渔乡之景。怎样成为嵊泗旅游的宣传使者，去为家乡美景宣传？这样的驱动性问题，连接单元语文要素的落实和具体的行动任务，实现把课文所学迁移到具体生活情境中的目的，借助生活中项目任务的完成，指向语文素养提升，学生在学习过程中更真实感更有体验感。

（三）思考探究，完成真实情境下的项目任务

在驱动性问题的引领下，学生开展一系列的探究任务。探究任务不能简单呈现，必定含有探究和思考的过程，且层次性强，逐层深入，让学生去真实情境或类真实情境中解决实际问题。项目任务包括完成课文知识点学习过程、学习所得的迁移和运用。要完成项目任务必须学会一定的技能，所谓知识点学习过程就是课文学习所得，把在课堂上学会的知识技能运用到实践中去完成一定的任务，这就是学习的意义。由此，根据驱动性问题的提出，我们可以布置适当任务，供学生个人或小组经历学习新知、迁移运用、解决问题几个阶段，完成一个阶段任务布置。在四下语文第一单元的项目学习具体任务设计中，我们可以让学生完成以下任务（见图3）。

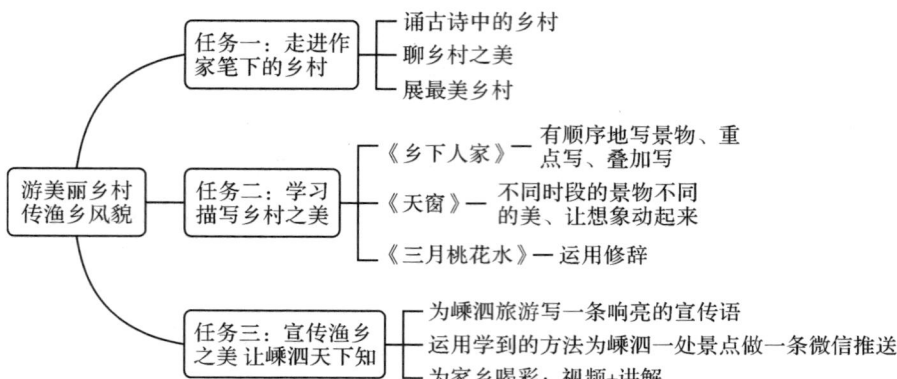

图 3 "游美丽乡村 传渔乡风貌"嵊泗旅游宣传大使项目任务

完成项目任务的过程即探究学习过程。学习不能由教师把知识全部简单地传递给学生,而是由学生自主需求,主动学习并且建构新知的过程。学习过程中不仅对学生的观察、联想思维得到训练,分析和概括、重组思维也得到了进一步锻炼。过程中分析和内化是主要过程,课文是方法习得的载体,学生通过对课文的学习掌握阅读方法和写作方法,整个单元学习不再孤立,而形成一个为驱动问题服务,为落实语文要素服务的整体。

值得一提的是有时候问题在解决过程中并没有获得一定的答案,但学习中产生思维的碰撞,探查纠错、分析辩解等过程便是思维活动的过程,其中的认知策略必是高阶的。学习过程中注重知识、能力和态度的整合,学习的目的指向发展高阶思维,指向语文真素养的形成。

(四)展示交流,让思维碰撞

项目成果是项目化学习一个重要特点,其成果展示内容可以是多样的,包括报告、视频、图文展出等多种形式,也可以把学习过程中的笔记、对话记录展示出来。笔者在四下第一单元重点成果展示时按照任务布置展示,重点放在任务三上。例如"微信推送"这一任务,有图有文字,指向语言运用、思维能力和审美创造这些素养。通过展示交流,对学习过程和学习成果进行比较评价,审辩的过程中学生的思维在此碰撞,能力得以比拼,比常规课堂模式中语言的习得和运用更加灵活和生动,审辩式思维、创造性思维、探究与问题解决、合作等重要的学科素养得以提升。

(五)多元评价,贯穿项目化学习始终

项目到最后容易忽视评价,如果把评价当成可有可无的存在,为设计而设计,这就忽视了评价量规所设计的过程性评价和成果性评价。项目评价不仅仅是对项目成果的评价,更是项目行进中特有的心理暗示和沉浸式学习的辅助。其评价是多元的,从评价者和评价方式上都呈现多元性。评价主体可以是自我评价、他人(小组)评价和教师评价,区分主观和客观。评价方式注重过程性评价,注重学习过程中非智力因素的评价和各项能力的发展。例如四下第一单元的任务二阶段评价我们可以设计如下表格(见表1)。

表1 "游美丽乡村 传渔乡风貌"嵊泗旅游宣传大使项目任务二阶段评价表

评价内容	自我评定	组内评价
1.你有没有独立发现景色描写的秘诀?	☆☆☆	☆☆☆
2.你按照课文的描写方式介绍的嵊泗景点精彩吗?	☆☆☆	☆☆☆
3.你有没有赞扬组员的付出和成果,并指出他的某一处不足?	☆☆☆	☆☆☆
4.除了课文中景色介绍方式,你还在其他文章中发现景色描写的秘诀吗?	☆☆☆	☆☆☆
5.你觉得你的讲解能吸引游客到来吗?	☆☆☆	☆☆☆
6.你在小组合作中能认真倾听并积极贡献吗?	☆☆☆	☆☆☆
7.请为这一阶段的学习提一条意见或发表看法		

以上评价表格的设计是不仅鼓励学生坚持活动、教会学生表达、探究、更教学生去欣赏他人的成果并虚心学习,还鼓励学生突破定式去创新。教师根据学生的评价给予一定的鼓励和肯定,给学生一个发展自信的心理。多元的评价应该存在并贯穿整个项目化学习过程,整个评价过程中既有过程性评价,也有结果性评价,更有教师在指导学习过程中的适时鼓励、指导,这样才能较全面评价学生。这也吻合了《义务教育语文课程标准(2022年版)》所提出的"倡导课程评价的过程性和整体性,重视评价的导向作用"这一指导意见。

二、单元教学中实施项目化学习的思考

语文项目化学习其实就是以语文学科素养提升为目的,以课程标准为指引,以项目化学习为舞台,以解决驱动性问题、完成项目任务为步骤,让学生在真实的实践过程中主动学习、建构新知、提升语文素养的学习。教师在语文学科项目化学习的设计中不能忽视以下三点:

(一)语文项目化学习设计要姓"语"

在语文学科项目化的过程中不可避免地、有必要地涉及别的学科,我们可以跨学科,但不能"跨"得太远。我们不能忽视学科特性,不能偏离语文素养提升目

的。如以上提到单元项目化学习设计中就运用到了摄影知识、美术知识、音乐知识,学生在完成任务的时候会主动去学习摄影和构图方面的知识技能,也会去比较乐曲的适宜度,教师也要适时提供帮助,但这些学科知识是辅助,是美化,语文知识习得和素养提升必定是主要目标。在引领学生进行语文项目化学习时,首先我们要做好基础知识的教学工作,把字词教学、朗读教学和阅读能力的训练等融入任务群当中;其次我们重视读懂教材所提供的语文各项知识和能力的上升规律,注意到阅读文章时所需要训练的提取和梳理、概括和整合、迁移和应用、鉴赏和表达等能力;最后我们不能把项目化学习设计成表演课、纯展示课,小学阶段特别容易为展示而展示。

(二)注重学习过程的探究实践和创新

《跨学科的项目化学习:"4+1"课程实践手册》提出:"项目化学习形态和当下传统课程不一样的是它的主体指向不依赖于记忆,而在于创造,创造新意义,创造新知,问题带给学生惊奇的感受,使学生开启探索性的理解之路。"我们鼓励学生探究实践,更鼓励学生在实践中创新,在过程中体验、互动与生成,在不确定的惊奇和质疑中,获得最深刻的记忆。

所以探究过程比结果更重要,更能锻炼学生解决问题的能力,有时候结果的完成度不一定符合期待。从语文学科的角度来讲,小学阶段基础知识固然重要,但在课堂上一味训练基础,简单的知识层面的掌握并不是语文学习的真谛,我们要将教语文,变成学生学语文,主动去发现语文的奥妙,锻炼学生语文思维。驱动问题的提出引起学生探究兴趣,引导学生去进行分析比较、综合概括、内容重组、提出疑问等一系列操作,从而建立起新的思考过程,有新的知识架构,这就是我们学习的过程和真谛,结果反而不是最重要的。

(三)搭建倒推式的任务支架

基于真实情境或虚拟项目的项目化学习设计,主要完成驱动性问题指引下的项目任务,达到解决现实问题的目的。在任务编排上也是梯度式层层深入,学生完成最终任务需要学习课堂内的知识技能,所以形成一个倒推式的需求,迫使学生主动去阅读去思考。这时候教师要善于搭建任务和课本之间的支架,让学生能稳步走过,学到知识技能。例如在以上项目化学习设计中,为完成任务三中的第一条子任务,我们可以搭建这样的支架供学生探究和习得(见表2)。

表 2　怎样为嵊泗旅游设计一条响亮的宣传语

收集乡村美景宣传语	方法 1:摘录书中中心句或关键句	方法 2:网上查询、阅读课外文章摘录或自我改编创作
我的摘录	1.乡下人家,无论不论什么时候,不论什么季节,都有一道独特、迷人的风景 2.天边的红霞,向晚的威风,头上飞过的归巢的鸟儿,和乡下人家一起,绘成了一副自然、和谐的田园风景画	1.晨曦微露,晚霞满天,还有池塘果树,鸡鸭成群,炊烟袅袅。人间烟火不过如此 2.…… 3.结合《园地一》词句段训练展开
撰写嵊泗美景宣传语		
我发现写宣传语的秘诀了		

通过任务支架的搭建,学生从学习需求过渡到学习过程,倒推个体去主动学习,并能完成任务操作。当经过信息提取和梳理后,进入分析比较、概括总结,对内容进行深度理解,有了主动建构语言的过程和类比、创造等思维的长足发展。学生经历了"提出问题—试着解决问题—新旧知识与情境、社会联系—基于审辩的表达实践经历—解决问题"的过程,课堂有了生命活力,学生思维得到锻炼,语言习得过程更可视化。

学科项目化学习是学科本质和真实社会相关联的思考与实践,语文学科项目化学习设计更是遵循语言习得规律,在真实情境中学习语言、运用语言的同时发展学生的高阶思维。本文是探索语文核心素养提升的一条路径,为了让学生适应终身发展和社会发展需要,语文教师不能固步于以往传统的教育方式,应响应当前需求,在项目化学习这种新的路径上根植于课堂,指向课程的结构性改变,不断探索、深入研究,在设计方向和策略上不断优化。

参考文献:

[1]夏雪梅.项目化学习设计:学习素养视角下的国际与本土实践[M].北京:教育科学出版社,2028,11:128-157.

[2]张悦颖,夏雪梅.跨学科的项目化学习:"4＋1"课程实践手册[M].北京:教育科学出版社,2021,3:23.

[3]朱育妹.基于统编教材的小学语文项目化学习的实践研究[J].基础教育论坛,2022(17):10-11.

［4］温兴标.从"大学科"教师走向"大生命"设计师——大单元视野下的初中语文项目化学习的实践与思考［J］.语文教学与研究,2023(3):84-88.

［5］谢倩格.项目化学习促进读写深度融合的研究与实践——以统编版语文教材八年级上册第二单元为例［D］.闽南师范大学,2022.

［6］李婉如.基于初中语文单元的项目化学习研究［D］.苏州大学,2022.

聚焦素养进阶　设计项目作业

舟山市普陀区沈家门第四小学　方　露

《义务教育数学课程标准（2022年版）》明确了要以学习内容为载体，关注发展学生的核心素养，并对不同学段的学生提出了不同的发展要求。结合杜宾斯基的APOS理论，学生数学学习会呈现出从"知识迷惘"走向"价值澄清"的学习进阶表现，因此将素养发展放置在学习进阶的视角下，依托具体的素养表现设计实施教与学，会更加适切新课程改革背景下"教—学—评"一致性的要求。

作业是学习活动的重要组成部分，可以帮助学生强化认知、巩固理解，还能精准反馈出学习过程中的遗留问题。为实现所有教学活动的同频共振，作业也应该遵循素养导向。随着项目化学习成为变革课堂"学—教"模式的有效路径，项目作业也随之成为落实作业"减负增质"的重要尝试。

一、直击本源，厘清作业内涵

作业是课堂学习的补充和延伸，项目学习作为一种强化实践应用的学习方式，常常会因为自身开放性大，导致课堂教学时间紧张，因此需要提前统筹学习任务，并借助一些项目作业进行补充和拓展。

项目作业生成于项目学习的关键节点，受项目学习本源影响，更加重视真实情境，追求学习和生活的交融，更加强调主动探究，注重理解和实践的协同。

鉴于项目作业的特点，除了传统的作业分类方法，还可以参考作业对项目各个阶段的意义，将项目作业划分成三类（见表1），三类作业分散于项目学习进程，互相协作辅助学生主动建构。

表1　学科项目作业的类型与主要形式

作业类型	主要形式
阶段成果作业	计算草稿、设计草图、视频脚本、初步模型等
调查实践作业	搜索资料、查阅文献、采访、问卷调查、实地考察等
计划反思作业	项目计划书、思维导图、研究日记、个人小结等

二、梳理双线，设计作业内容

基于素养进阶视角设计项目作业，需要先充分梳理"项目任务线"和"素养发展线"，将驱动性任务拆解出来的项目子任务与素养表现层次建立起横向联系，生成关键作业，再结合各表现层级作业的内容与数量，补充部分的拓展作业。依托这样的设计范式，就可以得到一份兼顾"做事"和"做学问"的项目作业。基于此，以人教版小学数学一年级下册《七巧板》一课为例，进行作业设计的进一步阐述。

（一）明确作业目标

驱动性问题：学校科技节即将举行"速拼七巧板"比赛，同学们跃跃欲试，购买了七巧板进行练习。但每天总有一些"小马虎"弄丢巧板，掉落在地上的巧板也难以分辨"小主人"。为了解决这个问题，同学们计划为自己定制一副七巧板。

项目目标：制作一副七巧板。

学习任务：认识七巧板→拼组正方形→制作七巧板。

学科核心素养：空间观念。

《义务教育数学课程标准（2022年版）》对11个核心素养给出了具体的素养内涵，其中"空间观念"可按照"图形认识""图形位置与运动"划分成2个板块（见图1）。

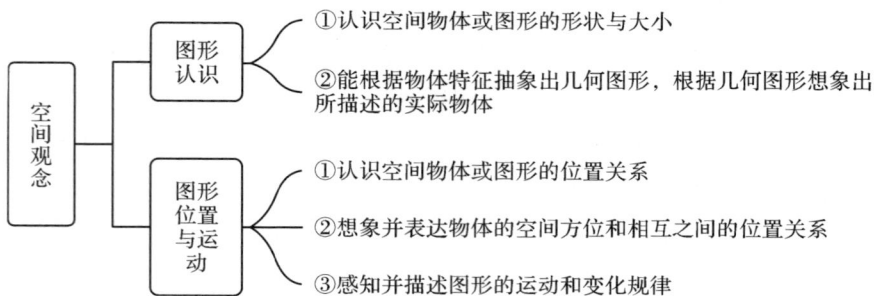

图1 "空间观念"的素养内涵

参照素养内涵分析小学阶段的12册教材，其实每一学段都涉及了发展"空间观念"的学习载体（见表2）。因此在设计素养的层级表现时，还要充分考虑前后向、横纵向学习内容之间的联系，以此来实现素养的平稳进阶。

表 2 小学各学段发展"空间观念"的学习载体

维度	第一学段（1—2年级）	第二学段（3—4年级）	第三学段（5—6年级）
图形的认识	①认识图形（长方体、正方体、圆柱、球） ②认识图形（长方形、正方形、平行四边形、三角形、圆） ③线与角的初步认识 ④认识物体（从不同方向观察简单物体）	①线与角的认识 ②认识四边形 ③认识平行四边形与梯形 ④认识物体（正方体拼组） ⑤认识三角形	①认识图形（多个方向观察立体图形的拼组） ②认识长方体与正方体 ③认识圆和扇形 ④认识圆柱和圆锥
图形的位置与运动	①位置（上下左右） ②图形的运动（轴对称、平移）	①位置（东南西北） ②平行与垂直 ③图形的运动（轴对称、平移）	①位置（数对） ②图形的运动（旋转与变换） ③位置（方向和距离）

结合"素养内涵"和"载体关联"，可以将空间观念的发展解构为"会观察""会操作""会想象"三阶（见图 2），并将对标各板块各层级的素养表现进行概括，形成作业的素养目标。

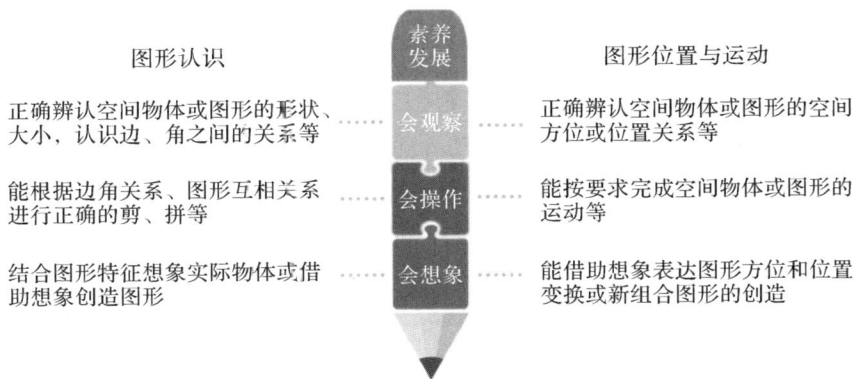

图 2 "空间观念"的层级素养表现标准

（二）生成关键作业

"项目任务线"和"素养发展线"呈现的都是纵向样态，但并不完全是一一对应的，需要结合项目具体分析，对接建立横向"平台"，生成关键作业。在内容上，关键作业需要体现学习结果，提供表现证据。在类型上，关键作业多为阶段成果作业，项目难点可以补充反思作业辅助思维。《七巧板》项目作业依托"项目任务"和"素养发展层级"可搭设三个平台，分别设置"解密七巧板""拼组七巧板"和"制作七巧板"三个阶段的关键作业（见图 3）。

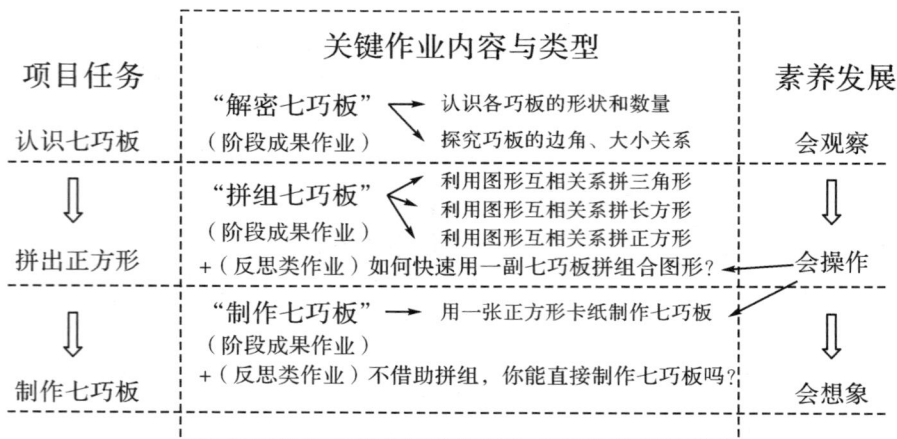

图 3 《七巧板》项目关键作业

（三）补充拓展作业

关键作业是项目作业的核心，但并不等同于项目作业，因为来源于真实情境的项目本身有一定的局限性。作业案例中，"会想象"的素养表现是"结合图形特征想象实际物体或借助想象创造图形"，但凭借想象完成"拼组"或"制作"，对低段学生来说难度很大，学生的素养表现也不明显。因此需要及时调整，补充一些拓展作业，例如增加两个调查实践作业"七巧板创意画"和"设计多巧板"（见表3），前者是利用图形特征抽象实际图形，后者是以"调查四巧板和五巧板"为支架，激发学生的想象创造。以实践形式增加作业的趣味性，以调查支架降低作业的"门槛"，就能吸引更多学生参与进来，进而发展起来。

表 3 《七巧板》项目补充作业

序号	作业内容	作业类型与说明
1	尝试用七巧板拼出你喜欢的图案，制作一幅七巧板创意画 	【七巧板创意画】（调查实践类作业）说明：利用图形特征抽象实际图形，完成图形创造
2	数学小调查：除了七巧板，有没有四巧板和五巧板呢？ 创意小能手：发挥你的想象，设计一个多巧板	【设计多巧板】（调查实践类作业）说明：增加数学文化认知，激发学生想象创造

三、细致环节，优化作业实施

好马配好鞍，想要更有效的运用项目作业，还需要对作业实施环节进行优化。

（一）合理布置作业

布置作业首先要考虑各阶段各类型作业的呈现方式，项目作业依靠项目任务链串联，存在一定的逻辑性，学生可以借助项目初期的项目拆解，自行梳理出关键作业。低段学生受认知的影响，需要教师提供适当的辅助。补充作业往往都会涉及较高阶的素养层级，在学生明确作业要求的前提下，教师可以有意识地"留白"，引导学生课后继续深入探究。

其次还要提前考虑作业支架，例如《七巧板》项目作业中的"七巧板创意画"，用"苏武牧羊"做范例支架，借"三角形做帽子"解释"利用图形特征抽象实际图形"的作业要求，对学生来说，更加容易理解。

（二）有效完成作业

完成作业就是要思考"学生怎么做"，方式主要有独立完成和合作完成两种。项目学习特别重视合作，在集体的头脑风暴下，思维不断碰撞，趋于共识的过程就是在辨中明理、论中互学，有助于后续开展更深入的学习。项目作业也是这个道理，但并不意味着要题题合作、处处合作，主要参考的是学生的作业表现，做到适时合作、适量合作。如"拼组七巧板"阶段中对"如何快速用一幅七巧板拼组合图形"的反思，发生在学生合作作业之后，这里需要每个学生都有意识地建立起对"图形关系"的认知，还是要鼓励学生独立完成。学生完成作业时，教师应该做好"观察"与"引导"，提供一定的辅助与支持。

四、依托评价，助推素养进阶

作业评价是教学过程中的重要环节，借助评价，教师可以直观地了解学生知识技能的掌握以及素养能力的发展。作业评价不是简单地完成等级评定，而是要借助评价诊断导向的作用，助推学生"向前看"。

常见的作业评价方式有作业用时评价、作业达成性评价、作业准确度评价等。素养导向的项目作业，需要参考学生的学习表现，应该配合使用作业表现性评价。

（一）制定评价量表

依据国内外表现性评价专项研究，评价量表是一种比较成熟的评价载体，放置在进阶视角下，就是要建构体现素养表现水平的评价量表。

表 4 《拼组三角形》阶段作业评价量表

阶段作业：你能用一副七巧板拼出三角形吗？	
评价量表 1	评价量表 2
☆：能用 1—2 种方法拼组三角形 ☆☆：能用 3 种方法拼组三角形 ☆☆☆：能用 4 种及以上的方法拼组三角形	☆：根据边角特征猜想板块，尝试拼组 ☆☆：根据边角关系有序思考，推理拼组 ☆☆☆：根据边角关系有序推理，正确拼组，并能借助分析演示说明思路

表 4 中呈现的是为"拼组三角形阶段作业"设计的两份评价量表，它们均属于表现性评价，但也有所区别，前者更侧重于学生的拼组能力，后者更关注于学生的拼组思维。将量表 2 的表现水平用图示呈现出来（见表 5），就能清晰地看到一星级是通过观察边角特征进行猜想，素养水平是"会观察"。而二星级是根据边角关系进行有序推理，素养水平就从"会观察"进阶到"会操作"了。三星级则是在二星级的基础上，强调了思维呈现，这是在为后续"会想象"奠基，因此量表 2 更适合素养进阶视角下的项目作业评价，只有让学生明确"我在哪儿"和"我要去哪儿"，才能在不断地自我反思和自我调整中实现有效改进。

表 5 评价量表 2 表现水平图示

（二）灵活诊断方式

作业评价的一大功能就是可以诊断学生在各阶段的学习情况，以便教师进行及时的教学调整。除了评价量表，还可以使用"小任务"完成快速诊断。"解密七巧板"中有一项作业内容是"认识各巧板的形状与数量"，让学生逐一汇报过于耗时，不如设定一个小任务，让学生在课前"从一小堆巧板中分拣出一副完整七巧板"，不仅能快速诊断学生的学习准备情况，及时准确调整教学，还能借助任务的趣味性激发学生学习的主动性。

（三）前置评价标准

前置评价标准经常被应用于项目学习中，目的就是充分发挥评价的激励导向作用。学生在作业前，就已经知道评价标准，便会激励自己以三星水平去尝试。"制作七巧板"是项目作业的最终任务,在此之前学生已经经历了拼三角形、拼长方形和拼简单的组合图形,有了一定的"操作"基础。这个环节就是巩固素养二阶,助推学生进入素养三阶。表6中呈现的是"制作七巧板"阶段作业的评价标准以及学生的典型作业,一星级对照拼组出来的正方形"依样画葫芦"制作七巧板,这就是学生在项目初期拆解项目任务链时想到的方法,素养层级属于"操作"。二星级是先拼组正方形,再通过联想各板块的位置制作七巧板,虽然学生实践起来很容易失败,但联想边角关系的过程已涉及"想象"层级。三星级的评价标准很明确,就是不能动手拼组正方形,直接利用图形的互相关系制作七巧板,这就要求学生充分理解关系,并能通过"想象"将正方形抽象成16个小三角形,最后通过拼贴实现一副完整的七巧板。

表6 《制作七巧板》阶段作业评价标准及典型作业

阶段作业:用一张正方形卡纸制作一副七巧板	
评价标准	☆:正确拼组正方形,并能对照拼组方法制作七巧板 ☆☆:正确拼组正方形,再通过联想拼组方法制作七巧板 ☆☆☆:不拼组正方形,借助图形互相关系制作七巧板
一星级学生作业	三星级学生作业

通常用于前置的评价标准对学生来说都有一定的挑战性,比较适用于项目作业后期素养高阶的进阶。学生暂时跳过一星级,勇敢挑战三星级,就是在借助评价实现对素养的助推。此外,前置的评价标准都相对明确,一旦有学生实践成功,就可以帮助其他同学。

(四)精准教学调控

除了诊断、激励、导向功能外,作业评价还可以实现对教学的精准调控。作业前,教师可以根据学生的学习准备情况,及时对教学做出调整。作业中,教师可以根据学生的评价差异,开展素养分层指导。作业后,教师还可以根据学生的整体作业评价,找到集体的素养薄弱环节对症下药。

素养发展是一个漫长且持续的过程,不单依靠一个项目或一个单元的学习。

实际的教学活动中,我们常常关注知识大于素养、关注结果大于过程、关注教学割裂评价、关注课时割裂整体,无形之中就窄化了学科素养。因此整体建构素养框架,分层明晰素养表现,素养作业才能有据可循;客观收集素养评价,按需完成素养助推,素养生长才能清晰可见。

参考文献:

[1] 中华人民共和国教育部.义务教育数学课程标准(2022 版)[S].北京:北京师范大学出版社,2022:7.

[2] 夏雪梅.指向核心素养的项目化学习评价[J].中国教育学刊,2022(09):50-57.

[3] 董瑶瑶,刘启蒙,刘坚.学科项目学习作业的内涵、设计与实施[J].中小学教师培训,2023(01):34-39.

[4] 孙海燕,刘加霞.基于素养目标表现标准的实践性作业设计与评价——以二年级"长度"单元为例[J].教学月刊小学版(数学),2023(Z1):11-15.

[5] 刘加霞,张殿军.数学表现性评价任务及其量规的设计与运用——以"圆的认识"为例[J].小学教学(数学版),2021(02):9-14.

[6] 宋煜阳.一课三阶:素养进阶练习基本形态与增值路径[J].小学教学参考,2022(29):1-4.

教学评一体:小学科学单元项目化学习设计

舟山市普陀小学 王春燕

2020 年,中共中央、国务院印发了《深化新时代教育评价改革总体方案》,表明党和国家高度重视教育教学评价方式的变革。2022 年,浙江省教育厅颁布《关于小学生综合评价改革的指导意见》。同时《义务教育科学课程标准(2022年版)》也指出要构建素养导向的综合评价体系,强调主体多元、方法多样、内容全面,着力实现"教—学—评"一体化。教学评一体化是落实核心素养培养目标、提高教育教学质量、促进评价改革的一项明确且强有力的举措。但是当前传统的单课教学已经无法适应核心素养的培育需求,教学与评价也脱轨脱节,因此教师应当转变教学思维,从原来的"课时"教学走向单元教学,并设计指向该单元素养目标的评价,以单元整体教学的形式开展教学评一体化的项目化学习。

下面将通过教科版科学四年级上册运动和力单元的实践来进行阐述。

一、教有策略——重构单元项目化学习设计

开发项目化学习整合单元教学,要让学生围绕着核心任务展开问题解决式的实践活动,对事实性知识、碎片化技能教得少一些,对科学的探究方式和核心实践深入一点,在解决问题的过程中获得知识,从而提升学生核心素养。

(一)梳理单元内容关系

在单元项目化学习之前,教师对教学内容间的横向逻辑联系、纵向层级递进的关系都要加以深刻的分析,使学生建立单元内容之间的内在联系,使其知识结构更为牢固、知识体系更为完整。运动和力单元的内容关系如图1所示。

1.联系型。例如前3课都是紧紧围绕"让小车动起来""让小车运动得更快更远"这两个问题开展的探究活动;第5课是在小车运动起来之后,探究阻碍小车前进的两种摩擦力类型;第6课在运动的小车基础上探究能量。

2.独立型。例如第4课要求学生认识测量力的工具即弹簧测力计,并掌握其使用方法,能用其正确测量物体的重力。本节课侧重的是力的测量,与小车的运动并无关系。

3.融入型。第 7 课和第 8 课是对前面所学知识和技能的应用,体现了工程设计的整个过程,是循序渐进、相互融入的。

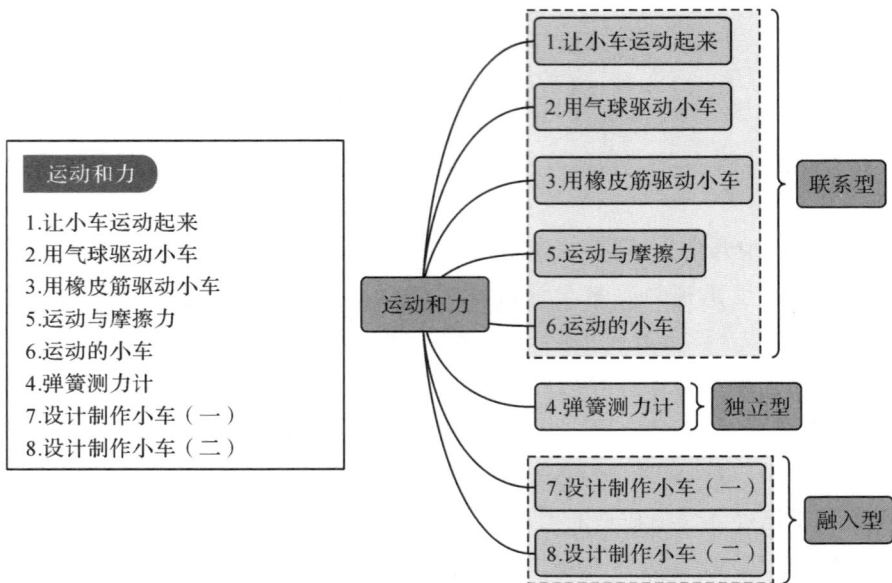

图 1　运动和力单元目录及内容关系

(二)提炼单元核心任务

单元核心任务以单元目标为指引,在充分研究教学内容的基础上设计而成,具有驱动性、真实性、系统性、可评估性等特点,是单元学习的重要支架,能帮助引导学生在探究知识的过程中产生对知识的理解、运用和创新。根据单元目标和单元内容之间的关系,教师要提炼出单元核心任务,且可以设置子任务来促进核心任务的达成,并贯穿整个单元项目化学习。

在运动和力单元中,学生通过研究运动和力的关系的活动,逐步认识不同的力对小车运动的影响,并应用之前学习的知识和技能,设计制作一辆小车。所以,本单元的核心任务可以提炼为"设计制作一辆送餐小车",而子任务可以分为"驱动小车的动力""如何让小车行驶更远""研究小车的结构与材料"等,让学生可以在任务中学习新知识并应用新知识,促使学生高阶思维能力的发展。

以核心任务为主线,以终为始,进行逆向思考、逆向整体设计,因此运动和力单元的教学主题确定为:设计制作小车。

(三)调整单元教学模式

小学科学课程是强调探究活动的实践性课程,如果过度"扶",就会导致学生探究过浅,思维停留在表面;如果"过度"放,就会导致学生探究过泛,缺少方向,最终也无法解决问题。应当做到有扶有放,先扶后放,努力做到扶放有度,扶放精准,逐渐培养学生的自主实践能力和思维迁移能力。

按照扶放有度的原则,列出典型的三种单元教学任务:案例学习任务(全扶)、补全学习任务(半扶半放)和独立学习任务(全放),如表1所示。

表1 问题解决三要素与扶放学习的关系

教学任务	教学内容	已知	求解	解法
案例学习任务(全扶)	单元导学:用气球驱动小车	+	+	+
补全学习任务(半扶半放)	用橡皮筋驱动小车、让小车运动起来	+	+	—
独立学习任务(全放)	拓展:探究其他因素(小车重量、接触面光滑或粗糙、喷嘴粗细)对小车行驶远近的影响	—	—	—

表1中的"已知"是指已知驱动小车前进的动力,"求解"是指让小车行驶更远的方法,"解法"就是学生探究小车行驶远近的过程。"+"表示有,即"扶",在教师引导下开展探究活动;"—"表示无,即"放",根据前面所学自主探究。

在扶放有度的单元教学模式中(见图2),通过教师示证、教师辅导、同伴协作和独立表现来实施教学,"核心问题明确"是导向,"学习方法明示"是路径,"合作学习明效"是保障,"自主应用新知"是知识的运用,"交流评价明了"是结果的呈现。在整个单元的学习中,认知负荷逐渐从教师转移到学生身上,最终目的是促进学生思维的迁移,实现科学素养下的自主探究。

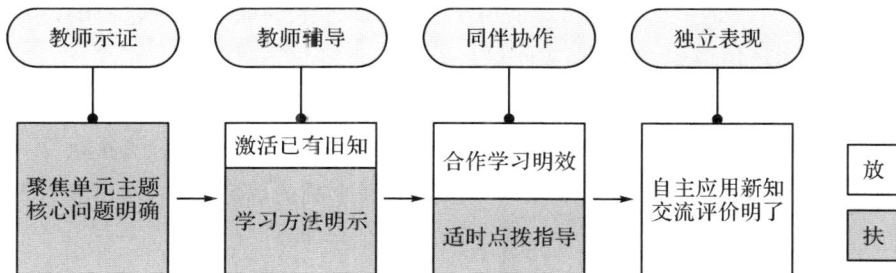

图2 扶放有度单元教学模式

二、学有方法——设计单元项目化学习活动

根据单元目标和单元核心任务需要,对教材内容进行选择和排序,包括适当的增删、调换,甚至重新组合,各个课时的内容或任务可以进行边界消融或互相渗透。根据教学实际需求设定多种不同的课型,例如单元导学课、典型精教课、自主实践课、成果展示课等,同时根据不同的课型设计对应的学习活动,并明示学习方法,以精心设计的单元项目化学习活动来增值学生的思维深度和创新空间。

（一）任务定向：整体感知，形成单元思路

单元导学课是单元学习的"先行组织者"。它不仅是单元的起始课，也是单元的整体认知课，重点是揭示单元主题、明确单元任务、建立单元框架、形成单元思路，使学生对一个单元有整体认识，明确学习方向。

在运动和力单元中，将"设计制作一辆送餐小车"这一单元核心任务前置，学生紧紧围绕任务中"如何驱动小车""如何让小车行驶得更远"这两个单元核心问题，进行气球动力小车的探究。以任务为引领，学生整体感知本单元的学科大概念，自主构建单元知识结构和认知思路结构。

（二）示证新知：部分体验，掌握探究方法

在典型精教课上，教师通过提出问题、给出提示、提供线索、直接解释等方式为学生搭建学习的脚手架，学生分小组尝试应用技能或策略，利用已有的知识探究新知识的生成，揭示知识的本质、规律。

在《用橡皮筋驱动小车》一课中，教师仅明确利用车轴套来确定橡皮筋缠绕圈数的方法，学生合作利用已有的知识进行橡皮筋动力小车的探究，揭示有关弹力知识的规律，并建构弹力与实际生活的连接。

（三）迁移应用：拓展提升，巩固运用新知

自主实践课是指教师布置相应的任务，学生在情境中应用之前所学知识，在共同交流中深入学习从而巩固之前所学，结合探究建构成果，迁移应用，解决问题，并迁移到新情境中，解决真实问题。

在运动和力单元的学习中，通过讨论实验方案、自主实践探究、分析交流三个环节，学生迁移应用前面掌握的探究方法，自主实践进行"小车的重量""接触面的粗糙程度""喷嘴粗细"三个因素对小车行驶影响的探究活动，丰富设计制作小车前的经验，从而减少在设计过程中的盲目性。

（四）内化外显：成果展示，落实单元要素

成果展示课是给学生独立完成任务的机会，运用课上所学的知识和技能来解决单元核心任务，并在其中学有所获。通过评价检测，学生生成并完善自己的单元知识结构、核心概念与价值结构，落实单元要素，完成单元概念的最终建构。

本单元最后的课程《设计制作小车》不仅是这单元知识应用的展现，也是学生工程设计过程的展现。通过调试、改进、测试、评价四个环节，学生交流设计制作小车时遇到的问题和采用的改进措施，并在测试后相互评价，分享成功的经验，总结存在的问题，对本单元的知识和技能有了整体而完善的认识。

三、评有工具——创新单元项目化学习评价

评价一直是学习的目标达成和学生学习效果测量的有效手段,在学生核心素养的培育上起着至关重要的作用。教师在教学中不仅要注重评价的有效性,更要让评价与课堂契合,让学生学会评价,并逐渐乐于评价,享受评价。同时,评价应该基于单元项目化学习的整个实践过程,以激发学生深层次的学习和理解。

根据评价主体、评价内容、评价形式、评价工具四个维度,构建单元项目化教学的评价框架(见图3),并将一级指标分解成二级指标以便对评价目标进行细化。评价主体是学生,教师作为支持者参加评价过程;评价内容的一级指标根据小学科学的课程标准来制定;评价形式多样,以过程性评价、成果性评价和展示性评价为主;除了评价量表外,教师借助班级优化大师这个数字化评价平台进行综合性、显性化的实时评价。

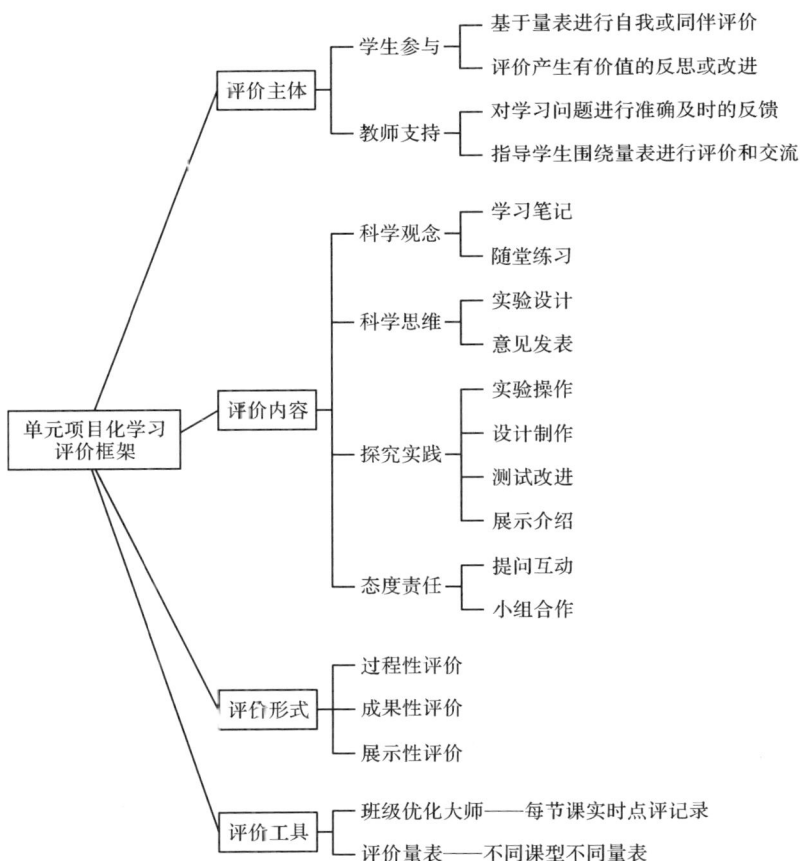

图3 单元项目化学习评价框架

（一）过程性评价，促评价全程化

过程性评价是与教学同时进行的共时性评价，无论从评价的价值取向，还是从评价的内容方法上看，过程性评价更加全面，能促进学生把最好的表现保留下来，符合人的多元智能的实际。在不同的教学环节，有不同的评价内容，教师要根据实际教学过程设计好对应的评价量表。评价量表中的标准将会成为有效支持学生学习的脚手架。

1. 案例学习任务——KWL 表助力教师评价

在单元项目导学课中，教师可以借助 KWL 表（见表 2）来帮助学生梳理对解决单元任务的已知和未知，暴露学生存在的困难和盲点，同时鼓励学生提出自己的问题，从而通过 KWL 表来评价学生的科学思维（意见发表）和态度责任（提问互动）。

表 2　运动和力单元导学课 KWL 表

关于这一问题我的已知	关于这一问题我想知道	关于这一问题我打算进一步学习
动力：电力、磁铁的磁力、拉力、手的推力等	1. 还有哪些动力能驱动小车？ 2. 车身重量、车身重心、车身材料、地面或轮胎的光滑粗糙等因素，对小车行驶远近有什么影响？	1. 了解更多驱动小车的动力 2. 探究影响小车行驶远近的各种因素

2. 补全学习任务——互评表调动学习积极性

生生互评可以让学生在了解评价标准的同时，发展观察、思辨、合作等能力，充分调动探究学习的积极性。在评价量表的设计中，等级描述要充分考虑学生的身心特点，并凸显差异性，以呈现由低阶到高阶的梯度效果，因此笔者以分值作为评价等级，每项最低为 1 分，避免学生因 0 分而产生自备心理。

如表 3 是补全学习任务《用橡皮筋驱动小车》一课的互评表，评级的二级指标与评价框架（见图 3）相对应，同时与单元目标相契合。

表 3　《用橡皮筋驱动小车》互评表

评价者：_____

这节课，我想评价小组里的_____同学

评价 一级指标	评价 二级指标	5 分	3 分	1 分
科学观念	TA 的小车运动画图题画正确了吗？	□正确	□错误，但是 TA 及时改正了	□错误，且没有改正
科学思维	TA 参与小组实验设计了吗？	□有		□没有
	TA 有在小组里给出建设性意见，或积极举手发言吗？	□有，3 次及以上	□有，1—2 次	□没有
探究实践	TA 能正确使用橡皮筋驱动小车了吗？	□能，小车能向前进	□能，小车能运动，但方向错误	□不能
	TA 是否及时完成了实验数据的记录？	□及时记录		□没有及时记录
态度责任	TA 与小组同学的合作情况如何？	□主动合作，合作默契	□能在小组同学推动下完成合作	□无合作

这位同学的总评分是_____分。

组内同学给我打的总评分是_____分。

3.独立学习任务——自省表提升自我认知

相互评价是外部评价，而自我评价是内部评价，是认识自我、分析自我、提高自我的过程，有助于发展学生的反省思维，了解各个阶段自身的优劣，并适时提出下一阶段的计划与目标。学生在实施自我省评时只需要考虑自身发展的实际情况，只与"原来的我"进行对照评价，而这个"原来的我"参照补全学习任务的互评记录（如表 4 是《影响小车行驶的其他因素》自省表），这样不仅可以减少不同能力基础的学生对照评价时引起的焦虑，还可以增强学生学习的自信力和成就感。

表 4　《影响小车行驶的其他因素》自省表

自评者：_____

评价 一级指标	评价二级指标	5 分	3 分	1 分
科学观念	我能说出本节课探究的小车重量和喷嘴粗细对小车行驶的影响吗？	□能完整说出小车重量和喷嘴粗细对小车行驶的影响	□只能说出其中一个因素对小车行驶的影响	□不能

续　表

评价 一级指标	评价二级指标	5分	3分	1分
科学思维	我是否积极参与小组实验方案单的填写？	□有		□没有
	我在小组里给出建设性意见，或积极举手发言吗？	□有,3次及以上	□有,1—2次	□没有
探究实践	我参与了几个实验的探究？	□2个,小车重量和喷嘴粗细都研究了	□1个	□都没有
	我是否及时完成了实验数据的记录？	□及时记录		□没有及时记录
态度责任	我与小组同学的合作情况如何？	□主动合作,合作默契	□能在小组同学推动下完成合作	□无合作
这节课,我的总评分是_____分				
上节课,小组同学给我的总评分是_____分				
两次总评分相比较,我:□进步了　　□没进步　　□进退步				

（二）成果性评价,促评价全面化

成果是项目化学习区别于其他学习方式的一个典型特征。项目化学习成果是指在项目化学习结束时产生的作品、产品、报告等,指向驱动性问题,指向核心知识的深度理解。核心知识、成果、成果评价三者的一致性反映了项目化学习中教、学、评的一致性。

1.多维度编制成果量规

公开成果往往并不只是指"产品"本身,同时还要求学生能够汇报本小组的探究过程,而这些过程涉及思考分析、改进调试等。因此在编制成果量规时,应将任务分解成不同评价维度,包含任务所涉及的知识、技能和态度等,从而形成任务分析,学生能直观理解任务的构成要素,并获取比任务本身更多的信息。

在成果性评价中,参考夏雪梅教授的项目成果量规开发框架,制定的成果量规如表5所示。

表5　运动和力单元小车模型的成果量规

成果信息分解	评价维度	低阶	良好	优秀
成果中的核心知识	小车动力	小车无前进动力	小车有前进动力	小车有前进动力,且能控制距离远近
成果的呈现样态	小车设计	方案不合理,设计图过于简单	方案较合理,设计图完整	方案合理,有严谨、详细的设计图
	小车制作	选择的材料不合适,制作工艺差,小车结构不完整	大部分的材料选取合适,制作工艺一般,小车结构较完整	各部件材料合适,小车结构完整,连接合理,车架扎实,车轴稳定,车轮转动灵活
成果表现	小车功能	未达到小车行驶的负重和距离要求	达到小车行驶的负重要求,但没有达到距离要求	达到小车行驶的负重和距离要求
成果中的能力	团队分工合作	没有分工合作	有简单分工和少量合作	分工合理,团队协作顺畅
	展示讲解	展示不清晰,内容不完整,讲解不流利	对设计和制作过程展示较完整,讲解较清晰	对设计、制作和改进的过程展示完整、讲解清晰、思路开阔

2.多主体运用量规评价

在成果评价中,学生不是被动地作为被评价者,等待老师来用评价量表来衡量自己,而是积极主动地参与到评价中,是评价的主要用户。而教师在项目化学习的成果评价中,主要起到指导者的作用,指导学生学会使用评价量表来评价伙伴的作品,并做出解释,从而促进学生成长为深层次的思考者。

3.多环节开展成果评价

项目化学习强调持续的探究与反思批判,同时要形成指向核心知识再建构和体现思维迁移的公开成果。因此,要充分发挥成果评价的"指挥棒"作用,多环节开展评价。学生参与评价不是到最后的打分环节才参与,而是重在过程中的交流反思,对成果互相发表意见,从而促进学生的认知理解和知识能力的再建构,同时促进项目的顺利进行。在成果展示课上,学生通过展示介绍小车、测试小车功能、同伴相互评价、学生解释打分原因等环节进行了交流评价和量表评价(见图4)。

85

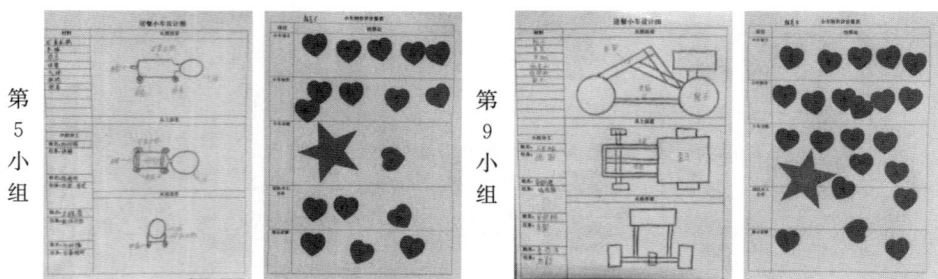

注:评价量表里的数字代表学生的学号;是教师对小车功能的评价

图 4　小组设计图及评价展示

(三)展示性评价,促评价全域化

展示性评价是把学生在单元项目化学习中的经历、收获和作品等通过多种形式展示出来,使学生感受成功的喜悦,激发探究欲望,调动参与活动的积极性。

1.区角评价

区角评价是在班级里开辟专栏定期展示学生的单元项目化作业,例如:实验记录单、优秀学习笔记、完成的项目模型等。因为科学课程的特殊性,可以选择在实验室里设置展示橱窗进行交流展示。区角评价虽然是一种小范围内的评价,但对激发学生的学习积极性有着重要的作用。

2.长廊评价

长廊评价是指在学校的长廊过道、公共区域展示学生的优秀作品和创意作业。长廊文化作为一种隐性文化,有利于教师和学生在学习借鉴的过程中反思和改进教与学,有利于激发和保护学生的学习兴趣,更可作为一个对外窗口可以展示学生的风采。这既是对学生优秀成果的肯定,鼓励同学之间相互学习交流,也作为一种校园文化在无形中浸润了学生的心灵。

3.舞台评价

舞台评价指通过搭建多样舞台鼓励学生进行项目成果的展示,包括班级舞台和校园舞台,主要形式有产品推介会、科普小讲堂等。舞台评价秉承"上台即是赢"的理念,鼓励学生大胆尝试、勇敢表达。

4.新媒体评价

新媒体评价指通过视频号、美篇、微信公众号等对学生的学习过程进行呈现,对学习成果进行展示。新媒体评价是沟通学校与家庭、学校与社会的良好平台,学生家长和社会各界人士通过新媒体了解学生的学习动态,并利用网络进行评价。

所谓教学评一体化,不纯粹是对学生的"评",也包括对教师教学设计、教学实施的"评"。在单元项目化教学中,教师应当逆向设计,先确定学习的预期结果,然后基于教学目标设计评价任务,再基于教学活动执行评价任务,最后基于总结提升反馈评价任务,使教学目标、教学实施和教学评价始终保持一致。

由于单元项目化学习内容的差异性,并不是所有的评价量表和成果量规都可以运用现成的模板,需要教师在教学中以新课标为基准进行开发,随着学生对评价的逐步熟悉,有些量规可以与学生共同商讨,让学生在有意思、有意义的评价中"见木见林",激发和推动学生自主学习、自主探究、自主建构。同时,要进一步结合校本实践探索不断地细化评价指标,从而更加精准、适切地对学生的能力发展作出评价。

参考文献:

[1] 中华人民共和国教育部.义务教育科学课程标准(2022年版)[S].北京:北京师范大学出版社,2022.

[2] 道格拉斯·费希尔,南希·弗雷.扶放有度实施优质教学[M].福州:福建教育出版社,2019.

[3] 夏雪梅.项目化学习设计:学习素养视角下的国际与本土实践[M].北京:教育科学出版社,2018.

[4] 盛群力,倪鉴.人工智能时代的课堂教学革新[J].数字教育,2021,7(02):1-8.

[5] 宋兴欢,姜黎,徐胜勇,等.基于培养初中生科学素养的项目化学习评价体系探究[J].成才,2022(1):8.

[6] 夏雪梅.指向核心素养的项目化学习评价[J].中国教育学刊,2022(09):50-57.

[7] 孙静妮.以大概念为核心的科学课单元整体学习设计[J].小学科学:教师,2021(2):2.

[8] 言宏.展望未来,深入推进项目化学习[N].浙江教育报,2022-3-18.

项目化视域下综合实践活动课程的设计与实践

舟山市定海区大丰中心小学　鲁　易

　　我校是位于浙江省舟山市定海区偏远海岛的一个农村小学,含校长在内的教师共 33 人,学生仅有 400 余人,其中有大量的留守儿童。在这样一所农村学校开展综合实践活动有着很大的困难,一是本校没有专职的综合实践教师,任课教师术业专攻;二是缺乏系统的课程体系,实施综合实践活动浅层低效,课程教学停留于活动表面,缺乏有效实践。针对这些问题,我校教师们苦苦思索破局之路,终于发现了突围方向——项目化学习。

　　以项目化学习重塑综合实践活动课程,不失为一条合理、有效的改进之路。项目化学习主要以某个研究项目为载体,基于真实的生活情境,以驱动性问题为导向,引导学生主动探究、合作学习、展示成果,整个过程高度体现学生的实践性、创新性和思维性,与综合实践活动课程的课标是高度一致的。

　　自 2020 学年开始,我校结合项目化学习的特点和本校实际,积极开发本土资源,设计了一系列的综合实践活动课程(见图 1),并开展了积极的探索与实践。本文以其中《认识家乡》综合实践活动课程为例,希望为农村学校开展综合实践活动课程提供一点创新的思路和有效的帮助。

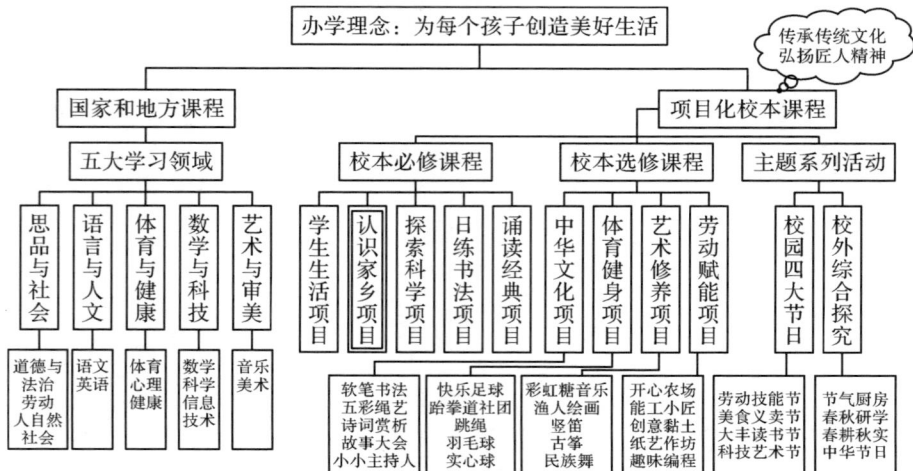

图 1　校课程体系结构图

一、《认识家乡》综合实践活动课程的目标内容体系

（一）设计思路

1. 立足农村现实，彰显乡土特色

综合实践活动课程内容丰富，对实施场地、设施设备等都具有一定的要求，但是作为农村学校，我们不该一叶障目不见泰山，完全可以因地制宜，考虑当地和学校的实际，立足农村现实，挖掘农村本身所蕴含的丰富资源，将其中的精华转化为综合实践活动课程的学习内容，并以此设计主题。《认识家乡》综合实践活动课程围绕金塘的历史文化、传统工艺、美食特产、交通新貌、工业发展等各方面，从学生的真实生活和发展出发，引导学生感受家乡的变化和发展，厚植学生爱乡情怀，促使学生树立学成后归乡就业的信心。

2. 挖掘乡土资源，开发系列活动

我校教师以综合实践活动课程中四个重要活动方式为主线，深入挖掘金塘本地丰富多彩的自然资源和人文资源，并将各学科教育有机结合，开发了一系列的实践活动。

（1）考察探究活动

这类活动主要分为两类，一类指向人文社会，另一类指向科学自然。人文社会活动包括探访民间组织、工厂企业，访谈传统手艺人、公众人物等。学校与这些组织提前建立友好联系，带领学生到现场进行观察和学习，学生也可以依靠自身关系组队前往参观、访问，比如"家乡工业我知道——探探金塘螺杆厂"；科学自然活动包括观察各类植物、体验养殖种植、调查农村环境等，让学生了解自己成长的环境，比如"家乡美景我欣赏——画画金塘李子花"。

（2）社会服务活动

在综合实践活动课程中，结合当地实际开展多样的社会服务活动也很重要，学生利用所学为他人和社会提供服务，在服务性岗位上见习实习，不但能树立服务意识，还可以强化社会责任感。比如"家乡建设我参与——当当金塘志愿者"，让学生通过参与志愿服务，感受到助人的乐趣，进而主动担负起建设家乡的使命。

（3）设计制作活动

不管是传承传统手工技艺还是通过设计制造出新产品解决问题，设计制作活动都需要教师引导学生通过观察、设计、制作、探究、展示等实践方式来获得丰

89

富的体验。比如"家乡工艺我守护——制作金塘小木器",我们参观木工作坊,邀请了当地木匠进行现场指导,让学生明白家乡的每一种老手艺都凝聚了一代代人的智慧,值得我们去保护、传承和创新。

(4)职业体验活动

职业体验活动包含但不限于农业种植体验,学校还可以让学生通过访问、数据收集、数据分析等手段,认识家乡的主要行业及发展情况,并能够在此基础上了解家乡支柱行业未来发展的趋势和与之相对应的热门职业。不过,考虑农村小学学情和金塘本地的支柱行业特殊性,所以《认识家乡》综合实践活动课程只设计"家乡特产我了解——摘摘金塘桃形李"等种植业体验活动。

(二)内容设计

1. 强调整体设计,体现分类原则

综合实践活动课程一定要按照实际情况,注重项目内容的整体设计。在内容选择上,我们不仅要考虑课标的对接性,还要考虑本校学生的基础、兴趣和爱好。在内容安排上,主要体现以下分类原则,注意不同学段之间、学科项目之间的衔接,并依照时令安排学习项目。

(1)根据学情进行项目定级

项目主题选定后,我们需要根据学生年龄特点进行安排,低年段以考察探究、简易的设计制作为主,随着年级增高,逐渐增加职业体验和社会服务类项目。在呈现方式上,也要遵循学生的认知特点和身心成长特点,注重激发学生兴趣,培养探索和创新精神。比如四年级的"家乡旅游我宣传——争做金塘小导游",结合四下《劳动》课程内容,开展跨学科的综合实践活动,让学生作为小导游介绍家乡,在课程学习中增强家乡认同感。

(2)根据学科进行项目分工

综合实践活动课程与其他学科教学密切相关,所以我们倡导项目分工和学科合作。比如六年级开展"家乡文化我传承——讲讲金塘解放史"活动时,语文老师结合第四单元综合性学习《奋斗的历程》,让学生经过调查研究,讲一讲金塘解放的故事。美术老师在开课时提供技术支持,辅助学生通过画解放金塘线路图的方式,厘清金塘解放的前因后果。最后学生走出校门,来到解放金塘陈列馆,做做小小讲解员,一起回顾那段惊心动魄的历史,致敬家乡的民族英雄。

(3)根据季节进行项目选择

很多科学自然性质的综合实践活动对季节要求很严格,如果没有依照时令安排学习项目,不但会对学生造成错误认识,还会影响教学效果。比如"家乡美食我制作——做做金塘小麻糍",一般要选择清明前后、艾青比较嫩的时候,所以此项综合实践活动时间安排肯定是在清明节气前后,可以结合"节气厨房"项目一起进行。

2.注重亲历实践,倡导项目探索

综合实践活动课程的教育目标即引导学生从现实生活中发现问题,选择和确定活动内容,在完成真实、综合性任务的过程中,探索解决生活问题的方案。老师在这个环节一定要关注学生的真实经历,强化项目与生活之间的联系,引导学生通过观察、设计、制作、操作、试验、探究、展示等实践方式,在实践过程中体悟、感悟、内化。

通过每个学段抽样问卷调查,我们了解到我校学生对金塘美食最感兴趣,对金塘的历史文化了解最少,也有很多外地学生即使父母定居在金塘却仍对金塘不熟悉、不接纳,所以我们从学生真实需求出发,设计了《认识家乡》综合实践活动课程的年段项目内容(见表1),希望学生通过逐年的综合实践活动,提升他们对本土文化的认识,唤醒学生的家乡文化认同感,从而实现对优秀传统文化、本土文化的传承与创新。

表 1　《认识家乡》综合实践活动课程项目内容

年段	项目主题	项目名称	活动类型	融合学科
一年级	家乡美景我欣赏	画画金塘李子花	考察探究	美术、科学
	家乡美食我制作	做做金塘小麻糍	设计制作	劳动、科学
二年级	家乡绘画我会仿	看看金塘渔画村	设计制作	美术、科学
	家乡交通我关注	拍拍金塘大桥路	考察探究	数学、美术
三年级	家乡特产我了解	摘摘金塘桃形李	职业体验	科学、美术
	家乡民俗我调查	说说金塘老传统	考察探究	语文、信息
四年级	家乡旅游我宣传	争做金塘小导游	社会服务	语文、劳动
	家乡农业我体验	晒晒金塘番薯片	职业体验	劳动、科学
五年级	家乡工业我知道	探探金塘螺杆厂	考察探究	劳动、数学
	家乡建设我参与	当当金塘志愿者	社会服务	语文、劳动
六年级	家乡工艺我守护	制作金塘小木器	设计制作	劳动、美术
	家乡文化我传承	讲讲金塘解放史	社会服务	语文、美术

二、《认识家乡》综合实践活动课程的组织实施

项目化学习作为《认识家乡》课程的主要教学策略,最根本的转变就是从传统的、以教师为中心的授课方式变为创新的、以学生为中心的"教—学—评"一体化的方式。这种改变虽然有诸多的优点,但是一定程度上给学生和教育工作者带来了全新的挑战。因此,我们顶层设计要为此课程的组织实施提供必要的条件。

(一)借助操作规程,管理教学活动

管理得当的项目化学习体验能让学生们深度学习,并培养学生终身受用的团队合作及自我管理能力。本课程基于综合实践活动课程的四大活动类别(考察探究、设计制作、社会服务和职业体验),形成了一系列项目化学习的操作规程,教师借助这些操作规程,能够有效管理学生在综合实践活动课程中的学习,当然教师具体操作过程中还需要根据自己的学生特点进行微调和不断改善,保证活动的有效开展。

考察探究类的活动,是小学综合实践活动课程中最基础的活动方式,从字面来看,我们要完成"考察"和"探究"两大任务,所以我们在制作操作规程时也要围绕这两大任务进行。比如考察探究活动中的"家乡美景我欣赏——画画金塘李子花"项目,明确包含课堂内"设置情境:欣赏(李子花)视频或图片—明确目标和问题(李子花代表了什么? 李子花是什么样子的?)—成立(李子花)观察小组—制定(李子花)观察计划—练习观察记录表的使用"和课堂外"现场观察(李子花)—填写观察记录表—自评和他评—小组交流—制作展示成果(不同形式的李子花画作)—展示观察表和成果—小组反思所得(李子花,花白,蕊黄,多为三朵并生,有淡香)—教师深化(金塘李作为金塘特产,不但李子能销售全国各地,连花朵都能为金塘带来旅游上的创收)—网络上传和发布"等十多个需要操作完成的环节。

设计制作类的活动,强调的是学生发现问题、界定问题、通过创造性使用各种材料、工具和技术解决问题的学习和创造过程,所以此类活动的操作规程要重点突出学生的自主性和实践性。比如设计制作类活动中的"家乡工艺我守护——制作金塘小木器"项目,明确包含"设置情景:(木艺)工匠或作品进校园—明确目标和问题(制作什么小木器? 小木器应该怎么制作?)—成立(木艺)制作小组—小组合作、制定活动方案—填写(木器)需求分析表—观察(木器)制作过程和工具使用方法—汇总操作步骤和提示要求—学生设计和制作(小木器)—展示成果和设计理念—自评和他评—教师深化(金塘木艺从 20 世纪 80 年代开始流行,如今由

于手工艺逐渐没落、手艺人逐渐老去,出现了传承断代,需要孩子们用自己的方式去保护、传承和创新)—网络上传和发布"等十多个需要操作完成的环节。

职业体验类的活动,指的是以体验式学习过程为基础,并与职业生活息息相关的一种活动方式。职业有很多种,但是与金塘本土密切相关的螺杆工业不适合小学生体验,所以我们制定了农业相关的操作规程,比如"家乡农业我体验——晒晒金塘番薯片"项目,配合"春耕秋实"项目,让学生通过挖番薯、制作番薯制品来感受"番薯"在金塘农业中的重要地位。此类活动项目,明确包含"情境设置:认识农作物(番薯)和农产品(番薯干)—明确目标和问题(怎么挖番薯? 怎么制作番薯干)—成立采摘制作(番薯)小组—小组合作、制定活动方案—设计和填写观察制作表—视频观察或实地观察学习—实施劳动(挖番薯、制作番薯干)—根据(番薯干)变化继续填写观察制作表—展示和分析最终成果—自评和他评—教师深化(番薯作为金塘农业的代表性农作物,在金塘美食谱中占据重要地位,以番薯为原料的金塘粉丝、番薯糖、番薯干都非常畅销)—网络上传和发布"等十多个需要操作完成的环节。

社会服务类的活动,以其独特的方法特点,成为综合实践活动课程中落实"立德树人"教育根本任务的重要抓手,我们以道德成长为最终目标来制定操作规程的具体环节,比如"家乡建设我参与——当当金塘志愿者"项目中,明确包含"情境设置:明确服务对象(志愿者)和需要—提出问题(怎么做一个合格的志愿者?)—成立(志愿者)小组—小组合作、制定服务活动计划—设计行动记录表—练习行动记录表的填写—开展服务(志愿者)活动—自评和他评—展示服务过程和反思服务经历—教师深化(金塘"李花节"每年 3 月举行,既能展现金塘丰富多彩的李子文化,又能全面展示金塘乡村振兴的新风貌。李花节期间,为了让游客能安心、尽情地赏花游玩,作为阳光志愿者的你们,可以做很多有意义的事情,为李花节保驾护航)—网络上传和发布"等十多个需要操作完成的环节。

(二)搭建学习支架,辅助学生学习

通常来说,学习支架是创造条件和支持,从而帮助每一个学生都能踮起脚尖够到学习目标。《认识家乡》作为项目化学习课程在我校的初步尝试,对学生来说是非常陌生的,所以为学生提供学习支架,是必不可少的。随着学生能力的不断发展,教师也可以逐步撤销部分学习支架。

1. 根据学生的具体需求和项目的学习目标,搭建学习支架

逆向规划和学情调查可以帮助教师搭建及时且合理的学习支架:一方面,教师应该在最开始确立学习目标时,就考虑到项目最终希望学生掌握的内容和呈

现的成果,进而拆解成果,逆推出哪些知识、技能和理解对完成成果是必要的,最终在这些信息支持下制作学生学习指南,设计学习支架;另一方面,提前了解学生的学情,可以帮助教师预想需要提供学习支架的地方。比如"家乡建设我参与——当当金塘志愿者"项目中,我们通过调查发现五年级的学生对志愿服务的内容及志愿精神等不甚了解,所以教师在真实情境构建的过程中通过视频、文本等材料为学生提供学习支架,用来帮助学生获得并理解志愿者的工作性质。

2.准备项目不同阶段的标准化工具和策略,培养学生素养

项目化学习有一套规范化的流程,从"真实情境构建""核心问题生成"到最后的"成果展示""反思与评估",教师应该设计尽可能多的标准化学习工具来给学生的探究提供引导和学习支架。

比如,"家乡工艺我守护——制作金塘小木器"这类需要团队合作的设计制作项目,教师可以为学生提供团队分工工具(见表2),学生根据模型指标进行自评打分、判断自己的优劣后进行分组,而合作探究板块的评价也会依据学生的类型分别衡量其在团队里的贡献与欠缺。

表 2　全脑优势分析图学习支架

请根据自己的真实情况,对每一个问题进行自评,并涂上相对应的五角星		
科学探究家	我认为自己木工制作很有经验	☆☆☆☆☆
	我认为能够及时发现制作小木器中的问题	☆☆☆☆☆
	我的资料查阅能力和观察能力出色	☆☆☆☆☆
团队小组长	我擅长制定小组计划	☆☆☆☆☆
	我认为可以很好地组织大家进行合作探究	☆☆☆☆☆
	我可以管理好我的小组,按照计划进行探究	☆☆☆☆☆
创意制作师	我经常有一些与众不同的想法	☆☆☆☆☆
	我喜欢用有趣的方式进行推广和分享成果	☆☆☆☆☆
	我擅长画带有创意性的设计图	☆☆☆☆☆
记录沟通员	我擅长与人沟通	☆☆☆☆☆
	我能够和不同的人友好相处	☆☆☆☆☆
	我能抓住每个人说话的重点	☆☆☆☆☆
通过上述问题,我认为我比较擅长的事情是		
我认为我能在团队中作出的贡献是		
我愿意在团队中担任的职务是(选择两个)		

三、《认识家乡》综合实践活动课程的评价体系

（一）利用信息工具，展示项目成果

针对综合实践活动课程开展过程中产生的物化结果，除了定期举办成果展，学校也运用多样的信息工具来展示成果、保存实践资料。

1. 借助钉钉（班级圈）、微信、抖音等互动平台，展示实践活动的照片和成果。教师和志愿者家长分享照片或者微视频到互动平台，其他人可以点赞、评论，学生也可以及时获得反馈，改进后续的活动，不但增强学生实践的成就感，还让探究持续深入。

2. 借助学校公众号、"大美金塘"等自媒体平台，开展综合实践活动课程和成果的宣传。不同渠道及时发布优秀的实践成果及过程照片，一方面可以扩大综合实践活动课程的影响力，提高学生的参与激情，另一方面提高家长的满意度，吸引更多的校外资源参与到综合实践活动课程中，有效推进课程在农村小学"开花结果"。

3. 借助网盘等资料保存工具，以固定的形式编辑名称，进行实践资料的分类保存。

（二）制定多元体系，评价学生学习

1. 不忽视形成性和总结性评价

教师和学生提前制定与课标对应的评价量规，在最终评价时以此作为参照，并依据项目成果和其他来源的证据，透彻评估学生个体而给小组对综合实践活动课程课标和成功素养的达成情况。比如"家乡旅游我宣传——争做金塘小导游"项目中，评价量规中就包含"小导游的介绍声情并茂、内容翔实"这一条，学生在开展活动过程中，也可以根据量规有目的性地准备。

2. 应注重过程性和表现性评价

综合实践活动课程课标明确指出，其重点在于培养学生的态度和能力，而非知识和技能，所以过程性和表现性评价是最主要的评价方法。教师应该关注整个项目的全过程，用发展的眼光看学生，对学生的活动过程和成果给予充分的关注和鼓励，引导学生积极参与课程，深化实践体验，逐渐实现综合素养的提升。比如《认识家乡》项目中的"考察探究"活动任务，教师要根据学生的年段和身心特点，设计具体的学习要求，一年级"产生观察兴趣，能够通过观察李子花，大致画出花朵形状"，二年级"和家长一起拍摄大桥照片，形成观察日记"，三年级"对本地民俗开展一定顺序的考察，说说自己印象最深刻的金塘老传统"，五年级"有

目的地考察金塘螺杆厂，了解金塘螺杆畅销国内外的原因"，同样都是"考察探究"的任务，我们通过设置螺旋上升的具体要求，让每个学生在综合实践活动过程中都能获得看得见的成长。

3.要鼓励自我评价和同伴评价

为确保综合实践活动课程能真正帮助学生提升综合素养，评价应有教师、家长和同伴等共同参与。其中，自我评价和同伴评价尤其重要。我们定期、结构化地给学生提供自评工作进展的机会，并在恰当的时候让他们评估同伴的表现，这能帮助学生及时发现自己的优点和不足，形成自我反思的习惯，提高主观能动性，也可以促使小组更好地完成后续活动，为深度探究助力。比如在"家乡工艺我守护——制作金塘小木器"项目中，我们将评价嵌入学习支架（见表3），让学生在恰当的时候开展自评和他评。

表3 "制作金塘小木器"团队协作评价范例

请根据你的角色，先自己打打分数，再看看其他组员的意见（组员认为他扮演的角色贡献合格的请涂星）						
在方框里打√	评价维度	自评	组员1	组员2	组员3	组员4
□ 科学探究家	我参与了整个设计制作过程，并发挥了木器制作的专家作用	☆☆☆	☆	☆	☆	☆
	我及时发现了木器制作过程中的一些问题	☆☆☆	☆	☆	☆	☆
	我通过查阅资料和主动思考，和团队一起解决了制作中的问题	☆☆☆	☆	☆	☆	☆
□ 团队小组长	我带领团队制订了科学的小组计划	☆☆☆	☆	☆	☆	☆
	我很好地组织大家进行小组讨论和合作探究	☆☆☆	☆	☆	☆	☆
	我管理好我的小姐，让每个成员都有工作，并按照计划进行活动	☆☆☆	☆	☆	☆	☆
□ 创意制作师	我在小组讨论阶段经常发表自己的想法	☆☆☆	☆	☆	☆	☆
	我设计了有趣的方式进行成果推广和分享	☆☆☆	☆	☆	☆	☆
	我主导完成了美观、合理的木器设计图	☆☆☆	☆	☆	☆	☆
□ 记录沟通员	我带领组员一起对木器需求对象进行了访谈	☆☆☆	☆	☆	☆	☆
	我与组员交好相处，并且让小组合作顺利开展	☆☆☆	☆	☆	☆	☆
	我倾听了组员的想法并进行了详细的记录	☆☆☆	☆	☆	☆	☆
通过评估，我发现自己在团队中做得出色的地方是 还需要改进的地方是						

四、成效与反思

《认识家乡》综合实践活动课程通过项目化学习方式,将不同的学科相互融合,各学科教师相互合作、全程参与,运用各学科知识为学生实践服务,学生全员参与、走出教室,认识家乡文化、理解家乡文化、传承家乡文化,真正做到了文化自信。

跨学科项目化课程的开发,通过资源整合,构建了学科间渗透、课内外结合的课程体系,使我校综合实践活动课程建设实现了多学科联动、项目式体验的新局面。当然,由于缺乏直接经验和专业培训,课程开展过程中也出现了很多问题,比如教师需要在短期内学习和消化大量信息,导致教学指导经常出现中断的情况;学生不熟悉项目化的学习方式,课堂及实践环节混乱迭出。尽管有各种各样的问题,但我校教师都相信,学生会在这样的课程中会取得进步,整个课程也会在不断实践中逐步完善、发展,从而推动我校课程改革的进程。

参考文献:

[1] 夏雪梅等.项目化学习工具:66个工具的实践手册[M].北京:教育科学出版社,2022.

[2] 陈旭丹.小学综合实践活动资源的开发与项目化设计[J].文理导航(中旬),2021(10):72-73.

[3] 王林华,孙锦明,万文涛,邓亮,周哲,肖乐华.乡土化、项目化、常态化:一所山村小学的综合实践活动课程[J].人民教育,2019(Z1):74-77.

初中数学"综合与实践"项目化学习的设计与实施

舟山市岱山县岱山初级中学 周 斌

《义务教育数学课程标准(2022 年版)》将义务教育的数学课程内容分为"数与代数""图形与几何""统计与概率"和"综合与实践"四部分,并指出初中"综合与实践"是指以解决实际问题为重点,以跨学科主题为主,以真实问题为载体,适当采取主题和项目学习的方式呈现,通过综合运用数学和其他学科的知识与方法解决真实问题,着力培养学生的创新意识、实践能力和社会担当等综合品质。但在实际教学中,我们发现大部分教师把"综合与实践"这部分内容理解为教数学综合题的形式,在课堂上仅仅以解题形式教学,有的教师还忽略或缺少实践指导,跳过该部分内容的教学,这显然不利于学生活动经验的积累和解决实际问题能力的提高。

项目化学习(Project Based Learning)是一种以学生为主、促进对现实世界的主题或问题进行探究的创新方法,旨在通过项目提高学生探究、协作、批判性思考和解决问题的能力。项目化学习强调和注重学生的主体发挥性,通过驱动性问题,在真实情境背景下,让学生主动实践探究,解决一个相对复杂的问题。徐斌艳认为项目化学习让学生"浸泡"于真实的项目中,从数学教学模式来看,项目化学习注重数学基本知识和基本技能的同时,能让学生感悟数学思想,积累数学活动经验。从课程资源开发角度来看,"综合与实践"的内容源于真实的问题,或者取材教材中的课题学习、阅读材料等资源,能为学生提供学习探究的实际素材,可以促进学生持续的探索和深度学习,让学生会用"数学的眼光观察现实世界,数学的思维思考现实世界,数学的语言表达现实世界"。因此"综合与实践"项目化学习是指数学项目学习应该以学生的学习生活为价值取向,把学习置于真实、有意义的问题情境中,探究驱动性问题,在问题分析和问题解决中提升数学素养。初中数学"综合与实践"的问题,为学生从课堂教学走向项目化学习提供了丰富的内容,教师可以选取"综合与实践"的问题,进行项目化学习的设计与实施,培养学生数学抽象、数学建模、数学运算等核心素养。

基于以上认识,笔者以"楼层采光中的数学问题"为例,从项目的设计,项目的实施和项目的评价三个方面介绍该项目的教学过程。

一、项目的设计

项目主题确定后,由于项目化学习的主题一般都具有数学知识综合和应用性强、数学知识结构单元化,过程要结合跨学科知识等特点。为了使得教学顺利开展,教师必须对项目从主题分析、项目过程分解等方面做设计。

(一)项目主题分析

1. 项目内容解析

"楼层采光中的数学问题"项目选自浙教版数学九年级下册第一章"锐角三角函数"。"锐角三角函数"是《义务教育数学课程标准(2022 年版)》中"图形与几何"领域中的重要内容。课标要求利用直角三角形的相似,探索并认识锐角三角函数,能用锐角三角函数解直角三角形,并解决一些实际问题。本项目在学完这章内容的基础上,运用解直角三角形的知识,来解决生活中的一个实际问题,体会理解问题、建立模型、解决问题的过程,属于"综合与实践"相关内容。

2. 项目教学目标

(1)经历"楼层采光中的数学问题"项目学习的全部过程,体验建立数学模型解决实际问题的一般方法。达成这个目标的标志是学生会对一个实际问题用数学相关知识建立联系并能抽象,最终转化为数学问题解决。

(2)通过"楼层采光中的数学问题"项目去发现包含的相应的子问题,学会查阅文献,了解太阳入射角、泰勒斯测量金字塔高等相关知识,并能抽象出相应数学模型,运用三角函数解决问题。

(3)通过小组合作,提出问题,分析问题,建立数学模型解决问题的一般方法,在问题解决过程中培养数学抽象、直观想象和数学运算能力。

3. 项目重难点分析

"楼层采光中的数学问题"是一个跨学科综合性问题,本项目对九年级学生来说,他们已经学习了相似三角形、锐角三角函数等数学知识,但生活中的实际问题,往往综合性应用性强,关联哪些数学知识、如何建立数学模型,对学生来说相对陌生,因此,确定本项目教学重点和难点如下:

重点:掌握实际问题解决的一般方法,会用数学模型解决实际问题,经历问题提出、问题分析、问题解决的学习过程。

难点:"楼层采光中的数学问题"中关联子项目中的太阳入射角的计算,具有跨学科特点;楼房模型的建立和计算相对抽象,这是本项目的难点。

(二)项目过程分解

"楼层采光中的数学问题"的解决过程比较复杂,可以细分为多个子项目问题,分解项目主题,分析结构性知识网络,列出学生学习清单,这些有助于学生理解解决这个项目所需要的必备知识;有助于学生学习活动的开展和问题的解决;有助于检验和反思通过这个项目对自己的知识深化理解(见表1)。

表1 "楼层采光中的数学问题"项目的过程分解表

各阶段主题	开展形式和地点	任务	工具和资源	教师支架
主题1:项目课题的理解	讲授和讨论,教室	驱动性问题的理解	多媒体,教科书等	问题提出,问题理解,引导学生制定方案
主题2:本地区太阳入射角的计算	查阅资料和讲授,教室	活动探究1	多媒体,教辅资料等	提供信息和数据收集方法,帮助解决一些知识的补充
主题3:楼层高度的测量	实践测量和讲授,小区和教室	活动探究2	测量仪器,网络等	
主题4:数学模型建立和求解	讲授和讨论,教室	活动探究3	多媒体,计算器,教科书等	
主题5:收获和反思	交流汇报,教室	展示,交流	多媒体	引导学生总结,修改成果

"楼层采光中的数学问题"这个项目活动可能涉及的知识网络结构见图1:

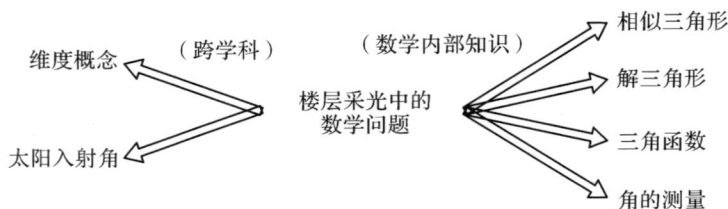

图1 知识网络结构

二、项目的实施

项目化学习的实施过程是指师生围绕问题开展一系列教学活动过程,在这个过程中,要突出学生的主体地位,围绕驱动性问题情境的构建、核心问题的分解,开展探究活动,分段解决问题。在项目化开展过程中,每个阶段性的问题教学一般可以根据以下模式进行:1.教师提出问题链。2.学生分组思考交流,合作解决。3.其他小组补充,提出新问题。4.成果展示。

本项目教学实施流程框图如下(见图2):

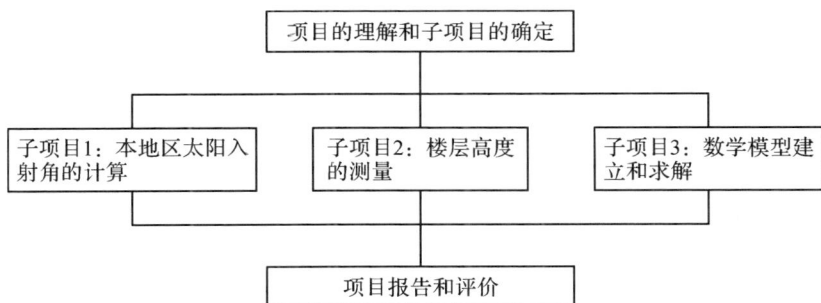

```
┌─────────────────────────┐
│   项目的理解和子项目的确定    │
└─────────────────────────┘
         │
 ┌───────┼───────┐
 │       │       │
┌──────────┐ ┌──────────┐ ┌──────────┐
│子项目1:本地区│ │子项目2:楼层高│ │子项目3:数学模│
│太阳入射角的计算│ │度的测量     │ │型建立和求解  │
└──────────┘ └──────────┘ └──────────┘
 │       │       │
 └───────┼───────┘
         │
┌─────────────────────────┐
│      项目报告和评价         │
└─────────────────────────┘
```

图2 "楼层采光中的数学问题"教学实施流程框图

(一)项目的理解和子项目的确定

对项目课题的理解,主要围绕驱动性问题展开,激发学生学习兴趣。核心驱动问题一般是结构不良问题,情境较为复杂,往往开放性强,因此教师可以引导学生学会问题的分解,仔细围绕核心,把问题分解为若干个子问题,然后根据子问题开展教学活动。

教师借助多媒体工具,以视频或幻灯片等形式呈现问题情境:请同学们思考并理解以下问题,如图3这是某同学居住小区楼房的图片。

问题1:该同学住的楼层(也可以以你居住的房子为例)是否一年四季都能晒到太阳?

问题2:你认为这里包含着哪些数学问题呢?

问题3:你认为这个问题的困难点在哪里?

问题4:你能通过和其他同学的合作、查找资料等方法理解并分析这个问题吗?

图3 某同学居住小区的楼房

问题5:楼层采光问题与哪些知识有关?……

围绕"楼层采光中的数学问题"这个项目,可以从太阳的入射角问题、楼层高度的测量、问题模型的建立三个子项目活动探究,提出建议问题。每组学生根据具体感兴趣的问题,小组分工合作,开启项目化学习的旅途。

设计意图:"楼层采光中的数学问题"开放性强,根据项目化学习的特点,教师把问题提出放在课外准备时间段,帮助学生理解问题,引导学生仔细围绕核心问题,通过上网查阅资料、查阅相关书籍、小组合作学会项目的分解,把问题分解为若干个子问题,然后根据子问题开展教学活动。

(二)子项目学习过程

根据课前准备活动,本项目的子项目学习过程如表 2 所示:

表 2 子项目学习过程表

学习过程	活动任务	活动意图
子项目 1:本地区太阳入射角的计算	任务 1:理解太阳入射角的概念,理解最小太阳入射角;计算本地区(舟山)的太阳最小入射角 任务 2:建立关于太阳入射角、纬度、赤道和阳光入射角的模型关系,通过平面几何知识学会计算某地区太阳的最小入射角	提升学生查找资料、理解跨学科数学知识和独立思考的学习能力 培养学生数学抽象和概括能力
子项目 2:楼层高度的测量活动	任务 1:查阅古希腊数学家泰勒斯测量金字塔高度、"商高测量高度的方法"等数学史料,并运用楼层高度的测量,提出自己的看法 任务 2:总结归纳测量高度的方法,形成文字并记录	了解测量中的数学历史文化知识 会用相似三角形和三角函数的知识解决楼高实际测量问题 培养学生多角度思考问题,有条理表达问题解决过程
子项目 3:数学模型建立和求解	任务 1:根据前期准备分析对问题解决的因素影响 任务 2:建立实际问题的数学模型并求解	培养学生数学建模的能力,在问题的解决中发展核心素养

1. 子项目 1:本地区太阳入射角的计算

教师引导学生要解决楼层是否一年四季都能照到太阳的问题,需要从本地区纬度、太阳的入射角、楼层高度和楼房之间的距离这些关系入手。请同学们针对下面的问题,完成活动探究。

北半球的房屋大多数是南北朝向的,太阳入射角与各地纬度和季节有关,你能理解什么是太阳入射角? 什么时候太阳入射角最小,与什么有关? 如何计算舟山地区的太阳最小入射角? 解决这个问题需要什么数学知识?

针对这个探究,收集相关资料,给出某地区最小太阳入射角的计算方法。

学生通过查资料和请教地理老师,理解太阳入射角的概念和太阳入射角变化的因素,让学生对这个问题情境有清晰和完整的认识,太阳入射角与各地纬度和季节有关,对于北半球来说,夏天射角大,冬天入射角小,冬至这一天入射角最小,当冬至这一天楼层能晒到阳光,那么一年四季都能晒到太阳。

同时通过活动探究,得到以下阶段性成果:关于太阳入射角、纬度、赤道和阳光入射角的关系，通过平面几何知识学会计算某地区太阳的最小入射角的公式，如图 4。

例如舟山纬度约为 $30°$，设最小入射角为 β，因为阳光射线都是平行的，所以 $\beta+\alpha+23.5°+90°=180°$，所以 $\beta=66.5°-\alpha$，因为 $\alpha=30°$，所以舟山地区的最小入射角为 $33.5°$。

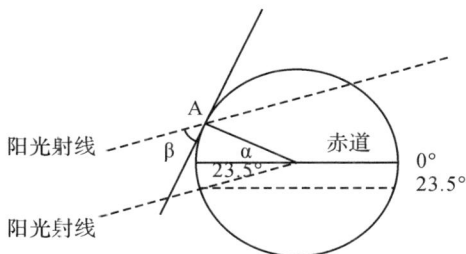

图 4　舟山地区太阳入射角计算图示

2.子项目 2:楼层高度的测量活动

课本阅读材料古希腊数学家泰勒斯是如何测量金字塔高度？你能把这个方法用到这里吗？中国古代数学家商高如何用"矩尺"测量树高？你能借助手中三角板作为一个简单的测量工具，测量高楼的高度吗？你在活动中，是否还发现有其他工具测量楼高？你在这个活动中用到哪些数学知识？总结一下楼层高度测量的方法，用文字记录你的过程。

例如某小组学生运用影子测出高度:如图 5 所示，利用书本中泰勒斯测出金字塔的知识，因为阳光是平行的，从而得到两个相似三角形，于是只要测量 BC、AB、$A'B'$ 的长度，利用相似比求出物体的高度。或者使用量角器测量法，测出仰角，运用三角函数解决问题:如图 6，用大量角器，将一边对准楼层，计算角度，适当退后距离，计算楼高 $x=\dfrac{a\tan\alpha\tan\beta}{\tan\alpha-\tan\beta}+h$。

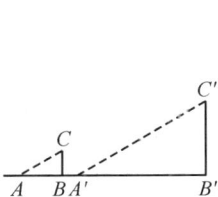

图 5　相似三角形测量法　　图 6　三角函数测量法

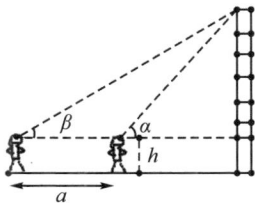

学生还可以运用镜面反射法，可以自制测量工具等，在这个过程中学生现场测量开展教学活动，感受运用数学知识解决实际问题的乐趣。

3.子项目 3:数学模型建立和求解

你能根据前期的准备情况,把这个问题转化为怎么样的数学问题? 你能画出大致的示意图来表示这个问题吗? 可以借助什么数学知识来解决这个问题?

根据房子顶楼的实际情况,分为 2 种情况分类讨论:

(1)假设前排楼房是平顶或尖顶房,但楼顶的倾斜角小于阳光入射最小角,画出示意图 7 如下:设 B 为冬至这一天正午阳光照射到后排楼房上的点,两幢楼相距为 n 米,所以 $h=n\tan\beta$,设前排楼层总数为 k,每层楼高为 a 米,所以最低楼层为:$k-\left[\dfrac{n\tan\beta}{a}\right]+1$,其中 $\left[\dfrac{n\tan\beta}{a}\right]$ 表示 $\dfrac{n\tan\beta}{a}$ 的整数部分。

(2)假设前排楼房是尖顶房,但楼顶的倾斜角大于阳光入射最小角,画出示意图 8 如下,n、a、k 表示的意义同上,b 为前排楼宽的一半,h_0 为屋脊高度,γ 为前排楼顶的倾斜角。由图得:$h_0=b\tan\gamma$,$h=(b+n)\tan\beta$,所以最低楼层为:$k-\left[\dfrac{(b+n)\tan\beta-b\tan\gamma}{a}\right]+1$,根据上述模型,测得前排楼顶的倾斜角 $\gamma=35°$,$b=5$ 米,$n=20$ 米,$a=3.2$ 米,$k=6$ 层,因为舟山的最小射角为 $33.5°$,所以 $\gamma>\beta$,可以根据第二种情况计算:$M=\left[\dfrac{(5+2)\tan 33.5°-5\tan 35°}{3.2}\right]+1=3$,例如在舟山若 2 幢房屋相距 20 米,后排楼 3 层及以上的楼层一年四季都能晒到太阳。

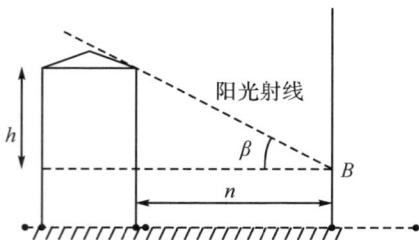

图 7　楼顶倾斜角小于阳光最小入射角图示　　图 8　楼顶倾斜角大于阳光最小入射角图示

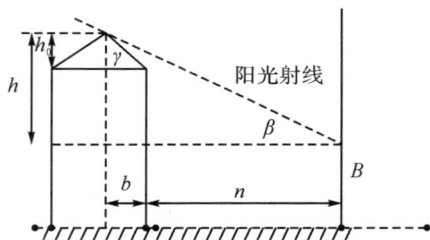

三、项目的评价

项目成果的交流和评价是项目化学习的一个重要环节,学生在学习探究中会形成自己或小组的成果,比如小论文、小组 PPT 等,让学生有意愿把成果展示出来,这也是项目评价的重要指标之一。项目化学习的评价不只要关注问题解决的最终结果,更要关注学生在活动过程中的体验。此次项目化学习,笔者对每位学生的成果要求是多样化的,力求每人有自己的心得,可以通过文字形式记录和总结。成果可以是对这个活动体验方面的,比如对这个活动中数据收集,模型建立,与同学合作交流,也可以是对某个阶段问题解决的表述,或者是整个过程行文。经过一周时间的努力和完善,各小组呈现数学周记、小论文、问题汇报PPT等成果,教师利用课堂对各小组成果进行交流展示,并进行评价,通过评价和交流使学生积累反思经验,学会合作,学会欣赏,感悟"学然后知不足",反思自我,从而激发学习热情,改进学习习惯和行为,提升学习品质。

在"综合与实践"项目实施教学中,要突出综合性和实践性,这里综合性指的是学生的综合发展、学科间的联系、数学内部知识的综合。实践性体现教师和学生围绕一个项目问题,通过项目设计,以问题驱动、探求寻解、实践操作、评价交流反思等活动环节,形成解决驱动性问题的成果。在这个过程中,给学生提供体会、理解数学与外部世界联系的有效途径,让学生对数学知识、概念的理解和应用更加深入。这样的学习对学生的行动能力,品质和意志的培养具有重要意义,能有效发展学生的核心素养,值得教师去尝试和实践。

参考文献:

[1] 中华人民共和国教育部.义务教育数学课程标准(2022年版)[S].北京:北京师范大学出版社,2022.

[2] 徐斌艳.数学素养与数学项目化学习[M].上海:华东师范大学出版社,2021.

[3] 傅兰英,王红权,张淑婷.基于学科融合的初中数学项目学习设计[M].哈尔滨:哈尔滨工业大学出版社,2022.

[4] 张思明.教会学数学之法,结善用数学之果[M].北京:北京师范大学出版社,2019.

[5] 孟泽琪.指向数学模型观念培养的项目化学习——以"哥尼斯堡七桥问题"为例[J].教学月刊·中学版(教学参考),2022(11):32-36.

[6] 郁振源.楼层　阳关　维度[J].数学教学,1999(3):29-30.

第三辑

单元整体与素养落实

情境教学:促进学生口语交际素养

舟山市南海实验学校长峙小学校区　周思妙

《义务教育语文课程标准(2022 年版)》提出,创设真实而富有意义的学习情境,凸显语文学习的实践性。口语交际作为实践性较强的学习内容,在教学实施过程中受到的重视不够,言语实践不足,时常出现教师讲授多、学生说得少的局面。此外,小学低年级学生没有过多的口语交际压力,缺乏口语交际情境,这就导致学生要么随意表达,词不达意;要么羞于启齿,不敢张口,对口语表达不够自信。

由此可见,要上好口语交际课,则必须创设合适的交际情境,在情境中加强实践。那么如何创设出有助于提升学生口语交际素养的情境呢? 本文以笔者的一节优质课《打电话》为例,谈谈情境教学在一年级口语交际课中的运用。

一、巧借教材情境,激发口语表达兴趣

《打电话》一课是部编教材一年级下册第五单元的口语交际内容,与日常生活的紧密度非常高。教学内容主要分成三个部分。由第一部分"你打过电话吗? 应该怎样打电话呢?"的提问,唤醒学生已有的生活经验。在交流中,得知学生基本打过电话,大多数使用手机,一部分使用电话手表,个别同学用过保安亭的固定电话。

第二部分图文并茂地呈现了一个打电话的情境:李中打电话给张阳,但接电话的是张阳妈妈。这部分内容直观地呈现了"打电话"和"接电话"的内容。由此,教师就可以利用好教材中的情境,把插图人物"李中"作为情境人物贯穿始终,促进学生走近教材,拉近学生与教材之间的距离。不光如此,"李中"还可以作为一个学习伙伴的角色,一步步推动学生的学习,给予激励性评价,为课堂增添一份趣味。

教材第三部分还提供了"打电话约同学踢球""打电话向老师请假""有一个叔叔打电话找爸爸,但是爸爸不在家"三个情境,层层推进,优化统整,成为课堂教学的重要资源,让学生在多样化的情境练习中提升口语交际能力。此外,三个话题中的打电话对象贴近学生实际生活,同学、老师现场便可化为情境人物。

通过研读教材,打电话本身作为一个大的交际情境,可以直接作为本课的情境内容。在激活学生打电话的经验后,为了增强情境体验,可以把情境道具——固定电话、手机、电话手表搬上讲台,营造情境的真实性,为接下来的学习实践做好准备。

正是把适切的教材情境搬进课堂,从学生的学习状态来看,他们从课程伊始就兴致勃勃地参与其中,能积极主动地抢着打电话。尤其到了同桌合作打电话环节,更是纷纷举手,跃跃欲试,可见学生对本节口语交际课产生了较为浓厚的兴趣。

二、模拟教材情境,训练口语表达能力

情境教育将以模型、图画、音乐和角色扮演再现实体原型或活动过程而建构的情境称为模拟情境。教材中的第三部分创设了三个打电话模拟情境,需要学生进行角色扮演。笔者将其梳理、定位为三种指向:示范、练习、延伸。

（一）模拟教材插图,以"李中"作示范

虽然一年级学生有打电话的经验,但会比较随意,特别是"有礼貌"和"先介绍"做得并不到位。笔者平时也会接到一些学生打来的请假电话,个别学生开门见山就说我要请假,并未说明自己的姓名,需要教师根据学生的音色去推断来者何人,给接听电话的人带来一定困扰。

基于这样的学情,教材中李中和张阳妈妈的对话为学习打电话提供了非常直观的范例。接着借助多媒体,课件出示两者对话的画面,并插入电话铃声和人物音频,生动直观地呈现他们打电话完整的过程。借助这通电话,引导学生思考李中打电话值得我们学习的地方。例如,李中开头就自报家门"阿姨,您好。我是张阳的同学李中",先介绍自己的身份和姓名。打电话时,他还使用了礼貌用语"您好""请问""谢谢"等。借此,可以引导学生回顾电话礼仪中常用的礼貌用语。礼貌用语如何使用出现在本册第三单元的口语交际,可见教材精心编排,具有线性,在教学时要加强前后知识点的联系。通过对范例的学习,学生知道了给别人打电话时,要先自我介绍,并使用礼貌用语。

学生在聆听、学习后,回归课本,开展同桌合作,一个当李中,一个当张阳妈妈,模拟刚才的教材范例,进行初次尝试。有了正确打电话的体验后,为接下来的练习奠定基础。

（二）链接学生自身,模拟电话练习

关于口语交际教学,《义务教育语文课程标准（2022年版）》提出了具体建议,口语交际教学活动主要应在具体的交际情境中进行,应努力选择贴近生活的

话题,采用灵活的形式组织教学。

约同学踢球、向老师请假,都是学生生活中经常会遇到的事情,是练习打电话的好素材。这时候,李中化身为学习陪伴者,通过录音鼓励学生自己打电话。"亲爱的同学们,接下来需要你们大显身手啦,如何约同学踢球,怎么向老师请假,相信这些都难倒不了大家,赶紧行动起来吧!"

笔者在执教过程中,先指名一位男生上台约同学踢球。

生1:你好,我是李小明。请问你是张杰吗?
生2:你好,我是张杰。请问你找我什么事?
生1:我想找你周末踢球,好吗?
生2:好啊。周天见。

经过交流,其他同学发现他们约的时间不明晰、地点不明确,无法约成功。从而得出结论,打电话要说清楚时间和地点。

于是,我请这对好朋友再打一次电话。

生1:你好,我是李小明。请问你是张杰吗?
生2:你好,我是张杰。请问你找我什么事?
生1:周日下午一点,我想找你踢球,就在我们小区下面的那个小公园,好吗?
生2:好啊,那我们周日见。

从第二次通话来看,加入了具体的时间、地点,他们是能够成功相约踢球的。

在明确打邀请电话要点后,由扶到放,要求也更为开放,笔者鼓励学生们约一约同桌,约踢球、约打球、约公园玩、约一起写作业……想约什么就约什么,让课堂成为口语交际的练习场。从几组同桌展示的情况来看,他们对于打电话的要求廖记于心,成功邀约。

生病或有事需要向老师请假,又该如何打电话呢?先请一位学生上台与笔者一起模拟,其他学生倾听观摩。

生:老师,您好,我是王芳。
师:王芳,你好。
生:老师,我要请假一天。

师：怎么了？为什么要请假呢？

生：我今天起来肚子疼，不能来上学了。

师：原来是这样啊，那你好好休息，放心把身子养好。

生：谢谢老师关心，再见。

师：再见。

不难发现，向老师请假除了要先说清楚自己是谁，还要说明请假的理由。当请这位学生再次尝试时，学生说了请假原因后，笔者故意说没听清，请对方再说一遍。这其实指向于教材中的小气泡提示，"没听清时，可以请对方重复"，逐步形成"文明、和谐地进行人际交流"的素养。

可见，打电话藏着不少秘诀。笔者将几个要点编成了一首简单轻快的小儿歌，带着学生一起唱诵，巩固记忆。

打电话，先拨号；

问声好，把名报；

听电话，要用心；

听不清，请重复；

说再见，有礼貌。

（三）同桌合作助力，接听并会转告

李中的录音再次响起，"亲爱的小朋友们，祝贺你们再次获得打电话秘籍。接下来，还有更大的考验等待着大家呢！有一个叔叔打电话找你的爸爸，但是你爸爸不在家，这时候你接起了正在响的电话，你会怎么说呢？"

接听电话时会出现另一种情况，需要把话转告给他人。这就是教材中试一试部分的第三个例子"有一个叔叔打电话找爸爸，但是爸爸不在家"。在试教的过程中，笔者发现大多数学生对于这个情境不知如何切入。由于难度较大，笔者将这一环节通过同桌合作的方式加以达成，并提供学习支架，帮助学生打开话匣子。"喂，你好。我是×××的朋友，王××。""您好……"有了开头的铺垫，学生能顺势说下去，而不是支支吾吾不知如何开始。

当接听完电话，把内容完整清楚地转告给他人时，要注意人称的转化，这里的王叔叔需要用第三人称代词"他"来指代。人称代词的转变在一年级上册的时候学过，转述时要学以致用，运用于口语交际中。

生 1：喂，你好。我是×××的朋友，王××。

生 2：叔叔您好，我是他的儿子李刚。我爸爸不在家，叔叔您有什么事吗？

生 1：哦，是李刚啊，我本来想找你爸爸说点工作上的事。

生 2：王叔叔，等我爸爸回来了，我会转告他的，让他回个电话。

生 1：好啊，谢谢你，再见。

生 2：叔叔再见。

（爸爸回来了，生 3 上场）

生 2：爸爸，刚才有位王叔叔找您，他说要找你谈点工作上的事。

生 3：我的乖儿子哟，爸爸知道了，我现在就给他打电话。

在设计这个情境时，要分成两个小镜头。第一个镜头是接听电话的孩子和王叔叔，接听电话时要记住通话内容。第二个镜头是接听电话的孩子和他的爸爸，要准确完整地把通话内容转告给爸爸。对于这种情境，侧重训练学生接电话的应对实践，提高生活中的应变能力。这样的交际情境有序推进，既体现"口语交际是听与说双方的互动过程"，又体现"语文课堂是实践性课堂，应着重培养学生的语文实践能力，而培养这种能力的主要途径也应是语文实践"。

在多样化的口语交际情境模拟练习中，学生从"不会"到"会"，从"模糊"到"清楚"，逐步提升了不同情景中打电话的能力——一般情况下，打电话时要先自我介绍，使用礼貌用语，没听清可请他人重复。具体的情境也有不同的注意点。当邀约他人时，打电话要说清楚邀约的时间和地点；当向他人请假时，要说清楚请假的理由；接听电话后转告时，要注意人称转化，能完整清楚地转告信息。

三、创设真实情境，解决实际生活问题

按照李吉林老师对情境教学的定义，上述几种情境属于模拟情境范畴，并非真实情境。那么，如何创设真实情境，让学生的学习体验再度升级呢？

（一）一度尝试，不够真实

由于是借班上课，在课的尾声，笔者抛出一个问题：等课程结束后，老师就要和同学们告别了，你们以后还会想起我吗？当你们想起老师的时候，就可以给老师打问候电话。一位女生拿起一部准备好的手机与我现场连线。

生：老师，您好，我是舟山一小的张倩。

师：张倩，你好呀，谢谢你还记得老师。

生：老师，我最近交到了好几位好朋友，还经常被老师表扬举手积极呢！

师：哇，真为你感到开心。

生：谢谢老师，那我们下次再聊。

师：好的，再见。

课后仔细推敲，笔者粗浅地认为这种情境还算不上真实情境，仍存在一定程度的杜撰想象，因此师生交流的话语不多，也没有特别丰富真实的情感做支撑。

（二）二度尝试，对接需求

如何才能力求真实，对接学生的内在需求呢？与教研组团队几经研讨后，我们认为可以把这个问候电话打给正在思念的人，比如许久未见的爷爷奶奶，还有正在异乡的哥哥姐姐；也可以让学生现场给正在工作的家长打电话，告诉爸爸妈妈这节课学习的收获，这样的交际互动才是真实有效的。

经过改进，笔者又一次尝试，果不其然，教师的引导一下子激活了学生打电话的念头：有的想打给正生病住院的爷爷，有的想打给在东北老家的外婆，有的想感谢朋友的热情款待，还有的想把这节课的收获分享给最亲爱的妈妈……学生打电话的高涨情绪纷纷被点燃，真实迫切的情感把课堂推向了高潮。

生：姥姥，我是果果。

姥姥：果果呀，你怎么想到给我打电话啦？

生：姥姥，我是用老师手机给您打电话呢，我们正好在学习打电话，这不，我正好想您了吗。

姥姥：哎哟哟，我的宝贝外孙女。

生：姥姥，您最近身体好嘛？

姥姥：好着呢，现在我和你姥爷正在外面遛弯儿呢！

生：好的，姥姥。那您遛弯吧，我们还在上课，我先挂啦。姥姥再见！

姥姥：好嘞，再见！

江苏情境教育研究所副所长施建平认为，检验教学情境是否真实的根本标准在于学生是否实现了真正意义上的学习，学习过程中是否有真任务、真探究、真体验、真收获。

　　从最后的课堂表现来看,相较之下,改进后的真实性情境唤醒了学生的生活经验,更加促进了学生的真学习,他们在具体而真实的情境中更会说,更敢说,更能说。课后,学生回到家还电话邀约同学周末一起写作业,打电话向好朋友道歉……可见,课堂真实情境的成功创设,让学生的口语交际能力得到切实锻炼,从而有助于提升解决实际生活问题的能力。

　　但是笔者也发现了在教学过程中出现程序化、刻板化的问题,导致学生打电话的过程不够自然,略显生硬。尤其是口语表达能力较弱的孩子只能按照要点进行打电话,缺少个体主观的润色,显得对话简短,不够有味道。如何让口语表达更灵活,凸显审美性、艺术性,还需要笔者进一步思考、实践。

　　总之,要提升学生口语交际素养,教师首先要读透教材,用好教材,挖掘教材中的各种资源。在研究教材的基础上,同时从学生实际学情出发,注重植根儿童的真实经验,激发学生口语表达兴趣。其次,在模拟情境中不断浸润、螺旋上升,在个体、同伴、师生间实践练习,由扶到放,从易入难,训练口语表达能力。最后,通过创设真实情境,让学生学会解决实际生活问题,从而实现了口语交际素养的真正提升。

参考文献:

　　[1] 中华人民共和国教育部.义务教育语文课程标准(2022年版)[S].北京:北京师范大学出版社,2022.

　　[2] 邓小冬.创设生活情境　提升表达能力——统编教材《打电话》课堂实录及反思[J].广西教育,2021(37):64-66.

　　[3] 方贤姿,柯孔标.融入生活生为本　策略优化促提升　部编语文教材一年级下册口语交际《打电话》教学反思[J].小学语文,2018(11):67-69.

　　[4] 常琳.加强学生语言实践　提升语文学习效益——《画森林》课例研究报告[J].新课程,2021(43):112-113.

　　[5] 杨欣.在情境中互动　在生活中交际——基于部编版教材编排特点的低年级口语交际教学策略[J].西部素质教育,2018,4(12):245+247.

　　[6] 聂彩霞.小学语文口语交际课的情境创设策略[J].教育科学论坛,2020(08):43-45.

　　[7] 王灿明.情境:意涵、特征与建构——李吉林的情境观探析[J].教育研究,2020,41(09):81-89.

基于学习任务群的单元统整教学设计

——以统编语文教材二年级下册第七单元的教学为例

舟山第二小学北校区　袁佳莹

指向学生核心素养发展的教学是教师追求的目标,而《义务教育语文课程标准(2022年版)》(以下简称新课程标准)新提出了"学习任务群"这一概念,并明确指出:"义务教育语文课程内容主要以学习任务群组织与呈现。设计语文学习任务,要围绕特定学习主题,确定具有内在逻辑关联的语文实践活动。语文学习任务群由相互关联的系列学习任务组成,共同指向学生的核心素养发展,具有情境性、实践性、综合性。"即用一连串的学习任务构成以一个主题为背景的大的任务群体。单元整体教学也是用很多学习材料,在一个主题整合下,实施一种情境性的、实践性的、综合性的教学。如果说学习任务群是一种新的学习方法或学习路径,那么单元统整教学其实就是我们依据现有统编小学语文教科书,把单元内容进行整合来完成学习任务,实现单元整体教学的构想。

核心素养的培养是教师教学的方向,要落实核心素养就必须让学生在积极的语文实践活动中积累、建构。那么,如何立足单元整体,通过学习任务群来培养学生的语文核心素养呢?笔者以统编教材二下第七单元为例,谈谈基于学习任务群的单元统整教学设计。

一、基于学习任务群,解读单元文本

二下第七单元是童话单元,编排了《大象的耳朵》《蜘蛛开店》《青蛙卖泥塘》《小毛虫》四篇引人入胜,有思维价值的童话故事。语文园地七则将识字写字、写话和课外阅读蕴含其中,整组单元通过童话故事的不同呈现,形成了一个有机关联的整体。本单元以"改变"为人文主题,但每篇课文关于改变的侧重点又有所不同。《大象的耳朵》故事中大象在对自我认识的不断变化中成长。《蜘蛛开店》中因为蜘蛛想法的改变而引发了一系列有趣的小故事。《青蛙卖泥塘》中因为青蛙不断改变而使环境变得越来越好。《小毛虫》中小毛虫因为不断努力,耐心等待,而不断成长,最后蜕变成美丽的蝴蝶。每个故事都极具趣味性,符合低年级学生的心理。

"借助提示讲故事"是这个单元的核心要素,讲故事指向学生复述能力,在复述过程中学生获取信息,整体感知,筛选信息,加工信息,锻炼学生语言组织与语言表达的能力,提升学生语言建构与运用的能力,促进思维的发展与提升。统编教材在编写时是有一个明显的螺旋上升的梯度提升。通过梳理发现,学生在之前已经学会了借助图片、关键词等方法来讲故事(见表1)。

表1　二年级讲故事训练要素梳理

年级	语文要素	相关课文
二上第一单元	按顺序把图片连起来,再讲讲小蝌蚪找妈妈的故事	《小蝌蚪找妈妈》
二上第三单元	试着用上"得意""伤心""满意"这三个词,讲讲这个故事	《玲玲的画》
二上第八单元	给词语分类,分角色表演故事 根据图片和句子给的提示讲故事	《狐假虎威》 《风娃娃》
二下第一单元	泡泡提示:我能借助插图讲讲这个故事	《开满鲜花的小路》
二下第三单元	课后习题:给家人讲一讲"贝"的故事	《"贝"的故事》
二下第五单元	课后习题:用下面的词语,讲讲这个故事	《小马过河》
二下第七单元	借助提示讲故事	《蜘蛛开店》《青蛙卖泥塘》《小毛虫》

而本单元教学要求依托已有的基础,指导学生借助提示,梳理故事的内容,按顺序讲述故事,不遗漏重要的内容。

根据本单元童话这一文本特点,我们不难发现这与六大学习任务群中的"文学阅读与创意表达"有相似之处。新课程标准在第一学段"文学阅读与创意表达"中明确指出:"学习儿歌、童话,阅读图画书,体会童真童趣,感受多姿多彩的生活,初步体验文学阅读的乐趣。"因而,在这一单元整合整体教学时,就可以基于这一学习任务群展开教学设计。

二、基于学习任务群,进行单元统整教学

（一）确定学习目标

本单元的主题是"改变",设置任务情境是"童言童语　童话童心"六一童话故事会。基于语文核心素养的四个维度,聚焦"文学阅读与创意表达"这一任务群,确定本单元的学习目标。

基于语文核心素养的四个维度,聚焦"文学阅读与创意表达"这一任务群,确定本单元的学习目标为:

1.通过生活化的学习情境,丰富生活经验与积累词句。

2.通过具体的活动情境,在了解课文主要内容的基础上,能借助提示完整地讲童话故事。

3.能发散思维,合理续编童话故事,实现创新表达。

4.通过开展学习合作,能敢于发表自己的意见,并能分角色演一演童话故事。

5.拓展阅读,能联系生活体会"改变"蕴含的道理。

(二)单元统整教学设计

围绕单元学习的核心问题"如何讲好故事,感受改变的力量?",以"讲故事,悟改变"为核心整合课文。在"童言童语　童话童心"六一童话故事会这一主题情境中,以任务驱动的形式开展单元整体学习,设计了"读童话""学童话""讲童话""创童话""演童话"五个学习任务,将这一大任务细分成了不同维度的子任务(见表2),层层递进、螺旋上升,旨在培养学生的核心素养和思维能力。当然,识字写字、朗读等低年级阅读教学的重要内容也会贯穿整个学习。

表2　单元整体学习活动设计

单元主题	改变				
核心任务	"童言童语　童话童心"六一童话故事会				
学习任务	读童话	学童话	讲童话	创童话	演童话
学习资源	《大象的耳朵》拓展链接《小猪变形记》	《蜘蛛开店》《青蛙卖泥塘》《小毛虫》			《月亮姑娘做衣裳》拓展链接《月光下的肚肚狼》
具体任务	认写生字,读好问句	梳理内容,有序表达		语言运用,创意表达,发散思维	类比阅读,体悟道理
任务形式	童话配音秀	讲故事比赛		创编故事会	童话剧展示

教材编排的每篇课文都分别承载着不同的学习任务:《大象的耳朵》一课,引导学生读好问句,也是在为后面的讲故事作铺垫;《蜘蛛开店》一课,引导学生能够借助课后的示意图来讲故事;《青蛙卖泥塘》一课,引导学生在了解课文内容的基础上,分角色来演一演故事;《小毛虫》一课,引导学生借助图文提示来讲故事。这些学习任务并不是独立存在的,相互之间相互交融,从而实现核心素养的真正落地。

任务一"读童话"主要侧重于语言文字的积累与梳理。以多种形式地读为实践形式,通过三个子活动的开展,扎实二年级学生的识字写字及朗读能力。活动一是"随文识字,读准童话",通过多种方式的朗读,随文识字。引导学生归类识字和字源识字,培养学生观察、分析、整理能力的同时发现汉字的构字组词特点,并且感受文字之美,在此基础上读准童话。活动二是"书写提示,会写生字",通过结合书写提示,让学生自主观察,归类写好生字。活动三是"关注问句,读顺童话",通览几篇童话,想要读好,首先要读好问句,所以由词到句检测读,教师适时点拨。学生组内练读,小组合作展示读,将童话读通顺。

任务二"学童话"的落实依托"读童话",在读准读顺童话的基础上,借助子任务的引导,采取小组合作探究的形式,通过阅读感知、倾听思考,获取、整合有价值的信息,了解童话的内容,感受童话的语言魅力。如在《大象的耳朵》中设计以"大象为什么改变想法→怎么改变的→改变后导致什么后果→又如何改变"为线索,通过子任务,分小组合作探究交流汇报。《蜘蛛开店》则以"蜘蛛想卖什么→写好招牌→顾客是谁→结局怎样"为线索,借助思维导图,小组合作探究交流汇报。《青蛙卖泥塘》通过划出对话,以小组为单位,分角色读好故事。《小毛虫》一课通过让学生划出变化过程,抓住重点词,了解变化过程,读好课文。

任务三"讲童话"的落实又依托"学童话"。在了解童话内容,感知童话语言魅力的基础上,借助串联关键信息讲故事、思维导图讲故事、画出相关语句或对话,借助提示讲故事等。能力尚好的同学也可以在以前学习的基础上加动作和表情讲故事。这一任务的达成一样要借助于小组合作来完成。

任务四"创童话"的落实又依托于前几个任务群的完成。学生在对童话的语言特点非常明晰的基础上,教师通过创设语境,大象见到小鹿时会怎么说,理解"人家是人家,我是我"的意思;抓住"循环反复"的特点,继续创编故事,引发辩证思考;联系生活实际,推荐一样自己熟悉的物品;结合童话诗《我和小鸟和铃铛》,理解"每个人都有自己该做的事。"引导学生自由表达,在比较、质疑和讨论中辩证思考,发表自己的观点。"学童话、讲童话和创童话"这几个任务互为依托,循序渐进,教学时可以单篇一课时教学,也可以两篇对比连续两课时教学。

任务五"演童话",结合"童言童语 童话童心"六一童话故事会展演,让学生以小组为单位选择自己喜欢的童话进行声情并茂地表演,头饰、道具等均由自己准备。这一任务的达成又分为三个子任务——读童话、绘童话和辩童话。"读童话"的落实就依靠整本书阅读,推荐孩子们读《月光下的肚肚狼》《城里最漂亮的巨人》《小马过河》,采取组内漂流的形式,实现大量阅读童话,丰富阅读量,利用课前两分钟,分享读书收获,增加阅读视野,为最终的童话剧表演提供更多的素材。"绘童话"要求部分学生根据自己对人物角色的理解制作头饰,这既是对学生理解鉴赏能力的培养,也是与美术学科的有机融合。"辩童话",围绕"改变"这一话题引发学生的思考,最终回归生活,结合生活让学生谈谈自己的看法。

(三)确定单元评价量规

这单元主要以表现性评价为主要评价形式,确定以下三方面的评价准则:

1.评价置前,嵌入学习活动

通过评价前置等逆向设计再造课堂流程,通过可评估的核心任务和子任务让学习过程可见,使学生在认知进阶的过程中逐步抵达学习目标。

如在单元启动课《大象的耳朵》中,教师针对"朗读课文,读好问句,初识改变"这一教学任务,设置"童话配音秀"活动,从声音响亮、语调上扬、语气表现三个维度以星级的方式进行评价,将评价嵌入学习活动中,重视"反馈"的"表现性评价",不断改进学习。

2.评价分层,促进能力发展

"复述"是这单元的核心,但每个学生的能力有差异,在学生复述的过程中,教师可以结合教学,对评价分层(见表3)。

表3 关于"复述"评价标准

课文	完整	有序	生动
《大象的耳朵》	大象碰到的小动物没有遗漏;讲清大象想法的变化	从"不安"到"自信"	讲出从"不安"到"自信"的情感变化
《蜘蛛开店》	讲清开了哪些店,来了哪些顾客,结果怎么样	每一次开店都能按照"挂招牌、来顾客、终织完(跑回网)"的顺序讲	讲出开店前的"好寂寞好无聊",每一次开店的过程都能结合表情绘声绘色讲
《青蛙卖泥塘》	想卖泥塘—不断改造—不卖泥塘	种草—引水—栽树—种花—修路—盖房	做出"大声吆喝"的动作,并加上青蛙每一次改造的动作
《小毛虫》	小毛虫—茧—蝴蝶	注意小毛虫的两句内心独白的位置:"每个人都有自己该做的事""万事万物都有自己的规律"	讲出前半部分羡慕、失落的心情,讲出后半部分欣喜的心情

其中完整和有序是每个学生都要达到的底线目标,"生动"是高层级的弹性目标。教师可以在学生讲述故事时,引导学生互相评价,并说明理由。这样,复

述的要求和目标,在生生互评、师生互评中不断内化,既促进了学生复述能力的养成,又照顾到了不同层级学生的发展,让每个学生的复述能力都能在原有基础上得到提升。

3.评价拓宽,实现多维观测

在单元的教学过程中,教师不仅要关注结果,还要关注过程中的学习态度、学习程度;要更加关注能力,如解决问题的能力、批判性思维、交流与合作能力、创新能力、正确收集和运用信息的能力;同时关注个体的成长、身心健康、人格完善等。因而从单元角度设计了如下评价量规(见表4)。

表4　单元评价量表

评价维度	评价指标		效果评价	
态度表现	我喜欢阅读童话 我愿意向他人讲述读过的童话 我喜欢在学校、社区组织的童话故事会、课本剧表演等活动中展示		我做到 ☆☆☆ ☆☆☆ ☆☆☆	我完善 ☆☆☆ ☆☆☆ ☆☆☆
学习实践	讲	我能借助不同提示讲故事 我能不遗漏重要情节 我能做到语气恰当,并辅助一定表情与手势	☆☆☆ ☆☆☆ ☆☆☆	☆☆☆ ☆☆☆ ☆☆☆
	编	我能根据原文展开想象,增添情节 我想象丰富,体现"改变"	☆☆☆ ☆☆☆	☆☆☆ ☆☆☆
	演	我能选定角色演一演童话 我加上了表情 我加上了动作 我能把自己想象成童话中的角色来演	☆☆☆ ☆☆☆ ☆☆☆ ☆☆☆	☆☆☆ ☆☆☆ ☆☆☆ ☆☆☆
	展	我能选择喜欢的形式展示童话 我能课外阅读相关童话,联系生活,对"改变"有了新的认识	☆☆☆ ☆☆☆ ☆☆☆	☆☆☆ ☆☆☆ ☆☆☆

如在《青蛙卖泥塘》合作展示"分角色表演"过程中,教师要关注学生是怎样分工的? 遇到问题小组是怎么解决的? 将评价的视角对准学生的能力表现,促进反思。帮助学生理解:"怎样提建议更容易让青蛙接受?"通过量表指导学生做到提建议时,先说优点,再说缺点,运用"不过""就是"连接起来。拓宽评价,细化了过程中能力评价的量规,让不同能力的学生都有依托点得以生长,最大化地促进学生核心素养的发展。

三、基于学习任务群，设计单元作业

根据"落实育人目标、夯实语文基础、促进融会贯通、发展创新思维"的作业宗旨，本单元的作业设计主要从以下方面进行思考。

（一）作业层次

学习任务群视角下的作业设计不是割裂的，每一课时的作业设计应是一个有机的整体，可以用一个情境串联在一起。根据每课时教学目标，分为"基础性作业""提升性作业""综合实践性作业"层次。基于单元一体化视角，各层次的作业既独立承担功能，又相互联系，梯度推进，形成完整统一的作业体系，达成本单元学习目标。

（二）作业模块

课时作业目标明确，教学重难点突出，结合二年级学情，设置"趣味猜谜""小小书法家""头脑风暴"等学生感兴趣的模块形式，分别对应"基础性作业""提升性作业""综合实践性作业"并科学设定作业时长。作业设计面向学生生活，包含听、说、读、看、唱、画、演、做等多种作业形式，图文并茂、富有童趣。例如教学任务一"读童话"中的识字内容时，通过"大象拼图我来贴"的游戏，帮助学生读准多音字，激发识字兴趣；给蜘蛛的生字店整理生字商品等活动，帮助学生更好地巩固生字。拓展延伸类的作业依照学习目标"借助提示完整地讲童话故事、合理续编故事"，通过补充思维导图、说一说故事的经历等，锻炼学生从文中寻找关键词、图片信息、梳理故事情节等能力，体验到故事所带来的魅力和快乐。

单元练习采用语文综合性趣味活动的形式，帮助学生从识字与写字、阅读与鉴赏、表达与交流、梳理与探究等方面掌握语文知识，在实践中发展思维，提升语文能力，发展语文核心素养。整体设计注重渗透传统文化、融合多学科、融通校内外的课标理念。

（三）作业评价

坚持立德树人，力求多元化评价。评价主要采取星级评价的方式，以自我评价、伙伴评价、教师评价、家长评价相结合，促进学生高效完成作业，巩固知识与技能，发展学习能力，提升品德修养，培养良好的学习习惯。

总的来说，在立足单元整体，通过学习任务群来培养学生语文核心素养的过程中，教师一定要做到心中有纲，结合学生生活创设真实的学习情境，设计相应的学习任务，以任务驱动方式开展进阶式的语文实践活动，指导学生在语文活动

中学语文、在任务驱动的做中学语文、在语言文字的运用中学语文,从而逐步提高语文核心素养。

参考文献:

[1] 中华人民共和国教育部.义务教育语文课程标准(2022年版)[S].北京:北京师范大学出版社,2022.

[2] 何捷."学习任务群"在小学语文教学中的认识与实践[J].中小学教师培训,2021(04):39-43.

[3] 曹燕.关注复述能级,建构单元整体教学——以二年级下册第七单元教学为例[J].小学语文教学,2022(16):51-53.

[4] 高修军.小学语文"学习任务群"的再认识及教学样态重构[J].中小学教师培训,2022(10):40-43.

[5] 王虹.基于学习任务群的单元整体教学设计—以一年级上册第七单元的教学为例[J].小学语文,2022(11):24-27.

单元学习活动的问题与改进

舟山市岱山县高亭镇高亭中心小学　林芷羽

随着《义务教育语文课程标准(2022 年版)》(后文简称新课标)的颁布,单元整体教学逐步成了提升学生语文核心素养的重要方式之一,是目前一线语文教师研究和实践的主要方向。而单元学习活动作为单元整体教学的重要组成部分,也已成为推动单元整体教学顺利实施的重要载体,其设计的质量高低在一定程度上也决定了本单元整体教学的质量。但通过对已实施的各单元学习活动的归纳、整理、分析和总结,笔者发现当下学习活动的设计存在诸多亟需整改的问题,也正是这些问题阻挡了单元整体教学的高质量回报。因此如何攻破难题、创新活动,如何依托活动设计策略,推动单元整体教学,促进单元整体教学质量实质性提升,是笔者思考的重点。

接下来笔者就以新课标为理论依据,以失败的单元整体教学经历为基础,以单元整体教学设计的修改经历为切入口,以小学语文三上第七单元教学实例为抓点,谈谈当下单元学习活动在设计与实施上存在的问题及改进措施。

一、质疑:单元学习活动的问题

就目前对单元整体设计的研究而言,单靠一人的力量进行单元整体设计是比较困难的,因此笔者所在县区以集体备课的形式进行了素养导向下的单元整体教学设计,在实施上减轻了一线语文教师的负担,但一无高端的教学理念支持,二无扎实的教学实践支撑,即便是结合了众人智慧的单元整体教学设计也显得十分"简陋",对作为使用者的我们来说,由于缺乏必要的文本研究,更是无法将其融会贯通地进行实践,因此每每实践下来,总是能发现存在的问题比成效更明显。

(一)学习活动繁复耗时

通过对目前已经进行实践的 16 个单元的整体设计的研究,发现虽然教学的文本内容没有改变,但是在过程中需要完成的单元任务、学习活动却增加了。经过笔者的粗略统计,每单元的单元任务总量在 3—4 个,各任务下的课时活动在

9—12 个,其容量是极大的,而且许多活动成果需要学生或图文并茂,或拍摄视频,或背诵演讲……相对比较耗时。这一点从三上第一单元的整体活动设计中就可以窥见(见图 1)。

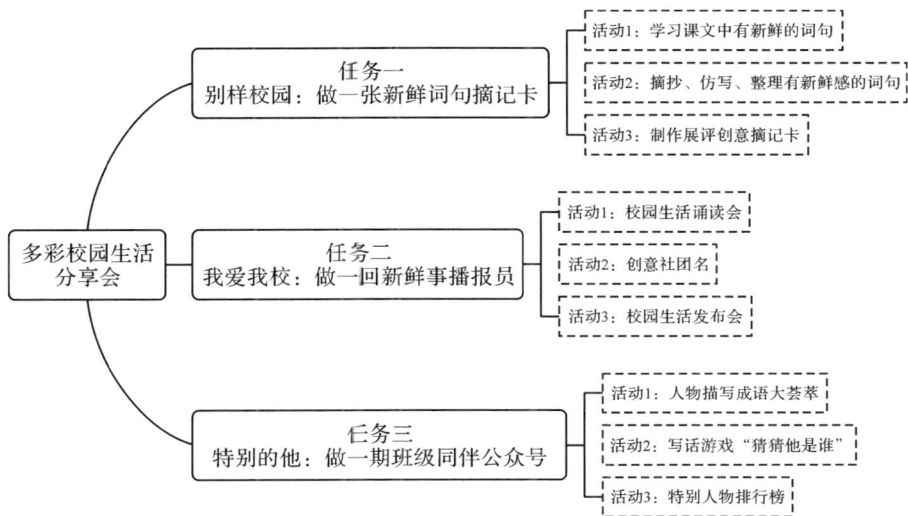

图 1　三上第一单元课时活动安排

(二)学习活动老套陈旧

笔者提及的学习活动包括单元整体设计中的学习情境及表现性任务。综观这几个单元的相关设计与实施,我们会发现学生的兴趣在逐步降低,其原因就在于我们设想的真实的学习情境及活动任务都比较老套,无外乎摘抄卡、朗诵会、分享会等,学生的学习兴趣早已随着这些重复出现的学习活动渐渐丧失了。通过对已有的三上八个单元、三下七个单元的整体设计的整理与分析,发现共出现摘抄类活动 6 次,涌读类活动 9 次,成果分享类活动 10 次,图文结合类活动 8 次。如此老套单一的活动设计对后续单元整体教学的实施是极为不利的。

(三)学生学习负担较重

当然学生是否有较重的学习负担是较为主观的,作为教师,我们只能从学生学习成果的呈现中进行窥探。就笔者班级学生而言,学习能力较弱的学生不在少数,他们往往缺乏学习的兴趣、学习效率低下,有时候这类形式多样的学习任务他们并不觉得有趣,反而会随着学习活动的增加而选择逃避。不难发现,有时候我们设计的学习活动其实已经成了他们的负担。

以上三类问题是一线语文教师践行单元整体教学的主要障碍,只有跨越了这些障碍、突破了这些困难,我们才能更好地推进单元整体教学设计与实施。

二、改进:多向关联改进单元活动

为了解决以上单元学习活动设计的普遍性难题,笔者在充分沉淀之后,以单元活动创意设计为改进方向,重新调整了教共体设计的三上第七单元整体设计。

不管是传统的教学方式还是现行的大单元教学,都是为了能更好地达成教学目标,实现学生语文核心素养的提升。因此,笔者根据新课标、教材内容、单元人文主题、单元语文要素、现实生活需要等进行了全新的整体思考。

(一)关联人文主题与语文要素,调整真实情境

原本这一单元的情境创设为"开启自然之旅",以"我听自然之声""我读自然之书""我感自然之情""我编自然之报"为整体活动流程,但经过仔细研读,笔者发现这样的单元学习活动呈现出割裂感,核心活动与课时活动之间缺乏必要的联系,这就使单元整体教学失去了其原本的作用,换言之,即便不进行单元整体教学,这些活动依旧能够开展。于是针对这样的问题,笔者首先关联人文主题与语文要素,调整了真实的学习情境:

> 亲爱的同学们,在第五单元的学习中,你们化身为小小摄影者用照片与文字记录下了你们眼中的缤纷世界。这一单元我们将化身"森林使者",用心感受大自然的生动美好,用生动的语言记录大自然的生动美好,更要和伙伴们合作完成一份《森林报》,把大自然的生动美好分享给更多的人! 让我们快快行动起来吧!

这样真实的学习情境,带领学生化身森林使者、走进大自然,与本单元"我与自然"的人文主题联系十分密切,同时引导学生"用生动的语言记录大自然的生动美好",充分关联了本单元"感受课文生动的语言,积累喜欢的语句"的语文要素,合作完成一份《森林报》的学习成果也明确指引了学生的学习方向,让整单元的学习变得轻松有趣!

(二)关联新课标,调整单元核心活动

如何将单元语文要素嵌入单元整体教学之中,对一线语文教师来说是有较大困难的,尤其当两个单元语文要素关联不密切时。如本单元的语文要素"感受课文生动的语言,积累喜欢的语句"和"留心生活,把自己的想法记录下来"之间

的关联并不是很明显,因此笔者在进行解读的时候,将这两个语文要素分别关联了两个学习任务群,通过两个任务群之间的联系,使单元核心活动和真实情境间的关联更加密切(见表1)。

表1　语文要素与新课标的关联

语言要素	所属学习任务群	学习内容	教学提示
感受课文生动的语言,积累喜欢的语句	"语言文字积累与梳理"学习任务群	诵读、积累成语典故、中华文化名言、短小的古诗词和新鲜词语、精彩句段等,丰富自己的语汇,分类整理、交流,初步认识中华优秀传统文化蕴含的思想;在语言积累和运用过程中,体会同义词、反义词等词语的作用,发现、感受语言的表现力和创造力	诵读、积累与梳理,重在培养兴趣、语感和习惯。引导学生增强语言积累和梳理的意识,教给学生语言积累和梳理的方法,注重积累、梳理与运用相结合
留心生活,把自己的想法记录下来	"文学阅读与创意表达"学习任务群	阅读描绘大自然、表现人类美好情感的诗歌、散文等文学作品,结合自己的生活体验,尝试用文学语言表达自己热爱自然、珍爱生命的情感	主题情境中,开展文学阅读和创意表达活动,引导学生感受文学之美,表达自己的独特感受,促进学生的精神成长

由上图可知,本单元语文要素的三大核心关键词为感受、积累与表达,充分挖掘三者之间的关系为后续的活动设计做理念支撑:用丰富的语言积累助推准确生动的表达。三者之间如此顺接的递进关系,也牵引着本单元的整体教学层层递进,由此笔者进行了如下调整:以《森林报》为最终的外显的学习成果,将其分割为各个不同的栏目,如积累栏、仿写小天地等,以个人完成或小组合作的方式在不同的学习阶段完成相应的任务栏目,体现学生思维不断进步的过程。

(三)关联教材内容,调整课时活动

真实情境的调整和单元核心任务的确定已经把握了本单元整体教学的方向了,但是分步课时活动的设计与实施才决定了本单元整体教学成功与否。在之前的设计中,课时活动的设计主要以单课为主,缺乏单课之间的联系以及与制作《森林报》这一核心活动的联系,因此,笔者着重挖掘教材特点,以"积累的内容与形式"为线索将各个活动进行形式与内容上的串联,使其能和单元核心活动的联系更加密切。具体课时活动安排见图2。

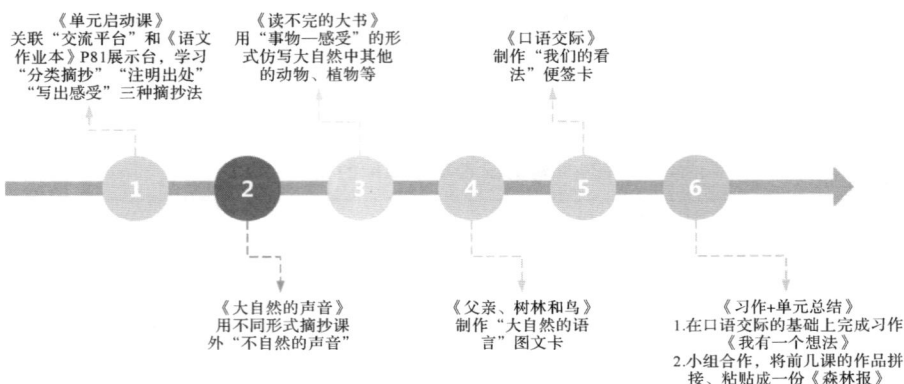

《单元启动课》
关联"交流平台"和《语文作业本》P81展示台,学习"分类摘抄""注明出处""写出感受"三种摘抄法

《读不完的大书》
用"事物—感受"的形式仿写大自然中其他的动物、植物等

《口语交际》
制作"我们的看法"便签卡

1　2　3　4　5　6

《大自然的声音》
用不同形式摘抄课外"不自然的声音"

《父亲、树林和鸟》
制作"大自然的语言"图文卡

《习作+单元总结》
1.在口语交际的基础上完成习作《我有一个想法》
2.小组合作,将前几课的作品拼接、粘贴成一份《森林报》

图 2　三上第七单元课时活动一览

三、反思:单元学习活动设计的策略

笔者在三上第七单元的教学中按照"单元启动——激发兴趣,明确任务;课时教学——持续激发学习动力;单元总结——成果展示,放大优点"的顺序按部就班进行了实践。学生在课堂上热烈的反应,学生精致的学习成果,笔者在教学时强烈的课堂归属感以及后期学生在其他单元整体教学时的自如与投入,都让笔者认为这一单元的整体教学是相当成功的,是有极大成效的。学生学习成果见图 3。

图 3　学生作品《森林报》

也正是在这样的实践中笔者提炼出了四点应对当下单元整体教学中普遍性难题的实践性策略。

（一）践行串联式的活动安排

教学实践的过程其实就是完成学习活动的过程，当你觉得在过程中完全撇开了真实的情境时，其中一部分原因就是课文与情境、情境与活动、活动与活动之间的联系不够密切，换言之，情境、核心活动与课时活动都成了独立的部分。要解决这个难题，就要以真实的学习情境为活动背景，以唯一的单元核心活动为出发点，衍生出多个串联式的课时活动，最后将这些课时活动搭成阶梯，让学生像走楼梯一样，一步一步稳稳地前进，以期更好地达成学习目标。

（二）践行个人与小组相结合的活动机制

对于学习能力有限的学生来说，独立完成一份甚至多份学习成果是有较大难度的，繁重的学习任务、不尽如人意的学习成果渐渐消磨了他们的兴趣。因此在设计单元学习活动的时候，包括核心活动和课时子活动，都应该考虑学生的能力构成，以具体的学习内容为基础，设计个人与小组相结合的学习活动，尤其是一些有难度的活动，更应该通过同桌合作、伙伴合作或小组合作的方式进行。

那么怎么样的活动适合个人完成，怎么样的活动适合小组合作呢？1.思考学习活动的目的。在布置学习活动之前，我们就要想好让学生完成这个活动是为了什么？如果是为了更好地提升学生的个体能力的，那么就应该用个人完成的方式。比如《读不完的大书》一课中的仿写题，像这样"事物＋感受"的写作方法对后期学生写作有极大的帮助，因此在教学时就应该让学生独立完成。2.思考学习活动的难度。设想这个学习活动对班里中等学生即大部分学生的难度系数如何，如果难度过高，那么就可以考虑用合作的方式完成。比如制作《森林报》，其容量大、内容种类多，制作难度较大，因此用多人合作的方式更佳。3.思考学习活动的完成时间。在布置活动之前，要思考完成这样一个学习活动学生大致需要花费多长时间，如果耗时较长就应该采用合作的方式。比如制作"我们的看法"便签卡，考虑到一张便签是十分单调的，也体现不了所有组员的看法，因此就采用合作方式，每位组员完成一小张便利贴，而后拼接成一张，这样不仅省时，效果也比个人完成更好。

（三）践行多元化的活动形式

践行多元化的活动形式主要是从学生追求新鲜的心理出发的，单一的活动形式往往无法吸引学生全身心投入学习之中。而学生往往会对之前没有出现过的活动形式产生极大的兴趣，比如三上第二单元的树叶贴画，三上第六单元的明信片制作。所以笔者认为,要有意识地设计学生感兴趣的活动,让整个单元的活动更加多元、更加吸引人。

但设计多元化的活动形式并不是一件容易的事,一方面我们要紧跟"潮流",挖掘学生在现实生活中的兴趣点,比如做手账、拼图、发抖音等,将我们的活动设计套上潮流的外衣,非必要、不重复。另一方面我们要"拿捏"学生心理,让我们的活动始终保持一种神秘感,可能揭开面纱的结果也不过如此,但是一定要吊着学生的心,让他们始终保持着较高昂的学习动力。比如单元启动课上不用把所有活动都交代得一清二楚,像游戏闯关一样,成功一关揭秘一关,让学生始终有积极参与的劲头。

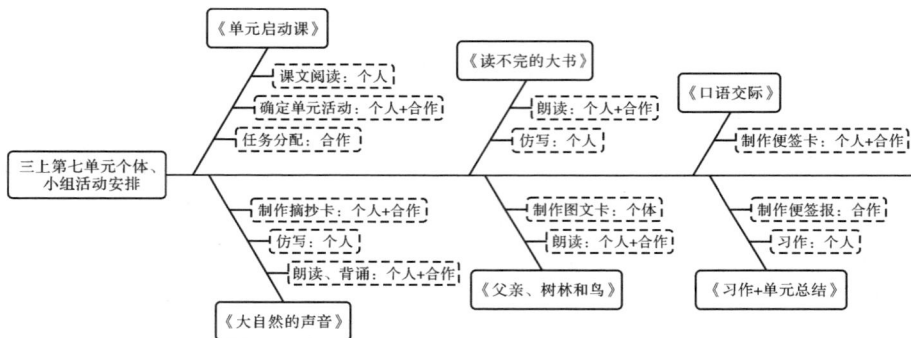

图 4 三上第七单元个体、小组活动安排图

（四）设计高收益的活动内容

何为高收益?在笔者看来,如果一个核心活动或是课时活动能达成超过两个学习目标,那就是一个高收益的活动,因为这样就意味着学生花一份时间就能有两份收获,教师花一份时间就能完成两份工作,不管对学生还是对老师来说都是相当有益的。

那么我们怎样才能设计出高收益的学习活动呢?一是立足《语文作业本》。一线小学语文教师普遍认为省编《语文作业本》不好做,尤其是小练笔,学生做得七零八落,老师批得头昏眼花。如果能把《语文作业本》中的题目进行包装,变成核心活动或课时活动就为学生和自己减轻了不少负担。就像《父亲、树林和鸟》作业本中的第 5 题"搜集大自然的语言",摇身一变,就变成了《森林报》栏目中的"大自然的语言"图文卡,既完成了作业本中的题目,又完成了课时活动,还完成了一部分核心任务,一举多得。二是立足学校德育活动。丰富的德育活动能让学生的校园生活变得格外多彩,但是不可否认,很多德育活动很大程度上占用了学生较多的休息时间,因为学生要额外完成很多拍摄视频、制作手抄报等任务,不过如果能将德育活动和单元学习活动进行整合,或将德育活动进行包装,让学生作品能够两用,这样不仅能够减轻学生的负担,更可以丰富单元活动内容。

四、小结

结构化的单元学习活动作为单元整体教学的重要组成部分,它的设计对单元整体教学实施的成功、学生语文核心素养的提升、学生的健康成长等起到了至关重要的作用,因此,我们要将活动设计放在更显著、更重要的位置,用串联式的活动经历、丰富的活动成果、多元化的活动形式、高收益的活动内容达成单元整体教学的目标,真正让结构化的单元学习活动成为学生语文核心素养提升的阶梯,一步一步,稳扎稳打。

参考文献:

[1] 中华人民共和国教育部.义务教育课程标准(2022年版)[S].北京:北京师范大学出版社,2022.

[2] 刘徽.大概念教学:素养导向的单元整体设计[M].北京:教育科学出版社,2022.

[3] 赵飞君.素养导向的课堂"教—学—评"一体化的设计与实施——以统编教材五年级上册第六单元为例[J].教学月刊小学版(语文),2022(12):51-55.

[4] 刘徽.真实性问题情境的设计研究[J].全球教育展望,2021,50(11):26-44.

[5] 李香菊.以"真实活动"促"主动学习"——语文学习活动单元整体设计与实施[J].语文建设,2022(02):71-73.

[6] 王小平.单元整体教学设计实施策略[J].小学语文教学,2022(29):12-13.

有备而"设" 实现无患而"学"

——人教版一年级下册 100 以内加减法（一）单元备课实践

舟山市定海区南海实验小学 陆轶娜

"凡事预则立"，备好课是上好课的前提，只有在备课环节上下足功夫，才能让课堂教学的高效变得可能。那怎样才是高效备课呢？《义务教育数学课程标准（2022 年版）》（以下简称新课标）明确提出："改变过于注重以课时为单位的教学设计，推进单元整体教学设计，体现数学知识之间的内在逻辑关系，以及学习内容与核心素养表现的关联。"可见，从学科知识转向学科育人的教学要有单元整体备课的思路，站在单元高度进行整体分析、整体设计，让教学促进学生核心素养的发展。现以人教版一年级下册 100 以内的加法和减法（一）单元为例进行单元备课的路径探索，从单元目标、学情分析与教学策略三点思考，让备课为学生的学而服务，最终提升课堂教学质量，促进学生核心素养的发展。

一、确定单元目标的思路

余文森教授曾说："教学目标是教学的方向，教学的目的，教学的统帅。"新课标倡导的"教学评一致性"理念里，教学目标是中心，无论是"学"还是"评"，都围绕目标进行。单元教学目标是在对单元教学内容进行整体分析的基础上制定的，可以避免对教学内容的肢解，避免单课时教学的随意性与盲目性。可见，在备课时确定单元学习目标极其重要。那该如何确定单元目标呢？

（一）学习课标，让单元重点明确化

课程标准是教学总纲，它是把党的教育目标具体化，体现了正确价值观、必备品格和关键能力的培养要求，并对教育内容和教学基本要求做出明确规定。单元备课的第一步就是把新课标里与本单元相关的"内容要求""学业要求"及"教学提示"等内容进行研读，明确教育教学的总方向。

100 以内的加法和减法（一）课标中相关的内容要求有"探索加法和减法的算理，会整数加减，在解决生活问题的过程中，体会数与运算的意义，形成初步的运算能力"；对应的学业要求是"能口算简单的百以内数的加减法，形成初步的运算能力"。细读这些内容可知,100以内加减法的学习就是要掌握基本的口算技能,为以后的计算奠定基础。而算法的熟练除了强化练习,更重要的是理解算理,不仅要让学生知道"怎么算",更要明白"为什么这么算"。正如史宁中教授所说:"算理理解是运算的本质,即运算与算理等价。"

（二）研读教材,让单元知识清晰化

教材是教学的重要资源,是学生学习的材料。教师在教学中应合理加工,做到用教材"教",而不是"教"教材。因此在备课时读懂教材很重要,既要读懂静态的内容,更要领会隐藏的动态过程和数学思想。为了对教材内容理解透彻,可阅读不同版本的教材,在对比中进一步明确单元知识要点。

100以内的加法和减法（一）单元在北师大版教材中有着浓浓的生活味,创设丰富的情境主题,让学生在解决问题中探讨计算道理和方法,学习时把口算与笔算的算理打通,指向算运的多样化,强化数学问题的解决,突出运算的价值。在人教版教材中有着浓浓的数学味,它把口算与笔算分开学习。本单元的口算学习是突出数的意义和组成,探索数字系统结构,在探求多种口算方法中优化基本方法,发展学生的数学思维能力,为以后的多位数加减法及乘除法奠定基础。应用时把口算与解决问题相结合,增加了小括号的认识、同数连加和连减同数的数学问题,体现计算的应用价值,并在应用中巩固计算技能,帮助学生累积解决数学问题的活动经验。正如《如何培养学生的数感》一书中所说:"对于如何'选择'合适的计算策略、反思于解释计算的过程和结果而言,口算在其中所起的作用越来越大。"虽说两种版本对内容的学习时间有先后,但从整体来看,都把理解算理与正确计算作为重点,要求学生能在明白算理的基础上探索算法,做到正确熟练计算,还强调计算在生活中的应用。

（三）领悟素养,让核心目标具体化

通过课标学习不难发现,本单元重点落实的核心素养是运算能力,其具体内涵是指"能够根据法则和运算律进行正确运算的能力。要求学生能够明晰运算的对象和意义,理解算法与算理之间的关系;能够理解运算的问题,选择合理简洁的运算策略解决问题"。可见,运算能力的具体表现就是要理解算理掌握算法。章勤琼教授曾提出"算理与算法是计算教学中重要的两个关键要素,二者是相互联系、有机统一的整体。算理是计算过程中的道理,解决为什么这样算的问题,算法是计算的方法,解决怎样算的问题,培养与发展运算能力就是要实现算理算法的统一"。

本单元口算的算理主要涉及两个方面,一是相同数位上的数相加减,二是满十进一与退一当十。这里"位值"是计算的基础,需要根据数的位值对数进行合理分解,如"28+5",把 28 分解为 20 与 8 进行进位加,或把 5 分解为 2 与 3 进行凑整十加,或把 28 分解为 5 和 23 用凑十法加。不管哪种方法,都是通过合理拆分或根据数的关系分步口算,转化为已学的口算题,把新的变为旧的,让学生建立计算知识前后的联系,从而领会转化的数学思想。为此本单元的核心目标就是"理解相同数位的数相加减"和"满十进一、退一当十"的计算道理,在理解算理的基础上掌握基本算法,做到正确熟练地口算,培养学生的运算能力,渗透转化的数学思想方法。这里算理是算法的基础,算法又促进算理的深入。那怎么样的表现算是理解算理呢?章勤琼教授曾就"算理理解"提出四个不同层次:第一是理解数的结构以及算式的意义;第二能有自己的计算方法并说明理由;第三能理解不同的方法,并且能够比较不同的方法;第四能在表征比较的基础上提炼通法。这四个层次是逐级上升,要求学生能用相对规范的数学语言和个性化方法来表征口算过程,呈现算法的多样化,再在比较异同中发现各种算法的共通点,找出口算的基本方法,与后续的笔算学习相沟通,实现算理贯通、理法互融,为后续的计算学习奠定基础。

二、学习起点了解的思索

奥苏贝尔曾说:"如果我不得不将教育心理学还原为一条原理的话,我将会说,影响学习最重要的原因是学生已经知道了什么,我们应当根据学生原有的知识状况进行教学。"可见对学生认知起点的了解是多么重要,不同的学情应当有不同的教法,这是"以学定教"的关键。基于核心目标的分析,围绕两个算理对某班 45 位学生进行前测,结合学生的答题情况对其掌握水平进行统计、分析及层次划分,让"教"更好地服务于"学"。

(一)"相同数位上的数相加减"的算理理解

测试题 1(见图 1):

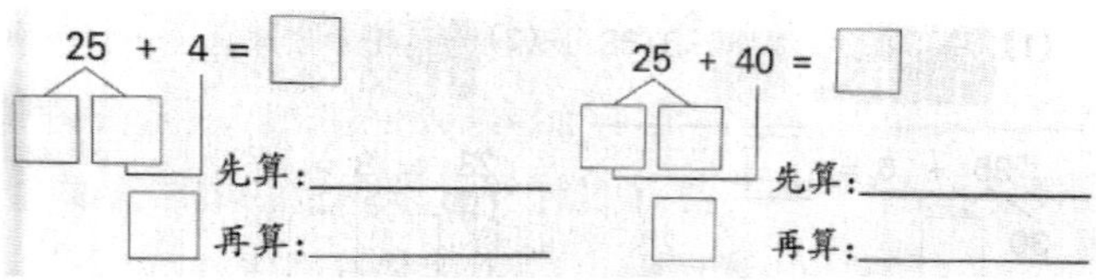

$$25 + 4 = \boxed{} \qquad 25 + 40 = \boxed{}$$

先算:_____   先算:_____

再算:_____   再算:_____

图 1 "不进位加法"前测题

测试结果如下(见表 1):

表 1　"不进位加法"前测结果

测试结果	25+4		25+40	
	举例	人数	举例	人数
能合理拆分，正确写出算法	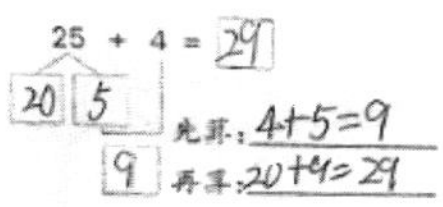 25+4=29；20、5；先算:4+5=9，再算:20+9=29	29 (65%)	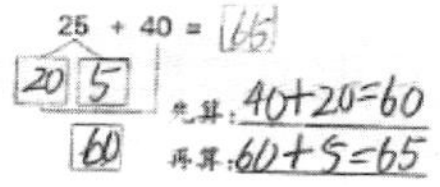 25+40=65；20、5、60；先算:40+20=60，再算:60+5=65	29 (65%)
能口算但过程或方法不合理	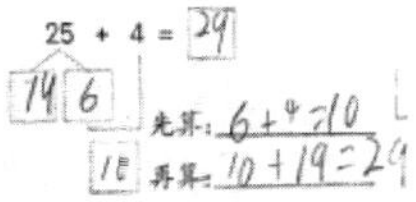 25+4=29；14、6；先算:6+4=10，再算:10+19=29	14 (31%)	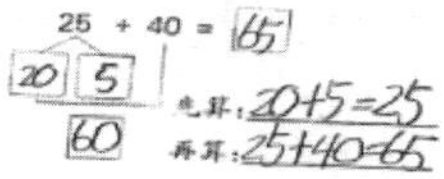 25+40=65；20、5、60；先算:20+5=25，再算:25+40=65	11 (24%)
	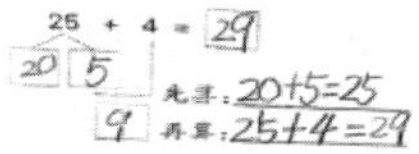 25+4=29；20、5；先算:20+5=25，再算:25+4=29		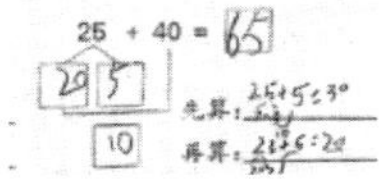 25+40=65；29、5、10；先算:25+5=30，再算:25+5=30	
	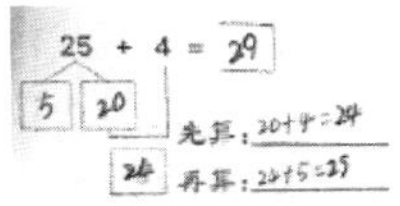 25+4=29；5、20；先算:20+4=24，再算:24+5=29		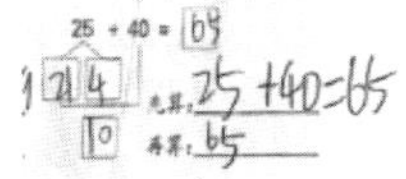 25+40=65；29、4、10；先算:25+40=65，再算:65	
	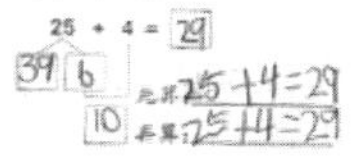 25+4=29；39、6；先算:25+4=29，再算:25+4=29		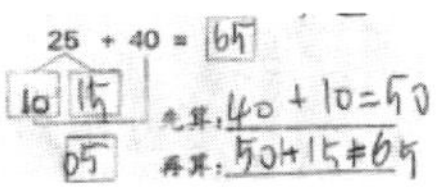 25+40=65；10、15；先算:40+10=50，再算:50+15=65	
会拆分但结果出错			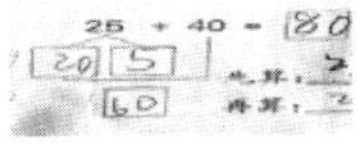 25+40=80；20、5、60；先算:2，再算:	2 (4%)
能算但不会记录过程	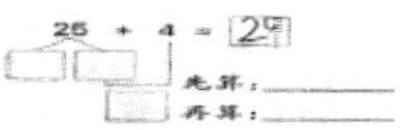 25+4=29；先算:，再算:	2 (4%)	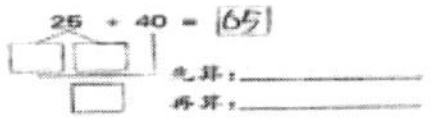 25+40=65；先算:，再算:	3 (7%)

测试题 2（见图 2）：

$$67-5=\Box \qquad 67-50=\Box$$

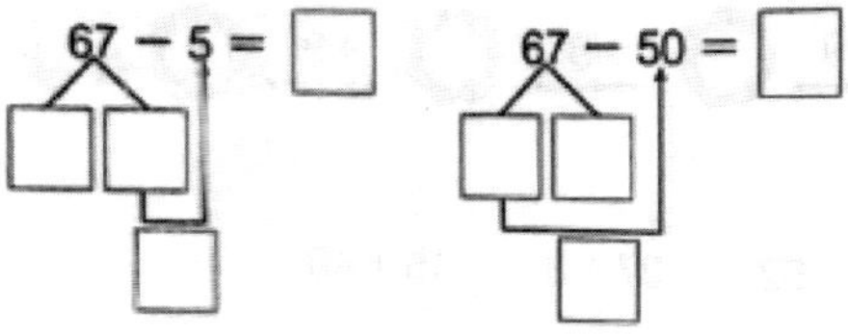

图 2　"不退位减法"前测题

测试结果如下（见表 2）：

表 2 "不退位减法"前测结果

测试结果	67-5		67-50	
	举例	人数	举例	人数
能合理拆分，正确写出算法	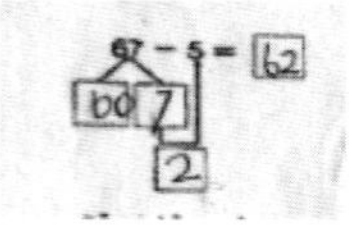 （手写举例）	26（58%）	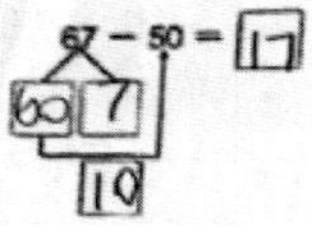 （手写举例）	26（58%）
会口算但过程不合理	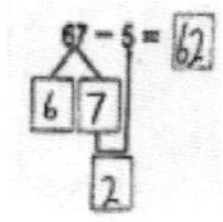 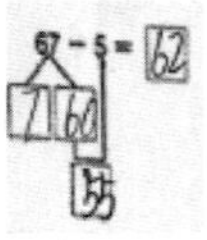 （手写举例）	12（27%）	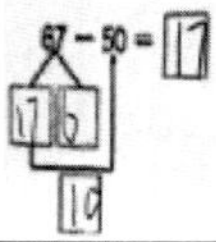 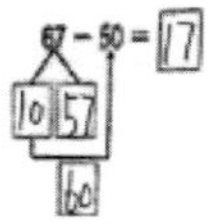 （手写举例）	12（27%）
会拆分但结果出错	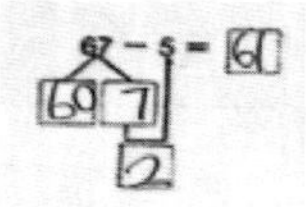 （手写举例）	1（2%）	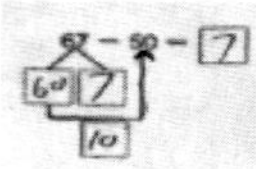 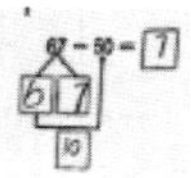 （手写举例）	2（4%）
能算但不能记录过程	 （手写举例）	4（9%）	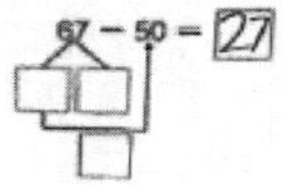 （手写举例）	3（7%）
完全不会		2（4%）	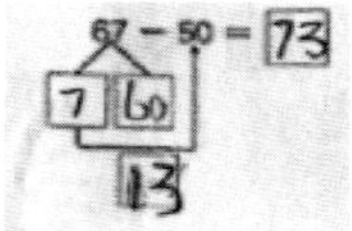 （手写举例）	2（4%）

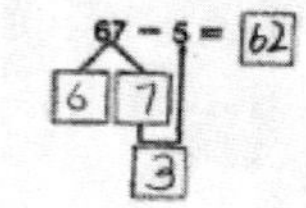

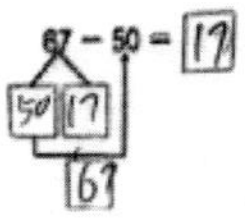

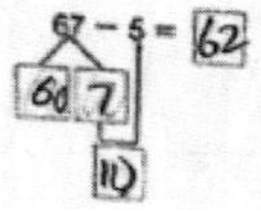

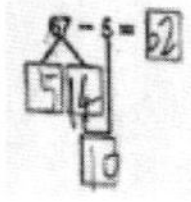

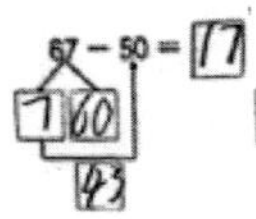

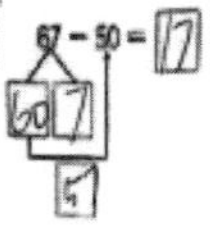

（二）"满十进一与退一当十"算理的理解

考虑到 100 以内进位加法与退位减法是本单元计算的重点和难点，为更加精准了解学情，采用表现性评价的水平层次划分进行分析（见表 3），对学生的认知水平做到质与量的了解。

表3　"进位加法和退位减法"表现性评价水平层次

水平层次	具体描述	赋分
水平0	不会正确口算	0
水平1	能算但不能说出或比较模糊地说出算的过程	1
水平2	借助数数法或运用学具摆或画算出结果	2
水平3	能用变整十数法进行口算	3
水平4	能用进位法（或退位法）进行口算	4

测试题1：下面的计算题你会算吗？请直接写出结果。

56＋9	25＋8	37＋3	4＋58
65－8	44－6	60－3	42－7

测试结果如表4：

表4　学生计算结果统计

结果统计	全对	错1题	错2题
人数	38	5	2
占比（%）	84.5	11.1	4.4

测试题2："28＋5"你是怎么算的，请把方法记录下来。

测试结果如表5：

表5　学生"进位加法"的表现水平统计

水平层次	具体表现	人数	占比
水平1	没有过程，只有结果	4	9
水平2		4	9
水平3		15	33
水平4		22	49
平均得分：3.22			

137

测试题 3："42－7"，你是怎么算的，请把方法记录下来。

测试结果如表 6：

表 6　学生"退位减法"的表现水平统计

水平层次	具体表现	人数	占比
水平 1	没有过程，只有结果	4	9
水平 2		8	18
水平 3		18	40
水平 4		15	33
平均得分：2.97			

　　根据前测结果了解，学生对 100 以内"不进位加"与"不退位减"的计算方法大多已掌握，知道一位数与一位数相加减、整十数与整十数相加减的道理，只是学生没有意识到这样拆分是运用转化的数学思想方法。但对于进位加法与退位减法的方法就显得模糊，其中进位加法是把两位数按计数单位进行拆分，符合学生原有的数的组成知识，相比较容易理解。但对于退位减法，需要把十位的一个十与个位的数合起来进行拆分，而学生自然想到的是变整十数方法进行计算。可见，本单元计算学习中进位加法与退位减法的算理及算法是学生的学习难点，如何把两位数进行合理分解进行重组，如何让学生能认同基本的口算方法，即"先个位相加再满十进一"和"先退一当十再相减"的思路是学习的重点，不仅要让学生知道两位数怎么拆分，还要理解为什么这么拆分并选择合理的拆分方法让计算得到优化，这才是真正促进运算能力的发展。史宁中教授曾说："运算能力不仅是一种数学的操作能力，更是一种数学的思维能力。正确、灵活、合理和简洁是运算能力的主要特征。"学生只有真正理解了算理，才会根据数的特点合理选择算法，让计算变得熟练。

三、单元学习策略的思考

我们知道,计算教学中的核心概念有数位、计数单位、十进制等,这些概念比较抽象,需要形象的直观演示来深化理解。为此在教学中要合理运用小棒、计数器等实物,让学生明白加减的实质就是计数单位"一"与"十"的个数变化,感悟"相同数位的数相加减就是相同计数单位的数的相加减"的道理。不进位不退位加减法学习时借助操作活动让学生厘清思路并完整地表述过程,用两个算式进行记录,领会"100 以内加减口算"其实质就是转化为"20 以内加减或与整十数相关的加减",感悟"好算"的原因,沟通知识之间的前后联系,为突破进位加和退位减做好方法上的铺垫。学习进位加法和退位减法时给予学生操作的机会,运用小棒展示方法,让形与数结合,通过捆一捆或拆一拆来强化认知,并发现各种方法的联系,在观察比较中深化认知。如"42-7",不论是采用拆一捆拿走 7 根,或先拿走 2 根再拆一捆拿走 5 根,或是拆一捆合成 12 根再拿走 7 根,其共同点就是从 12 个"一"里去掉 7 个"一",从而让学生感悟基本方法就是"从 12 里面减掉 7",在此基础上提炼基本方法就是把被减数拆分为几十与十几,用十几减减数,再与几十相加。整个学习过程中要关注学生的数学语言表达,在操作时引导学生把方法说清楚、说完整,在明白算理的基础上强化技能。为激发计算练习兴趣,可用扑克牌、色子进行同桌赛或亲子赛,玩计算跳跳棋,根据要求涂色等活动,改变枯燥的计算形式,让学生感受计算的趣味,从而提升运算能力。

基于学情分析,考虑到不进位加法与不退位减法的算理完全相通,而且加减是逆运算关系,对本单元的学习内容做了适当的调整如下(见表 7):

表 7　100 以内数的加减(一)教材内容调整对比

原教材安排		优化后教学内容安排	
例题	教学内容	课时	教学内容
例 1	整十数与整十数加减	1	整十数与整十数加减
例 2	两位数加一位数(不进位)与两位数加整十数	2	两位数加一位数(不进位)与两位数加整十数
例 3	两位数加一位数(进位)	3	两位数减一位数(不退位)或减整十数
例 4	两位数减一位数不退位与两位数减整十数	4	两位数加一位数(进位)
例 5	两位数减一位数退位	5	两位数减一位数(退位)

续　表

原教材安排		优化后教学内容安排	
例题	教学内容	课时	教学内容
例6	小括号的认识	6	小括号的认识
例7	同数相加的数学问题	7	同数相加的数学问题
例8	同数连减的数学问题	8	同数连减的数学问题

四、单元课例学习的思谋

基于以上分析,本单元学习内容主要分为三块:一是不进位加法和不退位减法,重点解决"相同数位上的数相加减"的算理,初步感知转化的数学思想;二是进位加法和退位减法,理解"满十进一"与"退一当十"的算理,运用转化的方法,在多种算法中择优掌握基本算法,建立进位加与退位减的口算模型;三是解决生活中的实际问题,认识小括号,解决同数相加和相减同数的数学问题,在解决问题中进一步强化口算,提高运算技能。每个课时的内容安排如表8:

表8　100以内的加法和减法(一)单元课时设计

序号	主题	学习目标	学习思路
1	整十数与整十数加减	应用数的组成把整十数加减法转化为一位数加减法,通过类比领会整十数加减与一位数加减的关系,做到正确熟练口算	春游矿泉水准备,根据信息按箱数列式20+30,按瓶数列式2+3,讨论两者之间的关系,并借助计数器、小棒理解算理,运用对比明晰与整十数加减与一位数加减的道理
2	两位数加一位数(不进位)或整十数	知道相同数位上的数相加的算理,做到正确熟练的口算	春游租车分别有45座、30座、3座,根据信息提数学问题并计算;探讨45+30与45+3的口算方法,通过小棒的操作对比明白"相同数位上的数相加"的道理。再通过计数器强化算理,明白两位数按计数单位拆分成整十数和一位数再相加的过程
3	两位数减一位数(不退位)与减整十数	明白"相同数位上的数相减"的算理,做到正确熟练的口算,进一步巩固数位的概念,训练数学语言表达能力	两个班学生的乘车事例,一个班有序上车30人,一个班还有3人未上车,根据信息提问题并列式引出45-30与45-3,通过小棒的操作、比较,明白"相同数位上的数相减"的道理。再通过计数器强化算理,引导学生完整地说清口算的过程

序号	主题	学习目标	学习思路
4	两位数加一位数（进位）	借助小棒引导学生掌握相同数位上的数相加再进位的基本口算方法，用两个算式合理表征操作过程，做到正确口算，并能合理检验，发展数学思维能力	根据两个班的老师准备矿泉水的事例提问，引出 $24+5$ 与 $24+9$，让学生通过对比发现两个算式的共同点与不同点，再进行直观操作，用小棒来代替水对 $24+9$ 进行操作，用"怎么样合起来更方便"问题驱动，通过各种方法的比较，让学生明白把相同计数单位进行合并的思路，再结合计数器强化"满十进一"从而引出一般方法：先算 $4+9=13$，再算 $20+13=33$，从中建立进位加法的基本模型
5	两位数减一位数（退位）	借助计数器或小棒引导学生运用拆十法进行计算，并用算式表征操作的过程，理清计算过程，掌握口算方法，并能合理检验，沟通加减之间的关系，发展数学思维能力	春游时玩小船的事例：湖边原有 27 条小船，划走了 9 条，还剩几条？引出 $27-9$ 的算式进行探讨。通过观察发现这一算式与原先算式的不同点，感受退位。再进行直观操作，用小棒来代替小船对 $27-9$ 进行操作，以"怎么样拿走 9 根更方便"的问题驱动，引出各种方法，再对方法进行对比，发现其共性就是从 17 根小棒里去掉 9 根，引出基本方法。学习中引导学生合理检验，如想加算减，算十法多减加 1，数数法等，提高运算能力，并建立退位减法的基本模型
6	小括号的认识	结合具体情境体会小括号的意义，明白小括号的价值，引导学生从两个角度来解决问题，做到正确计算带有小括号的算式，提高学生的思维能力	春游时"老鹰抓小鸡"的游戏：有 10 个小朋友藏起来，男生抓住了 2 个，女生抓住 3 个，还有几个没抓住？引导学生用两种方法解决，重点讨论先求共抓住几个再求还剩几个的算式，从而感悟小括号的作用
7	同数相加的数学问题	运用学过的计算知识解决数目比较大的同数连加的实际问题，积累解决问题的经验	春游活动：3 个同学一起折小星星，每人折了 6 个，一共折了多少个小星星？引导学生用图示法、列表法、连加法等方法解决问题，并进行方法择优，经历解决问题的全过程
8	同数连减的数学问题	运用学过的计算知识解决数目比较大的连减同数的实际问题，进一步理解加减之间的关系，强化检验的意识	春游时捡矿泉水瓶：有 28 只空瓶，9 个装一袋，可以装满几袋？引导学生分析信息抓关键词进行探究，用画圈、连减、箭头符号记录的方法解决问题，并学着检验，经历解决问题的过程，从中渗透环保思想

本单元学习时采用情境的"一致性"思路来设计课例，让学生对知识的发生、发展变化脉络有更清晰的认识，对学习中用到的策略方法也有更深刻地理解与掌握，做到衔接有序，真正实现目标相向、情境相连、学法相通。最好的学习就是

整体学习。作为教师只有对所学的知识有全面的认识和整体把握,再加上对学生的全面了解,才能让学生的学习变得畅通,这样的备课才是为学生的发展服务。

参考文献:

[1] 中华人民共和国教育部.义务教育数学课程标准(2022年版)[S].北京:师范大学出版社,2022.

[2] 史宁中主编.基本概念与运算法则——小学数学教学中的核心问题[M].北京:高等教育出版社,2013.

[3] 朱莉娅·安吉莱瑞.如何培养学生的数感[M].北京:北京师范大学出版社,2007.

[4] 胡久华,张银屏.促进学生认识发展的单元整体教学:以化学教学为例[J].教育科学研究,2014(08).

[5] 章勤琼,杜依铭.运算教学中如何做到"法理兼顾":略谈运算教学的三个要点[J].福建教育,2022(10):28-31.

[6] 冯嘉慧.深度学习的内涵与策略——访俄亥俄州立大学包雷教授[J].全球教育展望,2017(09):3-12.

小学数学单元整合教学的探索

——以倍的认识为例

舟山市定海区舟山绿城育华学校　李卫国

　　《义务教育教学课程标准(2022年版)》指出根据学情,教师要对教学内容进行结构化整合,探索发展学生核心素养的路径,落实"四基"与"四能"。课程整合实施指课程内和课程间的教学目标、教学内容、教学方法的整合,也指课程实施过程中课内外的整合。开展课程整合实施,有利于优化义务教育课程设置,加强学科课程之间的联系,提高课堂教学效益,切实减轻学生过重的课业负担,促进学生全面而有个性地发展,实现国家课程与地方课程的校本化实施。单元整合,是根据学生的已有知识和学习能力,对教材进行深入浅出的剖析,以相近的知识点作为小整体进行重新组合与编排,更加注重知识的联系性与系统性。本文将以人教版三年级上册第五单元倍的认识为例,简要分析本单元的整合教学思路与过程,旨在教师进行单元整体教学设计时起到一定的参考作用。

一、单元整体分析

(一)教材情况分析

　　人教版三年级上册第五单元倍的认识,是在学生二年级初步认识了乘法和除法的基础上安排的教学内容。本单元主要由两部分内容组成:一是建立倍的概念;二是解决与倍有关的实际问题。

　　"整数倍"的学习是学生第一次接触比率,而人教版后期涉及的小数倍、分数、百分数、比的内容,都可以看成对"整数倍"的扩展。通过翻阅教科书,笔者罗列了比率这一重要概念在人教版教材中的结构编排(见表1)。

表1　比率在人教版教材中的结构编排

教材	单元	与比率有关的内容
三年级上册	倍的认识	整数倍
三年级下册	除数是一位数的除法	整数倍

续　表

教材	单元	与比率有关的内容
四年级上册	三位数乘两位数	速度
五年级上册	小数乘法	小数倍
五年级下册	分数的意义和性质	分数（表示率）
六年级上册	比	比
	百分数	百分数

由上表可见,倍的认识这一单元是小学阶段比率教学的起始单元,其作用不容小觑。学生这一单元的学习效果将直接对后续相关内容的学习起着至关重要的影响,而倍对三年级学生来说还是一个比较抽象的概念,学生建立和理解倍的概念,是一个反复且持续的过程。人教版教材对这一单元安排了4课时教学,一节概念课(倍的认识),两节解决问题(一个数是另一个数的几倍、求一个数的几倍是多少),一节练习课。

（二）学生情况分析

在尊重学生逻辑起点和现实起点的前提下,育华小学三年级数学备课组在本单元教学前进行集体研讨,集中备课,设计出前测单并进行全年级的统一摸底检测,旨在了解学生的认知起点,对教学计划的制订有着重要的指引作用(见表2)。

表2　前测单结果统计

测试内容	情况描述
1.你知道倍的概念吗,能用你自己的话说说看吗?(形式口答)	全年级测试人数为101人,18人能用简单的语言对"倍"的概念进行简单描述,其中3人对"倍"的概念有较深的了解。剩余近82%的学生无法对概念进行描述或者解释
2.仔细观察,□的个数是○的（　　）倍　○○　□□□□□□	全年级测试人数为101人,90人的答案为3倍,5人答案为6倍,2人答案为2倍,1人答案为8倍,1人没有填写答案。本题准确率高达89.1%
3.8是2的（　　）倍	全年级测试人数为101人,67人的答案为4倍,29人答案为16倍,另外5人为其他答案。本题准确率为66.3%
4.小红买了一根2元的铅笔,钢笔的价格是铅笔的6倍,你知道钢笔的价格是多少元吗?	全年级测试人数为101人,63人的答案为12元,31的答案为3元,4人为其他答案,另外3人没有填写答案。本题准确率为62.3%

学情分析是教与学目标设定的基础,也是教学策略选择与教学活动设计的落脚点。备课前,对学情进行全面分析,课堂才能有的放矢。从前测情况分析,大部分学生对"倍"这一概念比较模糊,需要教师重视"倍"的概念教学,从多角度、多方位地给学生建立"倍"的概念。但是第二题的准确率尤其高,这说明学生虽不能用自己的话来剖析"倍"这个概念,但是大部分学生基于生活经验或多或少有一些"倍数"关系的浅表认识。后两题考查的是"倍"在实际问题中的运用,准确率均在 65％左右。学生的错因大都在于"求一个数是另一个数的几倍"和"求一个数的几倍是多少"两种数学问题没有建立清晰的概念,无法厘清数量关系。从以往经验来看,学完这个单元后,还是会出现部分学生仍然无法辨析这两个类型的问题,所以教师教学中应着重将两种数学问题进行鲜明的对比,建立清晰的数学关系和数学模型,培养学生灵活应用所学知识解决问题的能力。

二、课时内容划分

表 3　整合前后课时内容划分对比

整合前(共 4 课时)	整合后(共 3 课时)
倍的认识	新授课《认识倍》
一个数是另一个数的几倍	新授课《倍的应用》
求一个数的几倍是多少	拓展课《和差倍问题》
练习十一	

结合学生前测结果及以往教学经验,教材安排的教学进度较缓,节奏较慢,并且教学内容比较零散化、碎片化,无法将知识进行有效的勾连。通过教研组的集体研讨,我们认为本单元应解决的两大重难点是带领学生认识和理解"倍"的概念以及三种"倍"的应用题型,帮助学生建立实际问题的数学模型。因此,整合后的两节新授课将围绕这两大重难点展开。第一节新授课《倍的认识》,主要教学目标为让学生获得"倍"概念的直观体验,结合具体情境理解"几倍"和"几个几"的联系,多角度循序渐进地让学生建立倍的概念。第二节新授课《倍的应用》,通过画一画、算一算的活动,理解分析比较量、标准量、倍数三者之间的联系。探索解决"求一个数是另一个数的几倍""一个数的几倍是多少""求 1 倍数"三类实际问题的数学模型,解决并掌握这三类问题的基本方法(见表 3)。

为体现分层教学意识,在两节新授课后,我们还特意安排了一节单元拓展课《和差倍问题》,让学有余力的学生继续深化"倍"的概念。

三、重点课时设计

(一)总体框架

表 4　重点课时设计框架

环节与目标	学习材料呈现
一、预学环节 (自主研讨,分类解决) 学生通过列算式或画图等方法自主研讨三大主问题的解决策略	1.丁丁有 4 枚育华币,欢欢有 8 枚育华币,欢欢育华币的数量是丁丁的几倍? 2.丁丁有 4 枚育华币,欢欢育华币的数量是丁丁的 2 倍,欢欢有几枚育华币? 3.欢欢有 8 枚育华币,欢欢育华币的数量是丁丁的 2 倍,丁丁有几枚育华币?
二、共学环节 (小组汇报,构建模型) 充分比较标准量、比较量、倍数三者之间的区别与联系。构建三大问题的数学模型	小组汇报的作品展示及其他同学学习材料的填充
三、练学环节 (独立练习,巩固落实) 在练习中渗透模型思想,培养学生灵活应用所学知识解决问题的能力	育学单
四、研学环节 (共研共学,拓展提高)	育学单

(二)具体教学过程

1.环节一:预学环节

师:昨天,我们一起认识并理解了"倍"的概念。今天我们将用"倍"的知识解决生活中的一些问题。

师:育华币是我们育华学校的特色之一,用于表彰表现优秀的小朋友。欢欢和丁丁给我们带来了这样三道题目,你们能帮忙算一算她们获得育华币的数量吗?

PPT 出示题目:

(1)丁丁有 4 枚育华币,欢欢有 8 枚育华币,欢欢育华币的数量是丁丁的几倍?

（2）丁丁有 4 枚育华币,欢欢育华币的数量是丁丁的 2 倍,欢欢有几枚育华币?

（3）欢欢有 8 枚育华币,欢欢育华币的数量是丁丁的 2 倍,丁丁有几枚育华币?

出示要求:

（1）独立思考,你能用画一画、算一算的方法解决这三个问题吗?在你的育学单上表示出来。

（2）完成后,四人小组合作学习,互相讲一讲你是怎么思考的?

2. 环节二:共学环节

老师巡视,任意分享 3 位学生的作品。

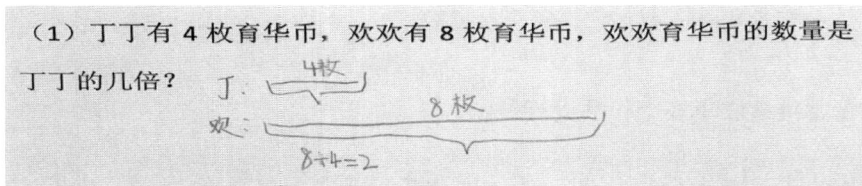

图 1　学生作品 1

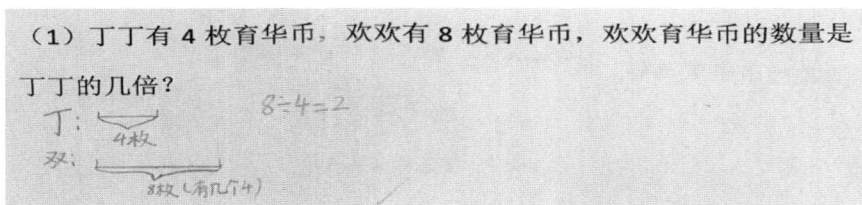

图 2　学生作品 2

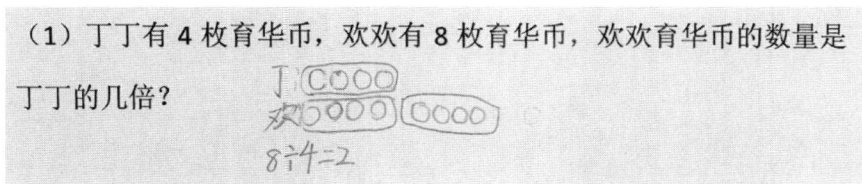

图 3　学生作品 3

师：他们画得都对吗？

预设生：第一个同学画得不准确，线段图上看不出两个量 4 倍的关系。

师：说得真不错。那谁来解释下第二幅图和第三幅图的含义呢？

预设生：第二幅图是以线段图的方式来呈现的，丁丁有 4 枚育华币，欢欢有 8 枚育华币，其实就是求 8 里面有几个 4。

预设生：第三幅图画的是示意图，他用圆圈来代替育华币，通过圈一圈，发现 8 里面有 2 个 4，所以欢欢育华币的数量就是丁丁的 2 倍。

师：你们有其他补充或意见吗？

师：采访下两位作品的主人，你们也是这么想的吗？

预设生：是的。

师：无论以线段图还是示意图，这道题目共同要求的是什么？

预设生：都要求的是 8 里面有几个 4？

师：是啊，那你们知道求 8 里面有几个 4 可以怎么计算吗？

预设生：$8 \div 4 = 2$。

老师继续收集 3 个作品进行展示。

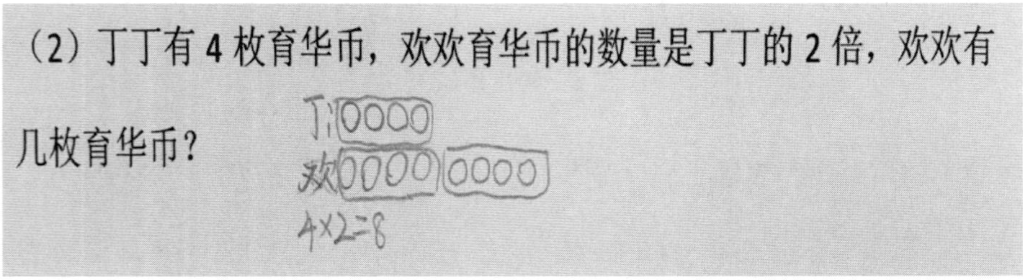

图 4　学生作品 4

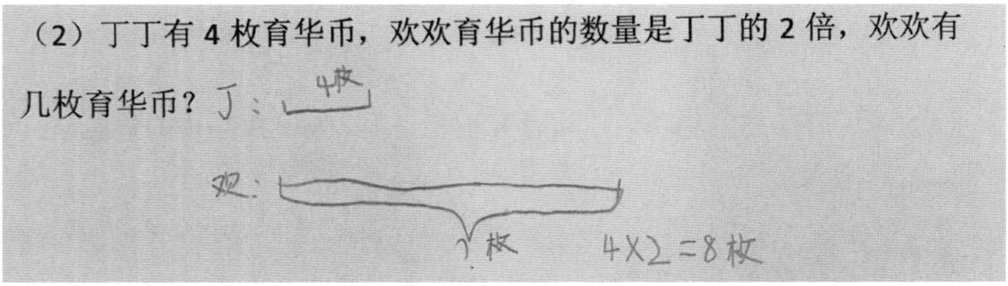

图 5　学生作品 5

（2）丁丁有 4 枚育华币，欢欢育华币的数量是丁丁的 2 倍，欢欢有几枚育华币？

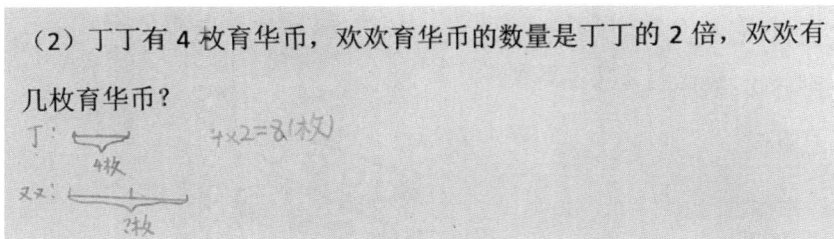

图 6 学生作品 6

师：仔细观察三幅作品，你想提出什么建议吗？

预设生：题目说欢欢育华币的数量是丁丁的 2 倍，但是第二幅图没有将 2 倍用线段图表现出来。

师：接受他的想法吗？

预设生：接受。

师：这三幅作品都有异曲同工之妙，都用 $2\times4=8$，为什么这道题用乘法了？

预设生：题目说欢欢育华币的数量是丁丁的 2 倍，丁丁有 4 枚育华币，也就是求 2 个 4 是多少，用乘法计算。

预设生：从线段图来看，如果把丁丁看成 1 份，那么欢欢就画这样的 2 份。4 枚育华币为标准量，那么它的 2 倍，也就是用 4×2 去计算。

师：大家都说得很有道理。谁来介绍下画线段图的时候，需要注意些什么问题呢？请一位小讲师上台分享。

预设生达到的 4 点提示：（1）先画标准量。（2）比较量每一份的长度都要和标准量一样长。（3）需要标出问题是什么，加上问号。（4）清晰地表达出几个量之间的数量关系。

最后来看看第三题，老师也收集了 3 个作品。

（3）欢欢有 8 枚育华币，欢欢育华币的数量是丁丁的 2 倍，丁丁有几枚育华币？

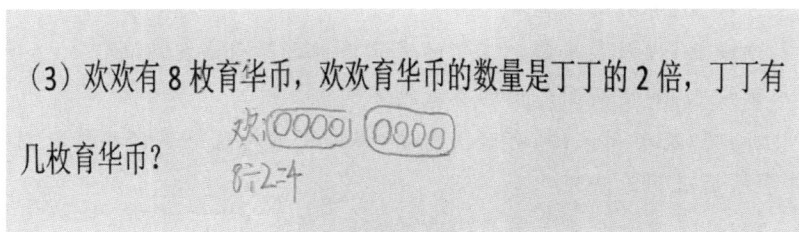

图 7 学生作品 7

（3）欢欢有 8 枚育华币，欢欢育华币的数量是丁丁的 2 倍，丁丁有几枚育华币？

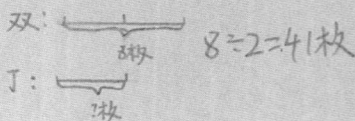

图 8　学生作品 8

（3）欢欢有 8 枚育华币，欢欢育华币的数量是丁丁的 2 倍，丁丁有几枚育华币？

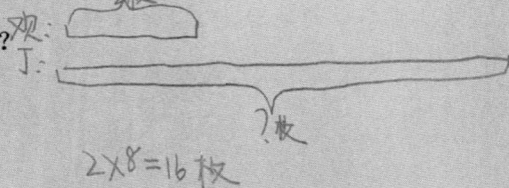

图 9　学生作品 9

师：这道题目有人列出的是乘法算式，也有人列出的是除法算式。谁是对的呢？谁来说说理由。

预设生：我觉得应该用除法。题目告诉我们欢欢有 8 枚育华币，是丁丁的 2 倍，那么欢欢就是 2 倍量，丁丁是 1 倍量。那就相当于把这 8 枚育华币平均分成 2 份，求其中的一份是多少枚育华币。

预设生：我也认为是除法。因为通过画线段图，能清晰地告诉我们，丁丁是欢欢育华币数量的一半。所以应该用 $8 \div 2 = 4$。

师：是啊，这道题目其实就是把 8 枚育华币平均分成 2 份，求其中一份的数量是多少。

师：看完这三道题目，你觉得有什么相同或者不同的地方吗？

预设生：解决的问题不一样。

预设生：相同点是都把丁丁的育华币的数量看成标准量了。

预设生：解决问题列出的算式也不同。

师：嗯，有时用乘法，有时用除法，谁给我们总结一下哪些情况用乘法，哪些情况用除法呢？

预设生：求一个数是另一个数的几倍，用除法。

预设生：求标准量，也是用除法。

预设生：求一个数的几倍是多少，用乘法。

师：总结得真到位。你们都能辨析了吗？我们一起来挑战一下吧。

3.环节三：练学环节

独立完成育学单的两道题目→集体校对→说思路

题目1：育华学校购买了一批体育用品。足球8个，篮球48个。购买篮球的数量是足球的多少倍？

题目2：小育家有苹果8个，苹果的数量是西瓜的2倍，西瓜有多少个？梨有30个，再买几个梨，梨的数量正好是苹果的5倍？

4.环节四：研学环节

独立完成→同桌讨论→学生汇报

(1)小红和小明共有压岁钱800元，小红的钱数是小明的3倍。小红和小明各有压岁钱多少元？（温馨提示：可以画一画线段图哦！）

(2)课堂总结：这节课你有什么收获？

四、重点课时练习设计

《倍的应用》育学单

班级（Class）：_____　　　　　姓名（Name）：_____

1.填空

(1)一个数是4，另一个数是它的6倍，另一个数是（　　）。一个数是18，它是另一个数的2倍，另一个数是（　　）。

(2)求5的3倍是多少，列式为（　　　　　）；求8是4的几倍，列式为（　　　　　）。

(3)妈妈买了6千克梨，买的梨的重量是苹果的2倍，苹果有（　　）千克。

(4)育华小学三年一班有男生9人，女生的人数是男生的3倍，三年一班共有（　　）人。

2.选择

(1)一个数的 5 倍是 40,这个数的 9 倍是( )

A.72 B.45 C.81

(2)果果有 5 枚育华币,小红的数量是果果的 3 倍,果果比小红少( )枚育华币。

A.15 元 B.5 元 C.10 元

(3)最大的一位数的 10 倍是( )

A.9 B.90 C.100

3.解决问题

(1)妈妈今年 27 岁,女儿今年 3 岁。今年,妈妈的岁数是女儿的几倍? 明年,妈妈的岁数是女儿的几倍?

(2)国际文化节期间,同学们用气球装扮教室,要使红气球是黄气球的 6 倍。

①如果黄气球数量不变,应该增加几个红气球?

有9个黄气球,48个红气球。

②如果红气球数量不变,应该减少几个黄气球?

五、结语

在新课标背景下,以整体性的视野来整合资源、教学设计,进行教学过程的实践与研究是非常重要的,也是很有必要的。单元整体教学有利于整合教学内容,加强内容之间的内在联系和沟通,为基础性、结构性的教学内容与生发性内容的联结提供可能。与此同时学生思考问题的方式也会趋于多元化,不会单一地去思考问题,有效地提高学生思考的广度和深度,落实了学生核心素养。

参考文献:

[1] 胡文静.新课标背景下小学数学单元整合教学策略探究[J].试题与研究,2024(12):174-176.

[2] 张通.新课标背景下小学数学大单元整合式教学[J].家长,2023(35):98-100.

[3] 吴梦媛.借助图式辨析,促进概念融通——以人教版教材三年级上册"倍的认识"单元复习为例[J].教学月刊小学版(数学),2023(11):22-25.

[4] 张玉寒.审辩式学习:"五学课堂"促进学生思维发展——以"倍的认识"教学为例[J].小学教学参考,2023(1⌐):9-11.

[5] 柏敏霞."倍的认识"单元整合教学实践与思考[J].求知导刊,2020(42):63-64.

[6] 陈小冰.小学数学单元整体教学设计研究[D].杭州师范大学,2021.

整体视角·儿童立场:小学数学学习路径探析

舟山市普陀区沈家门小学　丁秀红

当下大数据大信息剧烈膨胀带来社会情境和个体生存情境的变化,教育也进入一个新的界面。从知识本位到能力本位,当下的数学学习更应该是深层次地理解和建构数学整体文化关照下的知识、思想及观念,让学生获得能力和素养的发展。然而审视今天的数学教学,笔者以为存在以下问题:

1.知识碎片。数学教材编写时,同系列的内容被分成若干单元,每一单元的知识点被分别处理。这种以演绎为主的知识编排和教学,其一掩盖了知识发生的原有结构,造成学生对知识的片面理解;其二减弱了核心概念,导致知识碎片化、去本质化现象严重。一线教师考什么教什么? 例题是几就教几? 题海式和灌输式成了屡见不鲜的惯用教学方法,数学教学彻底沦为记忆复制的过程。

2.儿童缺位。教师在设计和预设教学时,考虑比较多的是教材编排、文本走向,很少考虑学生的现实经验。儿童缺位的后果是割裂了数学知识与儿童内部世界的联系,儿童主动求知的精神和向未知挺进的愿望被无形地压抑,儿童适应未来发展和社会发展的关键能力和必备品格的培育难以实现。

基于此,本文试图从整体视角去梳理文本的知识境脉,设计和实施儿童学习路径,建构儿童内部世界与数学知识之间的实质性关联。

一、整体视角:知识境脉的剖析与梳理

数学内容体系逻辑结构很强,但是教材在编写时考虑学生年龄特点,把知识螺旋上升、统筹安排,掩盖了知识的原有结构。因此,我们梳理知识境脉时,要基于整体视角,把握好两个整体:其一是知识结构整体性;其二是学科素养整体性。如图 1 所示:

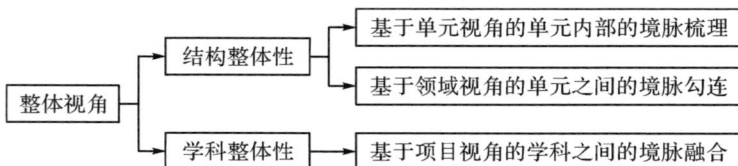

图 1　整体视角下知识境脉的梳理框架

（一）基于单元视角的单元内部的境脉梳理

每一单元内部的知识安排都有一个序列，根据知识的内在逻辑梳理知识结构，也同时分析学生的认知结构，达成以单元整体为主干的知识脉络。单元内部的境脉梳理，本文有两种梳理方向：

1. 纵向串联

单元内部知识之间有纵向关联，前面的知识是后面知识的基础，因此，我们可以进行知识纵向结构的疏理。比如三下除数是一位数的除法单元的内容分为三个层次，第一层次是口算除法例1—例3，口算除法为笔算除法的算理做铺垫。第二层次是笔算除法。这部分应该是本单元教学的重点内容，它的编排特点体现：其一是由一般到特殊，先安排商中间末尾没有0，再安排商中间有0末尾有0，在掌握一般方法的基础上，再探究特殊数的计算方法。其二是由易到难，被除数从两位数到三位数，从首位能除尽到首位不能除尽，让学生有一个学习的坡度。其三是解决问题，重点是运用估算的策略来解决现实问题，是对除法计算的灵活和合理运用（见表1）。

表1 三下除数是一位数的除法单元的知识梳理

单元	知识序列	课例安排			境脉梳理
除数是一位数的除法	口算除法	一位数除整十、整百、整千数：例1			知识结构：本单元的教学内容安排，按照"口算—笔算—用估算解决问题"的境脉编排的。认知结构：由一般到特殊，由简到繁，由易到难，从单一情境到复杂情境
		一位数除几百几十：例2			
		一位数除两位数（每一位都能除尽）：例3			
	笔算除法	被除数是两位数	首位能除尽：例1		
			首位不能除尽：例2		
		被除数是三位	首位能除尽：例3		
			首位不能除尽：例4		
		总结计算法则			
		有关0的除法	0除以一个数（不是0）：例5		
			商中间有0：例6		
			商末尾有0：例7		
	解决问题	用除法估算解决问题：例8			
		灵活选择估算策略解决问题：例9			

2.横向结块

单元知识之间有横向结构的,可以把这些知识进行横向同类结块,挖掘内在的逻辑联系。比如三年级下册面积单元,我们在分析了教材以后,把这一单元的知识进行了重新的梳理(见图 2)。我们加强这些内容之间严密的逻辑关系,这一单元的内容分为面积的概念、面积的单位和面积的计算三个板块。先直观性、层次性和比较性地来理解面积的概念;再注重面积单位表象的形成;然后在面积计算的教学中,让学生经历探究的过程,培养应用意识和实践意识。

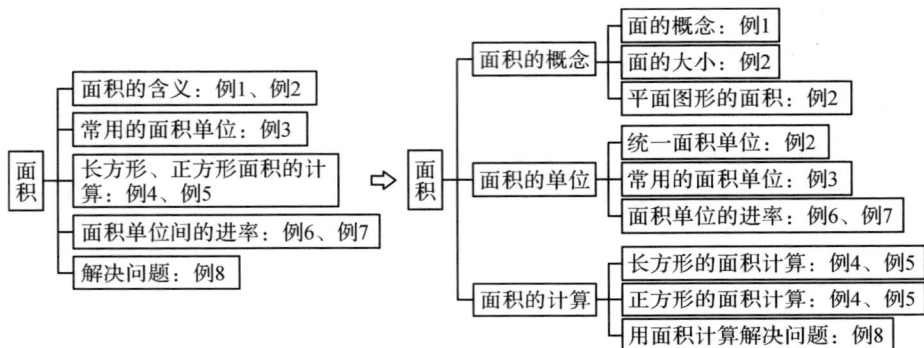

图 2 三下面积单元知识的横向梳理

(二)基于领域视角的单元之间的境脉勾连

教材编写时,按照学生的认知规律把一个领域的内容,分布在不同的年级段。比如,概率统计在小学阶段的分布如下:一年级象形统计图,二年级收集数据和单式统计表,三年级复式统计表,四年级条形统计图,五年级折线统计图,到六年级是扇形统计图。这些知识内在是有关联的,我们教学时不能断裂开来片面地教单一的知识点。除了单元内部需要知识串联,单元之间更需要勾连。单元之间的知识关联,我们可以从两个方面去深度挖掘:

1.追溯知识源头

分析和认识知识的境脉,一是追溯知识的本源性问题,可以更好地理解知识的本质概念。二是让学生在经历知识的再创造过程中,体悟蕴含的数学思想方法。比如中低段计算教学中,加法计算分布如下(见表 2):

表 2 小学中低段教材中计算分布情况

年级	一年级	二年级	三年级	四年级
内容	20 以内加法	百以内加法	万以内加法	小数加法

小数加法、万以内加法、百以内加法、20以内加法的知识源头都是凑十法和位值原理,把握知识脉络,才能真正理解和应用。

2.把握核心思想

真实性学习,本质上是学习者内部世界与外部世界建立相关的联系,从而构建自己新的知识结构。要加深新旧知识之间的关系,关键是把握好数学核心思想。

比如面积公式推导教学中,核心思想都是转化,我们只要把握好转化思想,就可以让学生深刻领悟到面积计算的内涵。

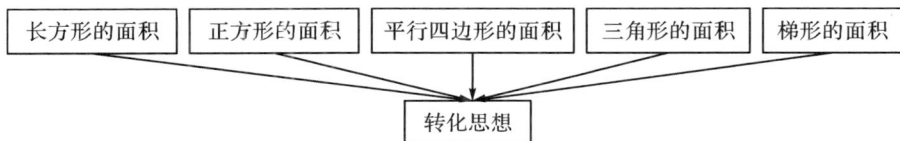

图3 平面图形面积推导的核心思想

图3所示,平行四边形、三角形和梯形通过割、补、拼等方法都可以转化成长方形或正方形,再通过新旧图形的对比推导出平行四边形、三角形和梯形的面积。在推导的过程中,也让学生建立了这些平面图形的内在联系。因此,把握核心思想是对单元之间知识的一个整体性勾连。

(三)基于项目视角的学科之间的境脉融合

单元内部和单元之间的知识境脉的梳理,都是基于知识本身的逻辑结构,是对数学知识内部结构梳理,强调学科知识的逻辑性和体系性。但是传统课程学科林立,给学生挖的是一口又一口的学科深井,但是学科之间缺少关联,于是就出现了这样的现象:我们的学生在数学课只用加减乘除来解决问题,在语文课只会读写默诵,在美术课只会拿起画笔作画……过于强调分科教学容易导致学科与学科之间割裂,学生的视野受限,学习与现实生活剥离,长此以往儿童的发展缺乏整体性,解决实际问题的能力单薄偏弱。因此,我们试着把知识放在它发生的背景或情境中,以项目视角把各学科进行融合,发展学生的综合素养(见表3)。

表3　基于项目视角的学科知识融合

年级	项目名称	学科融合	境脉梳理	子项目选择
三年级上册	测量	数学:建立1米、几米和几十米的长度 综合实践:小组合作测量篮球场的长与宽 体育活动:按要求跑几十米	1.知识背景:提供开放的测量环境,既满足学生对米的更自由的认识,也满足学生对几米和几十米的直观感受。2.现实情境:了解并掌握身体里的尺子,进行有效的估测。帮助建立1米和几米的空间长度概念。3.知识结构:1米—几米—几十米,以划1米,直观几米,感受几十米。4.认知结构:从具身认知到概念认知	项目1:组织一次估测活动。学生用手臂、脚步、身高、工具来比画1米,建立1米的概念
				项目2:小组合作估测2米、5米的长度,建立几米的长度。并制成记录表,并根据情况调整估测策略
				项目3:小组合作丈量操场的长和宽
				项目4:组织一次体育活动游戏,跑步与估测
三年级下册	统计表	数学:能绘制复式统计表 综合实践:调查相关数据,制成复式统计表 语文:根据统计表,写建议书,向有关部分提合理化的建议	1.知识背景:还原统计的现实意义,在具体的背景中去理解收集数据、处理数据和分析数据的作用。2.现实情境:创设一个学生比较熟练的场景。3.知识结构:单式统计表—复式统计表。4.认知结构:收集数据—处理数据—分析数据	项目1:建议小组根据班里的现实情况,选择一个有现实意义的内容,采用举手表决法、唱票法、无记名投票法等方法统计
				项目2:小组分工合作,根据收集的数据绘制条形统计图
				项目3:分析条形统计图,撰写建议书,向有关部门投件或面谈意见

二、学生立场:学习路径的设计与探析

经过对知识内容的整体性、结构性和本源性梳理后,儿童与知识之间要建立真正的关联,必须设计合适的学习路径。图4是我们架构的整体视角下儿童学习路径的基本框架:

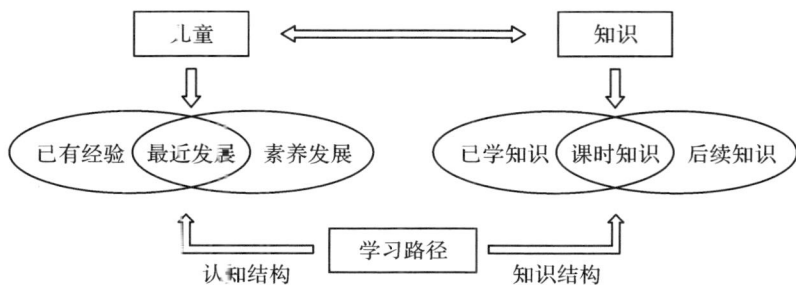

图4 境脉视域下儿童学习路径的基本框架

从整体的视角既关注知识之间的内外逻辑联系,又关注学科内在逻辑与学生心理逻辑的对接。根据不同的知识境脉,我们设计和实施了三种不同的学习路径,突出学生的主体立场,又保证知识的整体性和结构性。

（一）问题统领的学习路径

在单元学习中,知识分布比较零散,可以聚焦几个核心问题来统领单元知识。如图5所示,先确定单元核心问题,再把核心问题落实到每个课时,细化成课时问题链。

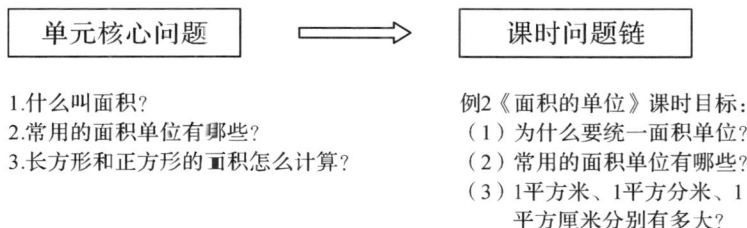

1.什么叫面积?
2.常用的面积单位有哪些?
3.长方形和正方形的面积怎么计算?

例2《面积的单位》课时目标:
（1）为什么要统一面积单位?
（2）常用的面积单位有哪些?
（3）1平方米、1平方分米、1平方厘米分别有多大?

图5 面积单元问题与课时问题

图5以三下面积单元为例,我们先确定了三个单元核心问题:什么叫面积? 常用的面积单位有哪些? 长方形和正方形面积怎么计算? 这三个核心问题把整个单元的核心知识进行串联。比如第二个单元核心问题是关于面积单位的,在课时教学中,我们又细分为三个问题展开,第1个问题:为什么要统一面积单位? 理解面积单位的应用意义和价值。第2个问题:常用的面积单位是什么? 第3个问题是1平方米、1平方分米、1平方厘米分别有多大? 这个问题是让学生建立面积单位的表象,培养空间观念。问题链的设置中可以增加弹性的问题,增加教学的选择性和灵活性。问题统领的学习路径,具体设计和实施如下:

1.学习路径的范式设计

问题统领的学习路径,对应的是单元内部的知识境脉梳理,我们贯彻整体—部分—整体的思路,对学习路径做了梯阶设计,范式见图6。这个范式有两个突出:其一突出问题的关联性。课时问题是单元问题的一链,隐含着课时与单元的逻辑关系。其二是突出问题的探究性。让学生经历提出、探究和解决问题的过程,让学生内在的认知结构随着问题的探究与解决发生变化。

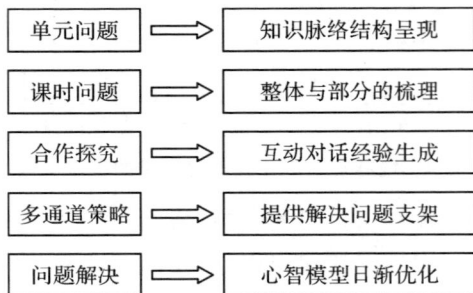

单元问题	⇒	知识脉络结构呈现
课时问题	⇒	整体与部分的梳理
合作探究	⇒	互动对话经验生成
多通道策略	⇒	提供解决问题支架
问题解决	⇒	心智模型日渐优化

图 6　问题统领的学习路径的范式

(1)单元问题:在单元起始阶段,对单元知识进行整体感知,提出几个核心问题。核心问题是对单元知识脉络的粗线条梳理,是对单元知识的整体性把握。

(2)课时问题:单元问题的解决是分开落实到每一课时,从整体到局部,让学生有整体观念又有专项研究的意识。课时教学中,会突出几个解决核心知识时必备的问题链。这个问题链的提出既为课时目标服务,也为单元目标服务。既要独立看待,又要放在单元整体里去解决。

(3)合作探究:重视问题解决的真实性体验,让学生参与问题的探究过程。在解决问题的过程中,为学生提供更为广阔的合作空间。

(4)多通道策略:为儿童的探索提供多通道途径,在关键处给予脚手架,帮助儿童在研究中提升能力与积累经验。

(5)问题解决:儿童自主形成解决问题的可行方案,对已有知识结构进行更新和完善,为后续的问题解决提供前期准备。

2.问题设计的策略

问题统领的学习路径,问题的设计是至关重要的。好的问题不仅能激发学生的学习兴趣,而且能缔结知识之间的内在逻辑。在解决问题的过程中,学生的整体性、层次性和真实性得到了最大程度的张扬。因此,我们问题设计的策略有:

(1)整体性。问题的设计要有整体意识,用几个核心问题把所有的知识点统领起来,把握知识之间的序列和逻辑关系,还有考虑学生思维的连贯性。比如,在学习《年月日》时,我们设计的其中一个问题是:我们学过的时间单位有哪些? 你知道这些单位之间的关系吗? 这个问题,首先需要学生对整个单元的内容进行回顾和整理,并厘清内容之间的关系。其次需要与一、二年级学过的时分秒的时间单位进行勾连。这就是问题的整体意识,整体性的问题有助于知识的结构化。

(2)层次性。问题的层次性体现在两个方面,其一是体现知识结构的层次性。从易到难,从单一到综合,从简单到复杂,这种层次性的问题体现知识之间是有内在关联的。其二是体现认知结构的层次性。设计问题时要充分利用学生已有的知识和经验,在已有经验的基础上,引发学生通过联想、迁移、类比、归纳、演绎、推理等思维过程,进入深一步的探究和思考。

(3)真实性。问题提出是学习过程的开端,要尽可能选择既有社会意义又有自身意义的真实性的问题。在一个好的问题里,孩子呈现的学习状态远比教师设想的更加开放、更加多元、更加接近孩子的直观思维,真正体现"儿童立场"。如表4,设计问题为1米有多长?学生呈现多种方法来展示他想象中的1米。用手臂的长度,用两脚间的长度,甚至用身高来比画。

表4　问题设计(举例)

年级	内容	目标达成	课时问题链	学习表现
三年级	长度单位的认识	1.建立1米和几米的长度。2.培养学生的估测意识和估测能力。	1.1米有多长?	学生用手臂、脚步、身高、工具来比画1米,建立1米的概念,测量教室、测量身体
			2.小组合作不用尺子估测出5米的长度	小组用估测的方法2米、5米的长度。建立几米的长度
			3.测量学校操场的跑道有多长?	学生通过合作用估测和丈量的方法测量跑道的长度

(二)结构统领的学习路径

数学学习是一个把新旧知识进行关联形成新结构的过程。在教学中我们往往喜欢把一个新知识作为零开始,而没有去挖掘学生已有的基础的知识或经验,这些知识经验有的是零散的、有的是片面的,但是都会有一定的痕迹,我们需要做的就是激活已有的知识和经验,进行比较、类比、转化、归纳,完成新的知识结构(见图7)。

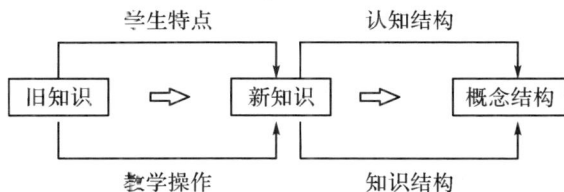

图7　结构统领教学框架

结构统领的学习路径突出新旧知识的结构关联。我们对这种学习路径的设计如下：

1.学习路径的范式设计

结构统领的学习路径，我们强调新旧知识之间的关系，从已有的经验出发，引发冲突，形成新的认知，再把新旧认知进行沟通、对比，建立新的关系。我们设计的教学范式如图8。

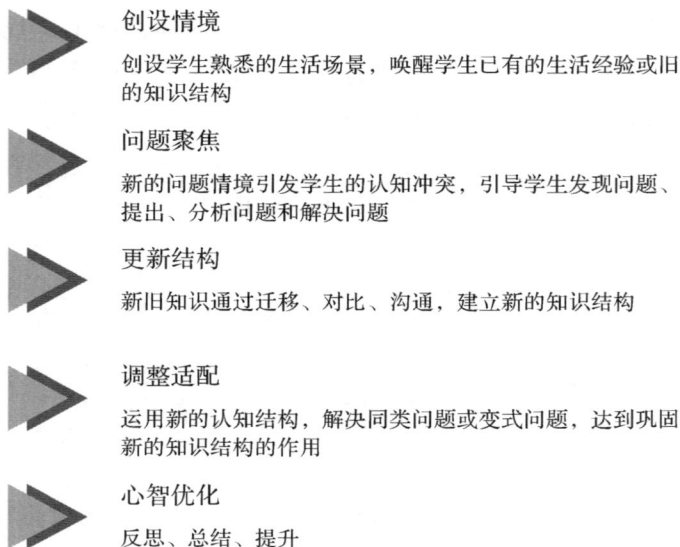

创设情境

创设学生熟悉的生活场景，唤醒学生已有的生活经验或旧的知识结构

问题聚焦

新的问题情境引发学生的认知冲突，引导学生发现问题、提出、分析问题和解决问题

更新结构

新旧知识通过迁移、对比、沟通，建立新的知识结构

调整适配

运用新的认知结构，解决同类问题或变式问题，达到巩固新的知识结构的作用

心智优化

反思、总结、提升

图8　结构统领的学习路径范式

结构统领的学习路径范式，先创设情境，激发学生已有的认知。在已有认知的基础上，产生新的问题，引发认知冲突。在解决问题的过程中，通过新旧知识的迁移、对比、沟通，建立新的知识结构。新的认知结构需要在适配的练习中进行巩固和完善。最后达到心智的优化。

2.思维结构的策略

结构化思维主要有两种结构，即归纳结构和演绎结构。对静态的对象一般使用归纳结构，对动态的对象则一般使用演绎结构。而归纳结构和演绎结构，都是对思维结构化的一种处理。在数学教学中，如何培养学生的结构化思维？主要是培养三个意识，即分类意识、排序意识和关联意识。这些意识的培养有利于学生对新旧知识进行拆分、重组，建立新的概念结构。

（1）分类意识。分类的过程就是将知识序列打破，重新建构的过程，是对事物共性特质的抽象过程。学会分类，有助于新的思维结构的构建。例如，学习四边形,首先对平面图形进行分类,抽象出四边形的共同特性。

(2)排序意识。分类是对事物进行横向的结构,那么排序就是对事物进行纵向的链接。排序的过程中,学生按照时间或结构顺序进行排列,实际就是在对事物进行一定逻辑的梳理。比如,三下复式统计表,可以对统计表的知识进行一个梳理。从单式统计表到复式统计表,从简单到复杂的知识结构进行排序,让学生体会单式统计表到复式统计表的学习进阶。

(3)关联意识。关联不仅是新旧知识的关联,也可以是生活经验与文本知识的关联。关联意识便于知识、技能和方法的迁移,有利于知识的结构化。如图9,三上两位数乘两位数的笔算乘运中,算法的归纳和概括是在算理的支撑下才能有理有据;而算理的理解要借助算法的逻辑发展。两者相互关联,又相互迁移。

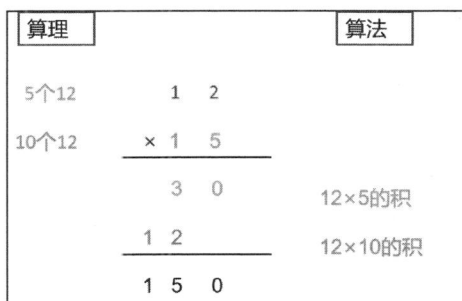

图9 算理和算法的关联(举例)

(三)素养统领的学习路径

就素养的培育而言,学科与学科之间的关系是互补的。如果说以问题统领和以结构统领的学习路径都是凸显知识境脉的来龙去脉,是对知识结构化的逻辑梳理,那么素养统领的学习路径就是关注知识的情境和背景,在现实的情境和背景中丰富知识本来的内涵和外延。

1.素养统领的建构策略

素养统领的学习路径,我们以学生综合素养的提升为目标确定项目,通过数学本学科的纵向勾连和不同学科的横向整合两条途径进行学科融合,形成系列项目活动。图10是素养统领的学习路径的建构策略。

图10 素养统领的学习路径的建构策略

以素养统领,通过纵向和横向的勾连,以项目活动为主线进行学习。项目学习内容开放,实现多学科整合;空间开放,构建实境研究性学习;时间开放,让学生有更多自主学习的选择。给了学生一个综合的知识视野,让他们学会了综合性、创造性地发现问题、解决问题。

(1)纵向上,单学科的素养培养可能需要直接与更上位的素养目标勾连,或者向下分解成单元目标或课时目标,将知识的演绎结构转化成脉络性结构,即还原知识的原有境脉。

(2)横向上,内容既要打破学科壁垒,不局限于单一学科,又要将知识、能力、态度进行统整、融合,注重学生在真实情境中的整体表现。由于同一素质并存于不同学科、领域内,因此以素质统领的学习路径的设置要进行跨学科设计。

2.学习路径的范式

设计素养统领的学习路径设计,把儿童学习的场景放在尽可能真实的环境中,以项目学习的方式,把各学科融合起来。学生的综合能力得到发展,是教育的本质所在。图11是素养统领的学习路径的范式。

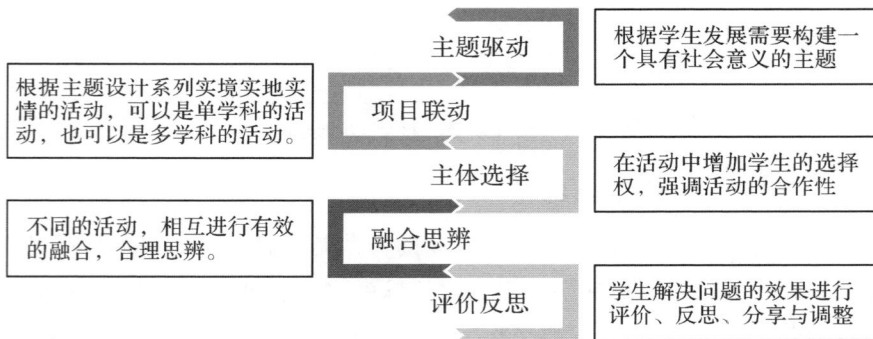

图11　素养统领的学习路径的范式

素养统领的学习路径比起前面两种学习路径,学习的场景更开放,学习的方法更多样,主体的选择性更多。以三上的复式统计表为例,根据学生的现实需要选择一个接近学生生活实际又具有社会意义的主题,比如食堂的饭菜、喜欢的水果种类、秋游的理想地等。根据选择的主题开发项目,比如选择秋游目的地的统计,除了数据统计、制作统计表,还可以设计秋游任务卡、美化统计表、撰写给学校领导的建议书等项目。这些项目的开发不仅仅限于数学学科,也涉及其语文、美术、综合实践,关注的是人的发展。

综上,我们站在学生立场,基于整体视角,对学生学习路径的设计与探索。我们力求小数数学教学结构的突破和创新,实现教学价值的最优化,我们还在努力!

参考文献：

[1] 张平.境脉：素养导向下的数学教学视角[J].上海教育科研,2018(10):87-92.

[2] 李卫东.基于学生视角改进语文教学的路径与策略[J].课程·教材·教法,2017,37(08):35-39.

[3] 魏芳.当 PBL 与儿童相遇……——基于"核心问题"的数学学习[J].江苏教育,2018(01):32-34+38.

[4] 张丹,于国文."观念统领"的单元教学:促进学生的理解与迁移[J].课程·教材·教法,2020,40(05):112-118.

[5] 刘小宝.结构化思维对小学数学教学的启示与思考[J].小学数学教育,2020(05):11-13.

[6] 刘丽娟."'关·联'数学"的教学主张与实施策略[J].江苏教育,2020(41):37-40.

基于核心素养的小学英语语用知识建构探索

舟山市定海区海滨小学　于纪英

随着核心素养理念的提出和应用,在小学英语教学中,教师应转变教学理念,增加教学的趣味性,采取一切办法让学生积极参与到课堂教学中,更加关注学生的学习过程和思维认知的发展,培养语用意识,提高学生的语言运用能力。语言能力是核心素养的基础要素,语用知识是语言能力的重要组成部分,语用知识的掌握与核心素养的有效落实息息相关。《义务教育英语课程标准(2022年版)》(以下简称《义务课标》)明确指出,语用知识是使交流和表达得体有效的前提。由此可见,学生的跨文化交际能力形成的前提是需要系统地学习和掌握一定的语用知识。具备一定的语用知识有利于提升学生运用英语的能力和灵活应变的能力,同时,有助于21世纪技能的培养,为学生的终身发展做准备。在核心素养背景下,如何有效建构语用知识,提升小学生的语用能力,是小学英语教学中亟待解决的问题。

目前学界对英语语用知识的研究主要集中在语用能力的提升策略(李焕军,2021)、语用意识的培养(马艳,2015)及教材中的语用知识(杨思语,2023)上,前者主要涉及语用能力提升的各种策略的罗列,后者对教材中语用知识的简单总结,而对语用知识的有效建构的应用性研究甚少。对此,本文在分析影响小学生英语语用知识使用的因素、阐释语用知识教学的意义和理论基础的前提下,从应用的视角对语用知识建构策略进行研究,旨在改进小学英语课堂教学,拓展学生的语用知识。

一、影响小学生英语语用知识使用的因素

当前小学英语教学中,语用知识的使用效果不尽如人意,很多学生仍然不能恰当地运用语用知识进行交流,语用能力的培养任重道远。那么,哪些因素影响了语用知识的有效落实呢?笔者认为,学生语用意识的缺失、母语的负迁移作用、教材脱离实际以及教师语用知识欠缺是影响学生语用知识建构的主要因素。

（一）语用意识缺失

语用意识是指学生在语言使用的情境中，选择得体的语言形式、词汇及交际策略等展开沟通和交流的一种意识与能力。有学者指出，学习英语的过程脱离语言使用语境是我国学生语用能力差的一个重要原因（何自然，1997）。对中国学生而言，英语是外语，并非母语，课本和教师在课堂上传授的内容就成为学生获取英语知识的主要来源。词汇、语法、语篇中的知识点占据大部分学习时间，学生背诵不理解的语篇和作文模板在作业布置中比较常见。然而，学生语用意识的缺失，导致他们在具体运用英语时交流困难，甚至不考虑语境情况，机械地套用，导致语用失误，影响交际目的的有效达成。例如，当两人第一次见面，被问及"What do you do?"时，很多学生不假思索地说出"I play football and read books"等这样"我做了什么"的句型，完全没有考虑语境，往往会产生误解。由于学生在真实语境中的语用意识不强，不能达到交际目的，这或多或少影响学生语言技能的掌握，长此以往，也会影响小学生核心素养的培养。

（二）母语负迁移作用

在小学英语教学中，由于学生的词汇积累及理解能力有限，很多教师喜欢使用母语进行翻译，且很多学生也习惯了将母语的使用习惯带入英语的学习中，使得中国式英语现象比较严重。汉语和英语不同的文化语境导致两种语言在表达方式上有很大的差异性。学生依赖中文翻译，缺乏用英语进行思考的训练，当他们在真实语境中进行交流时会无所适从，导致表达僵硬、交流困难、语用失误，更谈不上语用能力的提升。

（三）教材脱离实际

虽然素质教育早已提出，但是当前分数为导向的英语教学现象仍然存在，导致很多教材的编写侧重语法，有相当一部分语篇内容脱离实际、远离生活，不能反映真实的交际情况，仅仅是为了方便语言知识的教学。这样，教材中不乏出现固定的表达，如询问对方的工作、长相、性格等问答的句型，老师在没有充足拓展的情况下要求学生背出，学生虽然烂记于心，但不会灵活变通。杨思语（2023）研究发现，虽然小学英语教材中涉及的语用知识类别广泛，但内容脱离学生实际生活，更侧重语言知识的适切性，缺乏真实性，且语用知识呈现方式过于单一等问题。这样就导致学生语用知识输入不足，在一定程度上影响英语语用知识的有效运用。

（四）教师语用知识欠缺

教师是课堂教学的组织者、引导者和促进者，教师知识水平的高低在很大程度上决定教学质量的好坏。然而，由于我国高校英语师范专业很少开设语用学课程,加之中小学英语教师在职培训很少涉及语用知识领域,这就导致中小学英语教师普遍缺乏语用知识,致使教师不能在教学中根据语境需要适时渗透语用知识,从而严重阻碍了学生语用知识的建构和语用能力的培养。

二、语用知识教学的意义与理论基础

(一)语用知识教学的意义

语言学习服务于交际的需要,交际目的的达成需要学习者掌握必要的交际规则,而有意义的沟通与交流恰好是语用能力的重要体现。《义务课标》在语言知识板块增加了语用知识,突显了语言技能培养对语用知识教学的要求,而掌握语用知识与策略为准确、恰当运用语言技能提供必要的支撑。在语言学习过程中,学生能够正确使用语法和词汇知识是不够的,其语言使用的有效性不一定得到落实,因为得体的语言输出依赖于学习者能否根据交流的情境、对象、人物关系等,选择恰当的语言形式、词汇和交际策略展开语言交流(王蔷,2022)。中外英语教学的研究表明,随着学生语用知识的积累,语用能力不一定也随之提高,实践出真知,语用能力的提高还需要依赖教学中隐性和显性的语言实践(付志远,2014)。梅德明、王蔷(2018)指出,在英语学习和使用中语用知识和规则不仅不可或缺,还需要我们通过学习和使用英语来逐渐习得并做到内化。语言本体知识(语音、词汇和语法)和语言运作知识(语篇、语用)的互动,成就了语篇建构和英语运用。李丽华(2022)认为,除了语音、词汇、语法等语言知识外,学生也需要学习一定的跨文化交际规则。显然,在语用知识的教学中,教师需要引导学生依托语境,关注社会文化因素等约定俗成的交际规则。反之亦然,学生的词汇、语法等其他语言知识的恰当实践、运用依赖于语用知识的学习,然后在交际中综合运用所学语言知识,发展学生的语言技能,培养学生的核心素养。

(二)语用知识的理论基础

语用知识这一概念并不新鲜,但中小学教师对其理论基础知之甚少,缺乏完整的语用知识系统,严重地影响语用知识的教学效果。语用知识以语用学为理论依据,语用学是研究人们在特定的交际情景中如何运用话语的,怎样准确而又得体地进行表达,强调语言在具体语境中的使用。乔姆斯基认为,语言能力由语言知识及语言技能两部分组成,语言知识指学习者在语音、词法、句法等语言学层面的知识,语言技能则是说话者在实际交流中的语言组织及使用能力,在特定的语境中得体且恰当地与他人沟通和交流的说话方式。语用学学习的目标是培养学生的跨文化交际能力。交际能力是一种复杂的语言综合运用能力,不仅包括语音、语法、语篇等语言知识，还包括对交流规则的掌握以及对各种沟通方式的有效运用能力（李晶晶，2013）。所以，在小学英语教学中，除了学习基本的语言知识以外，学生还需要学习目标语言的社会、文化习俗，不断积累语用知识，提高语用能力。

三、核心素养背景下语用知识建构策略

语用知识与其他语言知识，比如说词汇、语篇知识等相辅相成。程晓堂（2022）指出，语用知识的教学不能独立存在，它应该穿插于语音、词汇、语法、语篇等语言知识教学中，与其他语言知识教学同步进行，并在听、说、读、看、写等语言技能的实践中加以运用。语用能力是语言习得的重要目标之一，事关核心素养的落实。

（一）创设语用环境，培养语用意识

核心素养的背景下，教师需要为学生创设良好的语境，明确交流情境中的人物关系，有效提升学生的语用意识。在真实的语境中，学生更容易激活他们的知识图式，产生强烈的表达欲望，并在语言使用过程中，逐步培养他们的语用意识。这就要求教师在进行语境创设的过程中，首先明晰单元教学目标，整合单元教学内容，提炼单元大小观念并依据大小观念，采用恰当的方式进行课时内容教学。以人教版五年级上册第一单元 A 部分词汇课为例，学生需要学习"old、young、funny、kind、strict"五个单词，教材中这五个单词对学生来说并不熟悉，所以教师可以创设语境为"teachers around me"，引导学生展开描述。这样每个学生都有话可说，很容易引出要学的新单词，同时，也滚动复现了三年级下册所学的句型：He/She has long，who's he/she 等。这样的语境创设比较有趣，提高了学生的参与度和内在学习动机，使其主动完成语言的表达与交流，并在语言交流的过程中，逐渐培养语用意识，提高学生的语用能力。

此外，创设语境培养学生的话轮转换能力也是培养学生语用能力的重要内容。虽然《义务课标》从结构的视角（即话轮转换大于句子），将话轮转换属于语篇知识范围，但《普通高中英语课程标准》（2017 年版 2020 年修订版）从功能的角度（即话轮转换涉及交际是否有效和语言使用是否得体），将话轮转换的内容归为语用知识范围。诚然，学生交际能力的培养不仅需要语言的结构性知识，更需要语言的运用性知识，即语用知识。笔者曾专文探讨小学生英语话轮转换能力的培养，提出"创设情境展开话轮"策略（于纪英，2021）。话轮的发起和展开要受到交际目的和环境因素的制约。教师可以针对某一交际目的，提供相应的环

境因素,以便学生展开话轮。例如:教师在 PPT 上呈现一位一只手撑着拐杖另一只手拿着信件的老太太和一位背着书包的小男生,远处有一个新华书店和邮局,更远有一个公交站。然后让学生分组编一个会话,并在班上表演。教师对学生的会话表演进行评价,评价依据交际目的是否达成? 话轮展开的标识语运用是否恰当? 话轮的回合次数是否足以支持交际目的的实现? 下面是参考会话(G＝Granny，B＝Boy)。

G：Excuse me! Can you tell me the way to the nearest post office?

B：Oh，it's very far. Walk along this street，turn right at the third turning. Go on about two hundred meters，and you'll see the Xinhua Bookstore. Across from it，you can find the post office.

G：Can I take a bus to the post office?

B：There's no bus stop nearby. The nearest one is even farther than the post office.

G：What a pity!

B：Hmm，by the way，can I send the letter to the post office for you? My home is near it.

G：Yeah，what a good boy! Thank you very.

B：You're welcome.

可见,运用言语方式发起话轮主要是通过回答问题或说出相邻对话的应答话,接受发话者施与的话轮,或者与发话者一起说出句子的结尾部分或给发话者的话段加上一个结尾(罗智丹,2017)。

(二)重视教师自身素质提升,提高课堂教学驾驭能力

在课堂教学中,教师起主导作用,教师的语用能力直接影响教学效果。这就要求教师不断更新教学理念,用新的知识观武装自己,主动提升自身语用意识和语用能力,丰富自己的知识体系。教师要通过多种方式系统地研修语用学知识,扩充自己的知识储备,完善自己的专业知识体系。Rose（1997）提出"培养语用意识"(Pragmatic Consciousness-Raising)观点,即教师首先要增强自身语用意识,并在教学中适时使用语用知识,得体交际。实际教学中,部分老师语用能力不强,在交际过程中存在语用失误现象。例如,在一次培训中,笔者听了一位老师的公开课,在操练环节,语境为在衣服店购物,那位老师自己编了一个店员和

顾客的对话,首先是店员先问:"What do you need?"然后顾客答道:"I need…"对此,笔者不敢苟同,因为在真实的英语交际中,应该很少有店员一上来就问:"What do you need?"这是典型的中国式英语,反倒是汉语中这样的问法比较常见。显然这位教师缺乏语用意识,致使语言输出有悖语用规则。因此,教师应该关注学生语用能力的培养,以多种形式提高自身学科素养,尤其是培养语用意识,尽量减少课堂上使用中文或者使用中文翻译的现象,减少母语负迁移带来的消极影响。在课堂上,教师应有目的地传授语用知识,并在学生出现严重语用失误时及时提醒并加以纠正。例如,在学习现在完成时时,老师和一个学生之间的对话,即 Teacher:Sarah,have you completed your expansive course homework? Sarah:Yes,I have completed my homework. 从语法规则上来看,这个回答完全正确,但是,学生用错完整句,反而会产生言外之意,即老师会认为学生很不耐烦,感觉自己像多管闲事一样。那么,在这种情况下,用"Yes,I have"简略回答就比较恰当了。再如,写请假条时,学生往往使用"I want to ask for a leave",同样,这句话没有语言错误,但有语用错误,因为这是典型的口语体。请假条属于书面体,应该使用书面语,即"I would like to request a leave"。因此,教师需要扩大自己的语用知识储备,帮助学生明晰完整句子的特定含义,以及口语和书面语的区别。同时教师还要提醒学生,英语表达要遵循语用规则,避免语用失误。这样,学生就会逐步提升语用能力,进而提高交际能力。

(三)合理使用教材,适当补充教材

教材是学生获取知识的主要来源和媒介,教材的利用程度对教学效果有直接影响。教材的利用程度,包括广度和深度,取决于教师文本解读水平。学生的语用能力与语言输入密不可分。教师对教材的开发和利用程度,直接影响学生语用能力的提升。人教版小学英语教材中的对话,read and write 及 story time,语境真实,多模态语料资源丰富,深受学生喜欢。在课堂教学中教师应该引导学生进行角色扮演,增加对话教学的趣味性,引导学生不断探索,深入课堂学习,使学生在角色扮演中领悟对话,习得语言,增强语感,提高课堂教学效率;在对教材中语篇分析时,教师应引导学生构建结构化语用知识,为内化语用知识做准备。

除此之外,教师还应该适当补充教材,增加学生的语言输入量。教师可以通过补充绘本、影视资源和布置贴近学生生活实际的作业的方式,让学生体会真实的语境、不同的文化背景等对具体交际的影响。例如,与《义务课标》同步的《丽声北极星分级绘本》,该绘本分为三级,对应 1—6 年级学生需要学习的主题,故事生动有趣,贴近学生生活,情境真实,交际性强。此外,还有比较受欢迎的《大猫英语分级阅读》《夏洛的网》《神奇树屋》等英语绘本;《疯狂动物城》《狮子王》

《冰雪奇缘》等迪士尼电影系列,学生对其比较感兴趣,在观影的过程中,学生身临其境去感受电影中人物的交流、情感的变化、表达的差异性。在教学中,教师还可以借助网上的短视频、图片、歌曲等多模态资源呈现交际过程,让学生参与其中,体验真实语境中语言的得体运用,以便学生开展镜像性学习,提高语言运用能力。

四、结语

小学是学习英语的起始阶段,对后续的学习起到奠基作用,而语用知识的习得直接影响学生交际能力的形成。在核心素养的目标下,学生通过课程学习形成适应终身发展和社会发展需求的各种能力。培养学生的跨文化交际能力是学习的最终目的,而跨文化交际能力正是语用知识运用的体现。因此,教师需要围绕核心素养,对当前英语教学中语用知识教学存在的不足进行反思,并通过创设语境,培养语用意识,提升教师自身素养以及合理使用和补充教材等策略,帮助学生建构结构化语用知识、习得地道的语言,并能在具体语境中得体地表达自己,从而真正提升语用能力。

参考文献:

[1] Rose, K. R. "Pragmatics in teacher education for nonnative speaking teachers: a consciousness-raising approach" [J]. *Language Culture and Curriculum*, 1997(10): 125-138.

[2] 中华人民共和国教育部. 义务教育英语课程标准(2022年版)[S]. 北京:北京师范大学出版社,2022.

[3] 程晓堂. 改什么? 如何教? 怎样考? ——义务教育英语课程标准(2022年版)解析[M]. 北京:外语教学与研究出版社,2022.

[4] 梅德明、王蔷. 普通高中英语课程标准(2017年版)解读[M]. 北京:高等教育出版社,2018.

[5] 何自然. 语用学与英语学习[M]. 上海:上海外语教育出版社,1997.

[6] 李丽华. 在大学英语教学中培养学生语用能力的探究[J]. 英语教师,2022,22(03):180-182.

[7] 李晶晶. 外语教学中的语用学[J]. 课程教育研究,2013(13):113.

[8] 李焕军. 核心素养下初中英语语用能力的提升研究[J]. 校园英语,2021(24):133-134.

[9] 罗智丹. 话轮转换理论框架概述[J]. 文史资料,2017(02):23-24.

[10] 马艳. 英语教学中学习者语法意识与语用意识的培养路径[J]. 黑龙江教育学院

学报,2015,34(12):142-144.

[11] 王蕾.全面和准确把握英语课程内容是落实课程目标的前提[J].英语学习,2022(04):18-33.

[12] 杨思语."新误标"视域下小学英语教材中的语用知识研究——以译林版为例[J].英语教师,2023,23(05):46-50.

[13] 于纪英.小学英语教学中的话轮转换能力培养[J].中小学外语教学与研究,2021,373(1):2-4+9.

[14] 付志远.语用教学对 EFL 学习者语用能力发展的影响——以赞美言语及其回应为例[D].南京师范大学,2014.

科学记录:小学科学核心素养培育载体的设计与实施策略

舟山市定海区舟山第二小学　丁雨巧

《义务教育科学课程标准(2022 年版)》指明科学课程立足学生核心素养的发展,其中包含科学观念、科学思维、探究实践、态度责任等方面,同时将核心素养的培养融于 13 个科学核心概念的学习之中。相对以往重视科学概念、知识的学习,课程要求教师更注重培养学生解决问题、学以致用的能力。科学核心素养的培养并不是一蹴而就的,因此教师需要在更高站位上搭建学习支架帮助学生转变科学学习态度,思维习惯等,促进他们在理解核心概念的基础上学会迁移应用,从而提升科学的核心素养。

一、科学记录在小学科学核心素养培育中的作用

科学记录往往伴随学生的探究实践,它是学生在经历探究活动过程中,用自己的思维方式保存下来的,既能体现知识习得又能体现情感态度、价值观的科学方法。简单来说,科学记录既能体现学生探究足迹,又能帮助学生内化知识。因此合理又精心设计的科学记录能体现学生思维生发的过程,提升学生探究的欲望,有助于帮助学生从认识科学现象走向理解科学本质。

(一)有效促进学生科学观念的转变

学生在学习系统的科学课程学习之前,由于已经积累了一定的生活经验和科学知识,因此往往已经逐渐形成了具有个人特色的用以解释科学现象的科学前概念。科学前概念往往是片面、单一的甚至错误的,它的形成往往是根深蒂固的,会给学生的学和教师的教带来一定阻力。如在教学"水蒸气的特点"时,学生根据生活经验形成的前概念为水蒸气是由水蒸发形成的,是雾一样的,归根结底是因为水蒸气是看不见但真实存在的,生活经验告诉他们烧开的水会出现水雾,因此就形成了狭隘的理解,认为水蒸气就是水雾那样。但实际上水烧开看见水雾涉及的是水蒸发与凝结两个过程。教师若不提前了解学生的前概念,在教学中就会出现教完却没教会的现象,学生仍会持续前概念的理解,更不可能掌握物

质的变化与化学反应这块核心概念。但科学核心概念的建构又离不开学生的前概念,学生只有通过切实的实践探究才能形成科学概念的不断进阶,最终在头脑中形成正确的科学概念。而学生概念的一次次重构、进阶并学以致用,最终会形成正确的科学观念。

（二）充分助力学生探究能力的进阶

探究实践能力是科学核心素养的维度之一,科学课需要充分带动学生探究实践的欲望。科学探究往往是一系列较为复杂的运用多种科学方法的学习过程,即学生运用观察、测量、实验等科学方法经历提出问题—作出假设—制定计划—搜集证据—处理信息—得出结论—表达与交流—反思评价的过程,最终获得科学事实或真相,这些过程都离不开科学记录。观察时,学生需要用图和文作简单记录;测量时,学生需要记录实验数据;推理与解释时,学生可以借助思维导图进行辅助;反思与评价时,学生可以利用表格或文字进行得失总结等。因此科学记录贯穿于探究实践的全过程,能助力学生科学探究实践能力的进阶。

（三）清楚呈现学生科学思维的生发

科学课堂上少不了表达与交流的环节,若学生的科学活动仅停留在语言层面,学生的科学思维则难以呈现,表达与交流的语言必定言之无物。而科学记录可以让科学思维"可视",帮助学生在脑海中整理碎片化的信息,将有逻辑关系的信息更清晰地呈现。如思维导图作为一种科学记录形式,对学生科学思维生发的优势不言而喻,能够帮助学生将科学相关性大的概念建立联系,使原本割裂的、不连续的知识概念产生呼应,为学生构建起完整的知识框架基础,帮助学生在学习中逐步形成科学核心概念。在这样的过程中,学生的概括、归纳、突破定式的思维会得到很好的发展,并主动生发发散思维。

二、科学核心素养引领下的科学记录设计原则

小学科学教材中诸多探究活动都有相应的科学记录的存在,并体现在作业本、练习题上,无不印证科学记录的重要性。科学记录的形式有很多,包括记录单、自然笔记、思维导图、科学日记等。但是综观小学科学常态课堂教学,科学记录虽形式多样,却略显鸡肋,反而成了师生的一种负担,概括起来主要存在教师重"活动结果"轻"记录指导"、学生乐"动手"厌"动笔"、记录依赖"模板"缺乏"趣味"等问题。简单来说,科学记录没有在培育学生科学素养上体现举足轻重的作用。因此科学记录首先需要遵循四个设计原则。

（一）目标清晰明确

科学记录是一种学习的支架，是为学生更好地学习服务的，因此它的目标必定要清晰明确，具有明显的导向性。科学记录的目标会因形式不同而变化，可以是引导学生完成实验、记录数据、得出结论，可以是鼓励学生整合信息，编制思维导图或是写科学日记等。但无论形式怎么变化，科学记录的目标都应明确科学活动的方向，说明操作的手法，指导实验的过程，留有学生自由发挥的空间，让科学记录成为"扶放有度"的支架。

（二）内容科学严谨

科学是一门体现科学本质的学科，因此在设计科学记录的内容时一定要科学，表述一定要严谨，切不可出现概念上的错误和偏差。保证科学性能确保科学活动的可行性；保证严谨性，则能帮助学生少走弯路，更为高效地达成目标，获取更准确的结论。无论使用哪一种科学记录形式，它的内容都不可能是空白的，教师不可能完全任由学生自由发挥，这是科学记录发挥作用的前提。因此在确定某一种科学记录形式之后，教师需要在设计内容前多进行思考，设计完成后仔细检查内容是否科学、严谨，切不可因为粗心导致内容出错而误导学生。

（三）形式适切合理

科学记录的形式因人而异、因课型而异，需做到适切合理。因人而异是指不同学段学生的学习水平和能力不同，一、二年级学生由于识字少、写字慢，可以多设计画图记录、符号记录的记录单形式；三、四年级可以慢慢过渡到图文结合的记录单、段落式的科学日记、分级少的思维导图等形式；五、六年级学生的思维水平显著提高，因此可以是纯文字的记录单、详细的思维导图和科学日记的形式。因课型而异则指的是新授课上，设计图文结合、表格式的记录单较为适切，因为一节课上科学活动不止一个，这样的形式更高效，但是在单元复习课上，若还是采用记录单，会导致重点分散和效率低下，因此更适合思维导图、科学日记等形式。

（四）记录简洁高效

一节课的每分每秒都应该用在刀刃上，因此科学记录的设计一定要体现简洁、高效。设计的内容项目多、要求记录得面面俱到，学生在记录时难免心浮气躁、束手束脚，这不仅导致学生活动时间分配不足、记录耗时长、记录的内容不完全，而且限制学生自由的发挥。科学探究的过程比结论的得出更为重要，因此教师要结合教学重难点设计简洁高效的科学记录，做到尽可能为学生腾出进行活动的时间，让学生将重心放在探究本身。

三、科学核心素养引领下的科学记录实施策略

基于科学记录形式的多样、对科学核心素养培育的作用以及存在的问题,结合科学记录的设计原则,教师需要在教学中合理设计科学记录。同时,科学课上的新授课短时探究、长时探究、复习课等不同课型的科学记录形式上也应加以考虑。不仅要吸引更多学生对科学记录产生兴趣,而且要教学生多种科学记录的方法,如思维导图、科学日记、科学记录表格等,帮助学生厘清记录思路,甚至要教学生学会科学记录,合理选择科学记录形式,并对每一次记录能进行深入的分析与思考。

（一）以更新"科学观念"为切入点,合理优化记录细节

科学记录要充分暴露学生的前概念,帮助学生呈现探究的过程,并以此为切入点转变原有科学理解,形成新的理解,更新科学观念。因此在新授课上,科学记录的设计上需要细节上的优化,稍加改变,使记录更能体现学生思维的过程、观念的进阶,并在一定程度上增加科学记录的趣味性和可操作性。

如在教学四下电路单元的《点亮小灯泡》一课时,教师需要引导学生通过画图的形式唤醒他们对电路连接相关知识的潜在科学观念。针对作业本原有的科学记录单是较为简单的(见图 1)。实际教学时,学生更多的时间用在了怎么画小灯泡和电池上,导致记录的重点偏移,同时学生动手测试后,并不会主动对自己的原有认知进行修正,而是兴奋于动手本身带来的乐趣或者只是意识到自己的原有认知的粗浅、搞笑,并不会产生进一步思考。因此教师需要在原有基础上合理优化科学记录单,帮助学生不仅将注意力集中在连接的方法而非元件的画法上,而且更关注于正确连接方式的共同特征上(见图 2)。修改后的记录单能清楚呈现学生的前概念,即他们认为的点亮小灯泡的方式,同时能呈现正确科学概念,即正确的点亮方式,最后学生能通过比较、归纳的方式发现小灯泡的点亮需要同时满足电池两端与小灯泡的两个连接点相连,从而形成对电路连接——闭合电路的初步认知,完成科学观念的更新,为接下来学习简单电路与应用于家庭电路的模拟安装作铺垫,最终形成正确且具有深度的电路安装与使用的科学观念。

图 1 《点亮小灯泡》原有的科学记录单

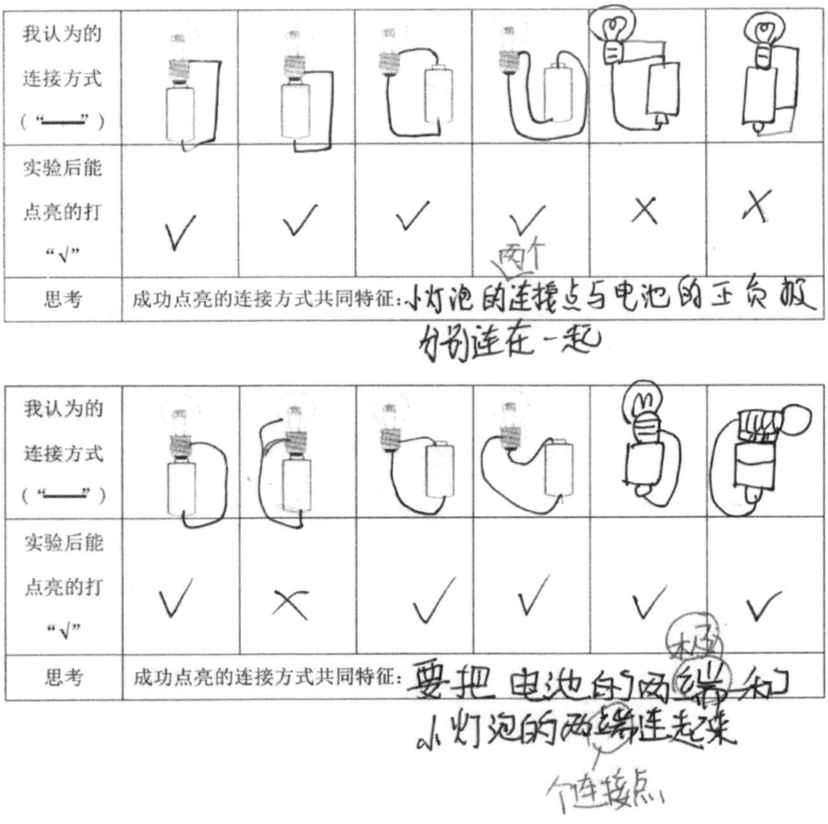

图 2 《点亮小灯泡》优化后的科学记录单

（二）以提升"探究能力"为关键点，精心设计记录内容

探究实践活动是科学课程的基本要求，科学课程标准罗列了小学科学必做的探究实践活动 88 项。仔细分析，会发现这些探究实践活动可组成多个可互相联系的长时探究。这些长时探究贯穿于每一册，频率约为一学期 1—2 次（见表 1），占必做探究活动的四分之一左右，如此数量彰显出长时探究的重要性。且学

生在其中经历的时间远远超过一节课内就能完成好几个的短时探究,他们需要经历完整一节课、一周甚至更长的时间进行较为自主的探究活动。在这个过程中他们也需要在课余时间充分利用已经掌握的科学知识,像科学家一样采用多种科学方法解决问题,对科学探究中观察到的现象、产生的问题和得出的探究结论进行长时间的交流和研讨,非常强调过程性和生成性,简单来说长时探究更能提升学生的探究能力。但长时探究在实施中会产生诸多困难,如教师忽视,学生缺少指导与督促,不知道该探究什么,探究的目的是什么。同时,教材中相关的科学记录既有针对某一课的,又有针对一整个长时探究活动的,虽详细却容易造成学生因为重复记录而产生的厌倦感,往往最后呈现出的是很多份不完整的记录单,对学生整合信息的能力、探究实践能力的提升作用不大。因此除了要在设计的细节上加以优化,帮助教师了解学生探究的进展,帮助学生明确探究的方向,更要注重记录内容是否简洁明确,重点突出,合理衔接不同学段对学生科学探究实践的要求,并在其中保留学生的个性化记录的空间。

表 1　长周期探究活动在新教材中的分布

单元主题	长周期探究活动内容
一上植物	种植一棵植物
一下动物	观察一种动物
二上我们的地球家园	观察月相
二下我们自己	制作身体的"时间胶囊"
三上水	观察水到哪里去了
三上天气	记录与整理天气日历
三下物体的运动	制作与测试"过山车"
三下动物的一生	养殖蚕宝宝
四上声音	制作小乐器
四上运动和力	设计制作小车
四下植物的生长变化	观察记录凤仙花的一生
四下电路	模拟安装照明电路
五上光	制作潜望镜
五上计量时间	制作水钟
五下生物与环境	绿豆种子发芽、生长实验
五下船的研究	设计、制作、测试小船

单元主题	长周期探究活动内容
五下环境与我们	分析一个实际的环境问题
五下热	做个保温杯
六上能量	调查家中使用的能量
六下小小工程师	建造、设计、制作、测试和改进塔台
六下生物的多样性	校园生物大搜索与生物分布图的制作

以"生命的延续与进化"这个核心概念为例,学生最终需要建构对生物生命延续即对生物生命周期的深层理解。其中对"植物"的学习贯穿低、中、高三个年级段,包括的必做探究实践活动如表2。不难看出"观察记录凤仙花的一生"的长时探究活动能起到唤醒学生原有认知、拓展未知科学概念这样承上启下的作用。整个探究实践活动涵盖在一个单元教学中,学生需要经历种植—观察—记录现象—得出结论等过程,学生只有通过科学记录才能将几个月观察的现象清楚呈现,并从中获得对植物生命周期的深层理解。此时教师需要把重点放在探究内容的设计而非形式上,针对学段相关内容要求,整合记录单,重点突出对植物各个器官的观察、植物发芽所需条件的记录,学生以教师精心设计的记录单为基础再进行个性化的记录,这样的记录不仅具有个人特色,而且能指导他们探究的过程,在探究实践的过程中提升他们发现问题、提出问题、解决问题、表达与交流等探究的能力(见表3)。

表2　"植物"学习内容相关必做探究实践活动表

学段	1 年级	4 年级	5 年级
探究实践	1. 观察常见的植物	1. 观察植物的根、茎、叶、花、果实、种子 2. 种植一株植物(如凤仙花),并观察其一生的变化	1. 探究水对种子发芽的影响 2. 观察绿叶会制造养分

表3　学生的科学记录单

凤仙花生长变化观察记录表

栽培时间：　7 月 26 日　　　　　　　　　　　　栽培地点：　南窗前

日期	植株高度 (cm)	叶的数量 (片)	我的新发现	我为植物 做的事情	它的样子 (照片或画图)
2 月 26 日	0	0	刚种下,没动静	播种、浇水	

日期	植株高度（cm）	叶的数量（片）	我的新发现	我为植物做的事情	它的样子（照片或画图）
3 月 6 日	0.1	0	长出绿色的根	浇水	
3 月 10 日	0.2	2	长出青绿色的小芽	浇水	
3 月 11 日	0.5	2	叶子展开	浇水	
3 月 16 日	最长的 5cm，最短的 2cm	2	茎出现紫色	浇水、晒太阳	
3 月 17 日	最长的 5cm，最短的 3cm	4（最大的直径 1cm）	第 3、4 片叶子露出了头	浇水、晒太阳	
3 月 29 日	最长的 7cm，最短的 0.1cm	5	在第 3、4 两片叶子与第 1、2 两片叶子的直径差不多时，第 5 片叶子长出来了。第 7 颗种子钻出了泥土	浇水，晒太阳、移植	
4 月 9 日	最长的 9cm，最短的 0.1cm	6	第 6 片叶子长出来了	浇水，晒太阳、移植	
4 月 12 日	最长的 11cm，最短的 1cm	7	第 7 片叶子长出来了	浇水、晒太阳	
4 月 21 日	最长的 13cm	10（最长 2cm）	第 8、9、10 叶子长出来了	浇水、晒太阳	
4 月 25 日	基本一样	11	叶子呈雨滴状，尖头朝外，但它叶子旁边有很多齿轮，齿轮的尖头朝内，和叶子的方向是相反	浇水、晒太阳	

日期	植株高度（cm）	叶的数量（片）	我的新发现	我为植物做的事情	它的样子（照片或画图）
4月28日	14cm	12（最长的还是2cm）	第11、12片叶子长出来了。粉红色的茎底部颜色最深，越往上长颜色渐渐变青深色	浇水，晒太阳	
4月30日	16cm	12（最长的是3cm）	瓶壁上可以看到15cm长的根，粉红色，弯弯曲曲的，很细	浇水，晒太阳	

凤仙花生长变化观察记录表

栽培时间：　2021年01月28日　　　　　　　　　　　　　　　栽培地点：　家中　

日期	植株高度（cm）	叶的数量（片）	我的新发现	我为植物做的事情	它的样子（照片或画图）
2月18日	无	无	长出根且根部有绒毛，种皮裂开	浇水	
2月19日	无	2	2片嫩芽闭合、根变绿	搬至向阳处	
3月2日	3cm（各有长短）	2	根呈现绿色，长出子叶，叶片呈圆形，且中间有嫩芽	浇水	
3月12日	5.7cm	4—6	部分根部呈淡红色，长出第5、6两片嫩芽，除子叶外，其他叶片呈鞭形，且边缘带有齿轮	浇水、松松土	
3月15日	6.1cm	8	第3、4两片叶子明显长大，且长出第7、8两片小嫩芽，根部略粗起来	晒太阳	
3月17日	6.4cm	8	叶片之间互相拥挤、叶片边缘带有齿轮处尖利，手感刺刺的	浇水、转换凤仙花的向阳面的	

续　表

日期	植株高度 （cm）	叶的数量 （片）	我的新发现	我为植物 做的事情	它的样子 （照片或画图）
4 月 14 日	10.9cm	12	期间，水分过多且无阳光，叶片变黄，小的烂根恹了，只剩长势好的 3 株	等待阳光	
4 月 25 日	15.8cm	14	叶子交叉生长，根上有细细密密的根毛，叶子根部又长出两片小叶子	浇水、转换凤仙花的向阳面	
5 月 1 日	19cm	24	根生长过程中有些变曲，根系变得非常粗壮，最粗处直径有 7mm，叶片齿边变钝，长出小花苞	浇水	
5 月 4 日	23cm	26	小花苞又长大些了，根最粗处直径有 8mm	浇水	

凤仙花生长变化记录表

栽培时间：　3 月 2 日　　　　　　　　　　　　　　　　栽培地点：　家　

日期	植株高度 （cm）	叶的数量 （片）	我的新发现	我为植物 做的事情	它的样子 （照片或画图）
3 月 2 日	无	无	第一天种下	浇水施肥晒太阳	
3 月 16 日	3cm	没有展开	叶片上包裹着种子的壳	浇水施肥晒太阳	
3 月 22 日	4cm	4	叶子展开了，茎比上周粗了一点	浇水施肥晒太阳	

续　表

日期	植株高度 （cm）	叶的数量 （片）	我的新发现	我为植物 做的事情	它的样子 （照片或画图）
3月29日	6cm	6	长出了尖尖的叶子，叶子边缘是齿轮型的	浇水施肥晒太阳	
4月6日	7cm	6	叶子越长越大，越来越舒展	浇水施肥晒太阳	
4月13日	9.5cm	10	叶子越长越大，越来越舒展	浇水施肥晒太阳	
4月21日	14cm	15	茎明显变粗了，分成两枝了	浇水施肥晒太阳	

凤仙花生长变化观察记录表

栽培时间：　2月25日　　　　　　　　　　　　　　　栽培地点：　家　

日期	植株高度 （cm）	叶的数量 （片）	我的新发现	我为植物 做的事情	它的样子 （照片或画图）
2月25日	无	无	刚种下	种下浇水盖上保鲜膜	
3月13日	0.2cm	2	嫩芽破土而出	浇了水	
3月16日	第1株2.5cm，新的一株又发芽了0.5cm	2	高又细，两片叶子也长大了不少	浇了点水，照了阳光	
3月20日	第3株又发芽。而且已经长了有1.2cm高了，前面2株有3cm	4	中间又有嫩芽长了出来	浇了点水	

续 表

日期	植株高度 （cm）	叶的数量 （片）	我的新发现	我为植物 做的事情	它的样子 （照片或画图）
3月23日	第4株又发芽了，已经有0.6cm了	4	第1株里面的嫩芽大了很多，第2株的茎叶颜色有点淡红色	浇了水	
4月5日	5cm左右高了	一株的叶子已经有6片了	一株的叶子颜色有点黄绿色，和其他几株叶子颜色有点不一样	撒了点骨粉，浇了水	
4月12日	10cm高了	叶子有14片了	茎越来越粗，叶子越来越多	浇水，晒了太阳	

凤仙花生长变化观察记录表

栽培时间：2022年2月25日　　　　　　　　　　　　　　　栽培地点：窗台

日期	植株高度 （cm）	叶的数量 （片）	我的 新发现	我为植物 做的事情	它的样子 （照片或画图）
2月25日	无	无	刚种下没动静	浇水	
3月5日	0.2cm	2	种皮裂出，长出了很小的芽	浇水	
3月9日	1cm	2	已经是笔直的小幼苗了，茎浅红色的	浇水、放在太阳下	
3月11日	1.3cm	2	茎更高更粗了，茎红中带绿	浇水、放在太阳下，移栽到更空旷的土壤中	
3月14日	2cm	2片，中间长出新芽	茎不仅高了一点，上半部分红色变浅了	浇水、放在太阳下	
3月18日	2.6cm	4片，中间2片小叶展得更开了，可以看出形状是长长的	茎不仅长得快，颜色也变浅了	浇水、放在太阳下	

日期	植株高度 （cm）	叶的数量 （片）	我的 新发现	我为植物 做的事情	它的样子 （照片或画图）
3月22日	3.2cm	4片,中间2片小叶长大了	茎继续变粗变长	浇水,放在太阳下	
3月26日	3.8cm	4片,中间2片小叶变得更长没边缘有很小的齿	茎继续变粗变长	浇水,放在太阳下	
3月30日	4.6cm	6片,原来的一堆直叶变长变宽,新长出的2片小叶较小	茎继续变粗变长	浇水,放在太阳下	
4月8日	6.7cm	9片,长出了更多带锯齿的真叶,子叶边缘有点皱缩,但不明显	茎变粗长高明显	移栽到花盆,单独栽培	
4月11日	7.8cm	9片,叶子继续变长变宽,且最中间长有新芽	周末放在室内,发现茎和叶往阳光的方向长,茎歪了	浇水,放在室内能晒到太阳的地方	
4月19日	9.3cm	11片,继续长出新的叶子	从上向下看叶子互相不重叠	浇水,晒太阳	
4月24日	12.5cm	13片,叶子越来越多	茎和叶生长速度明显加快	浇水,晒太阳	
5月5日	21cm	21片,叶片生长速度快,子叶还未脱落	茎变得特别粗,牢牢扎在土壤里面	浇水,晒太阳	
5月13日	26.5cm	24片,叶片生长速度比茎的生长速度快	叶子与茎的交界处有一颗颗小的花苞	浇水,晒太阳	

续　表

日期	植株高度 （cm）	叶的数量 （片）	我的 新发现	我为植物 做的事情	它的样子 （照片或画图）
5 月 16 日	28cm	26	叶子与茎的交界处的花苞变多变大	浇水，晒太阳	
5 月 23 日	31cm	29	叶子与茎的交界处花苞变大了，且开了 5 朵小花	浇水，晒太阳	
5 月 30 日	34cm	31	叶腋有更多花苞和花朵，两朵小花有凋谢的迹象	浇水，晒太阳	

（三）以"思维发展"为落脚点，适时改变记录形式

建构主义理论强调个体需要积极主动地进行思维建构来获取知识，其中科学思维则是科学核心素养的核心，具体表现之一为通过分析、综合、演绎、归纳等方法认识事物的本质，即学生在学习中需要运用这些思维方法去构建新的认知。区别于之前学生依赖于教师帮忙整理的单元知识提纲，学生自主地整理信息能帮助他们培养科学核心概念意识，优化他们原本断裂的、不连续的知识网络。思维导图作为一种科学记录手段，具有将思维形象化，把各种信息通过明晰从属和层级关系呈现的特点，在制作思维导图的时候，学生需要运用分析、综合、概括、比较、归纳等方法，对信息进行编辑、整合。这样的科学记录手段不仅可以成为培养学生科学思维的有效媒介，也能成为逐步提高学生科学思维的有力证明。因此针对复习课教学，思维导图的科学记录形式可以替代学生简单的科学笔记记录形式。具体来说，教师可以试着引导学生以自己设计的每节课的简单思维导图为基础，挖掘新旧知识之间的联系并尝试用思维导图的方式将这种联系显性地表现出来，从而不断完善，形成螺旋上升的科学知识结构网。此外，思维导图式的科学记录方式不仅可以精炼学生的科学语言，而且能在一定程度上提高学生的复习效率。

以"宇宙中的地球"这一核心概念为例，学生在小学阶段需要学习有关地球自转、公转以及围绕它转的月球等相关科学知识，这些知识分散在不同年级段，也就是说学生建构的科学概念是螺旋上升的，并不是一蹴而就的，因此借助思维导图，学生可以在六年级时将这些分散的知识有序地进行有意义的联结，且还彰

显个人特色,呈现他们思维的发展过程(如图3、图4、图5)。此外,教师可以根据学生各具特色的思维导图中发现问题,及时指导,从而达到促进学生思维提升的作用。

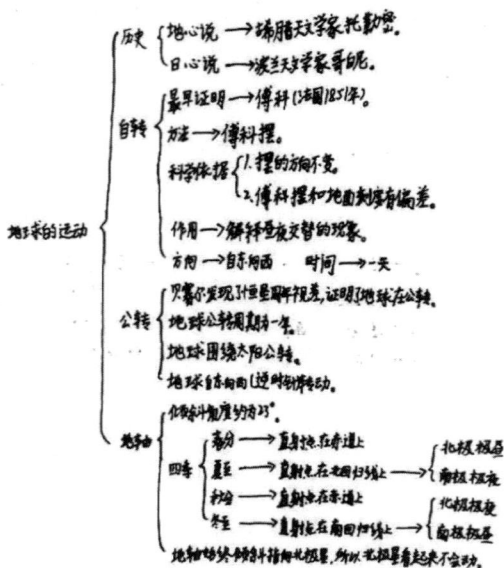

图3　学生的思维导图1

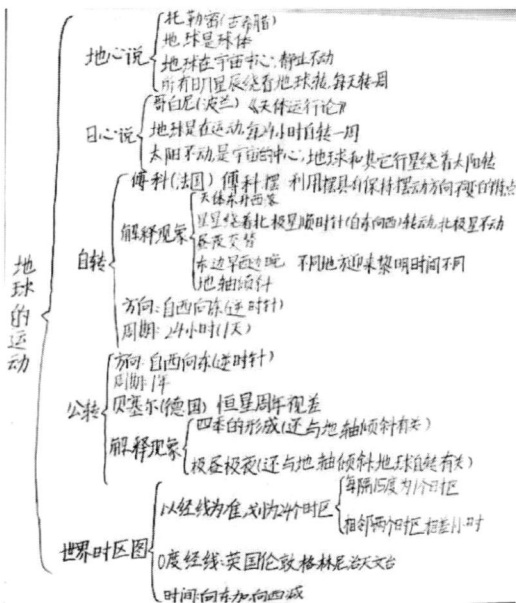

图4　学生的思维导图2

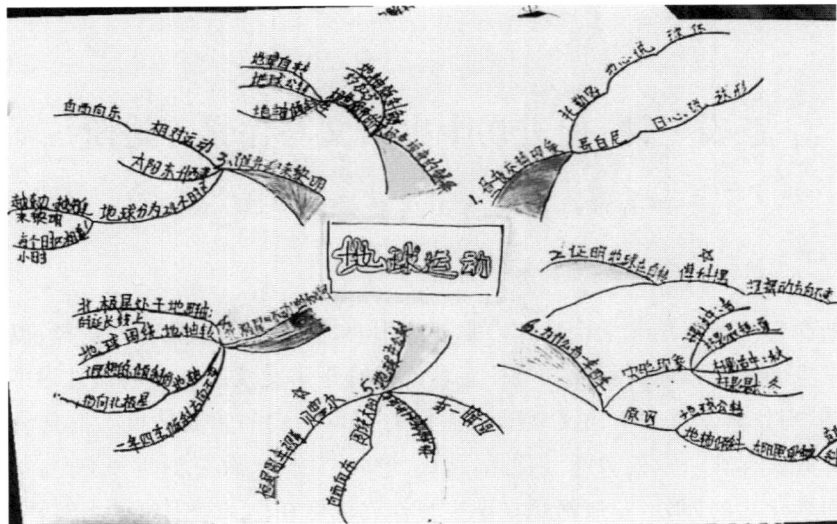

图5 学生的思维导图3

四、总结

总而言之,科学记录对学生科学核心素养的形成发挥着极其重要的作用。它能指引学生学习的正确方向,帮助他们自主建构科学概念、生发科学思维、提高科学探究的能力,养成实事求是、严谨认真的科学态度。

此外,叶圣陶先生曾说:"教育就是培养习惯。"一个人只有养成了好习惯,他的行为才能内化成为优秀的品质。而好的习惯的培养都需要长时间反复练习,循序渐进地引导。培养学生科学记录习惯就是一项周期长见效慢的工程,教师应从一年级开始就有意识地去引导,从而帮助他们用好科学记录这个"自助式"工具。

参考文献:

[1] 中华人民共和国教育部.义务教育科学课程标准(2022年版)[S].北京:北京师范大学出版社,2022.

[2] 黄可,周满意.科学记录:培养儿童科学素养的有效路径[J].新课程评论,2021(09):53-58.

[3] 王晨光.基于科学素养的小学科学课堂教学策略改进[J].现代中小学教育,2018(10):61-65.

[4] 陈晓镔.指向核心素养的小学科学学习记录单设计[J].教育与装备研究,2022,38(03):36-39.

[5] 储文菊.谈思维导图在小学科学课堂中对科学思维的催化作用[J].新智慧,2021(14):91-92.

三表三评：促进初中生语文写作素养进阶

舟山市岱山县岱山实验学校　吴　焱

新课程改革以培养学生的核心素养为中心，以语文课堂教育为途径，以有效提高学生的核心素养为目标。写作素养的提升是语文核心素养培养过程中的重要一环，写作教学在初中语文教学中占据着不可动摇的重要地位。而传统的作文评价方式存在一定的弊端。首先，传统的写作评价大致分为两种类型：描述性评语和量化式的评分，一般都是在学生写作完成后在作文纸上给学生写评语，并且长久以来形成了固定的模式，在中心主题、语言表达、内容情感等几个主要方面给予肯定或否定，然后给个分数就完成评价。这样笼统的评价方式让学生无法抓住重点，也不知道接下来该怎么改进，下次写的时候同样的问题可能还会存在，也让学生对写作失去兴趣。

《义务教育语文课程标准(2022年版)》(以下简称新课标)提出"义务教育语文课程评价要有利于促进学生学习，改进教师教学"，并且强调过程性评价，"课堂教学评价是过程性评价的主渠道……教师应提前设计评价量表、告知评价标准，引导学生合理使用评价工具，形成评价结果……借助评价引导学生反思学习过程……引导学生内化评价标准、把握评价尺度，在评价中学会评价"。可见新课标对教学评价的重视程度。传统的写作评价方式已无法适应新的发展需求，需要探索一种新的评价方式来改变目前评价效率低下、评价方法单一的现状。过程性评价的组织主要包括学生自评、同学互评、教师评价三种基本形式。学生必须参与评价并且成为评价的主体，教师应为学生搭建一个评价支架，评价量表是非常合适的过程性评价工具。

本文就以统编版语文教材七年级下册第三单元的"抓住细节"写作指导为例，探究运用"三表三评"式的评价量表，搭建可视化的写作支架，构筑过程化的写作指导，助力写作素养进阶。

三表三评，即将自评表、互评表、师评表组成阶梯式的评价量表。写作前师生根据单元写作指导与单篇课文素材共同拟定评价维度，写作过程中学生根据已拟定的评价维度进行写作，写作完成后再根据量表来进行评价。学生先根据量表进行自我评价，然后小组内交流互相评价，学生根据自评和互评结果进行修改,最后由老师根据师评表进行评价,将获得 A 等的优秀作品进行展示分享,若还未获得 A 等,学生根据师评和学习借鉴他人作品再次修改。这样阶梯式的评价方式从自评、互评、师评三个评价维度,设计三种评价量表,表内的评价维度应逐层递进,在前一个表的基础上增加评价维度,实现评价量表的进阶,根据初评、中评、师评结果引导学生将作文一步步地改进优化,有助于提高学生的写作兴趣,掌握更多的写作知识、写作技巧、写作素材等,从而实现写作素养的进阶,如图 1 所示。

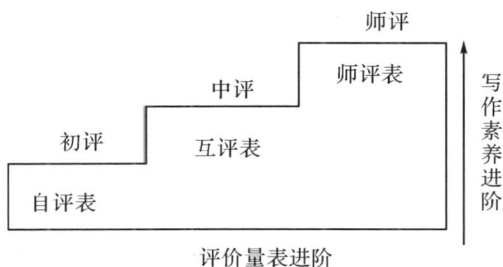

图 1　三表三评

一、从单元到单篇,写作指导明方向

在开始写作前,开设一堂写作指导课。教师利用好教材,引导学生从课内的文本中寻找写作的方法,作为评价的维度。师生共同拟定评价维度,生成评价量表。

（一）借助单元指导,梳理核心知识

统编版语文教材设置的写作实践是成体系的,每个写作主题都有相应的核心知识。因此,梳理每一单元的写作指导要点对编制评价维度起到重要作用,以七年级下册为例（见表 1）:

表 1　七年级下册各单元写作指导要点

单元	主题	写作指导要点
第一单元	写出人物的精神	1.抓住典型细节 2.借助写作手法 3.借助议论抒情
第二单元	学习抒情	1.要抒发真情实感 2.恰当运用直接抒情和间接抒情
第三单元	抓住细节	1.注意细节真实 2.注意细节典型 3.注意细节生动

单元	主题	写作指导要点
第四单元	怎样选材	1.写亲身经历 2.围绕中心选择素材 3.注意材料的真实和新颖
第五单元	文从字顺	1.语句表达要准确 2.注意语句间的连贯 3.写完后通读全文
第六单元	语言简明	1.行文围绕中心 2.避免重复的词语 3.词语不要堆砌

统编版语文教材中每一单元的写作指导，都是围绕着一个特定的主题，对学生的写作进行具体指导。借助写作指导，我们可以梳理出每一单元的核心知识，为后面拟定评价量表的评价维度提供重要依据。例如第三单元的写作核心知识是细节描写要真实、典型、生动，评价量表的评价维度就围绕着该核心知识进行编制。

（二）深入单篇课文，提炼写作方法

统编版教材的单元写作指导与整个单元的课文具有一致性、连贯性。单元的阅读对写作起到直接的指导作用，教师应该用"教材教"，引导学生从单篇课文中学习写作的方法。例如在执教七年级下册的《抓住细节》写作指导课时，在明确该单元写作的核心要点之后，深入探究本单元的四篇课文，分别是《阿长与〈山海经〉》《老王》《台阶》《卖油翁》，这四篇课文中都有出色的细节描写。教师从这些课文中找到几处精彩的细节描写，学生细细品味后，提炼出作者细节描写的妙招，然后把"抓住细节"评价量表补充完整。例如《台阶》一文中父亲踏黄泥的细节描写，用了准确的动词，如"浮"字，写出父亲干活的轻松，表现父亲即将实现理想的愉悦、兴奋的心情。"飘""挑"写出深秋雾之浓重。"一起一伏""晃""滚"准确生动地写出了父亲踏黄泥的用力、专注，表现出父亲建新台阶时的兴奋、高兴。所以运用准确的动词可以让细节描写更生动。

通过研读课文中精彩细节描写，我们可以提炼出细节描写的方法，如巧用修辞，发挥联想和想象；用精准的词语生动描摹；调动多种感官，写得有声有色。根据这些方法，可以从修辞手法、表现手法、精准用词和调动感官四个方面编制"细节描写"的自评标准，从内容、方法、情感三个角度编制互评标准，从真实性、典型性、生动性编制师评标准。

二、从自评到师评，写作素养三进阶

（一）巧用自评表，作文初修改

评价量表制定好后，学生先根据评价标准进行写作，写作完成后先按照自评表（见表2）先对自己的写作片段给予等级评价，例如某生的第一次练笔：

> 打针时，大家各出奇招。瞧！小韩同学将手伸给了医生，她心里非常紧张，大气都不敢出，又缩了缩，头一扭，便不去看那细长的针头，双眼尚未紧闭，手却早已放在嘴边，轻轻咬住。嘴里不知何时充满了气，鼓鼓的，犹如一只小仓鼠。

该同学对照自评表给自己的评价是能运用一种修辞手法，即把小韩同学鼓着嘴巴比作小仓鼠，"缩""扭""紧闭""咬"等动词运用较准确生动，评价等级为C等。自评表从细节描写的方法角度对学生的习作进行评价，目的是通过初评，让学生掌握运用多种方法来进行细节描写。

表 2　自评表

评价项目	评价标准			总分
	优秀（3分）	还不错（2分）	有待改进（1分）	
修辞手法	能巧用两种以上修辞手法	能运用两种修辞手法	能运用一种修辞手法	
表现手法	能运用两种以上表现手法	能运用两种表现手法	能运用一种表现手法	
精准用词	用精准的词语生动描摹	用词较生动准确	用词不够生动准确	
调动感官	能调动多种感官，写得有声有色	能调动两种感官	能调动一种感官	
自评总分				
自评等级				

评价说明：根据自评表对自己的"细节描写"片段进行打分，总分9—12分评为A等，5—8分评为B等，0—4分评为C等。

学生根据自评表对自己的作文进行一个初步的评价后，再学习其他同学的优秀作品，增加了一些细节描写的方法来进行第一次修改，某同学修改的作文片段如下：

打针时，大家各出奇招。瞧！小韩同学坐了下来，将细细的手伸了出来，又不动声色地缩了缩，头扭到了一边，彰显了她的害怕。"嘶啦啦"听到撕开针筒包装的声音，她浑身像触电一般抖了抖，"快点，快点"，她在心中默默祈祷着。针扎了下去，她的嘴里不知何时充满了气，腮帮子胀得鼓鼓的，犹如一只小仓鼠。"一、二……"她在心中数着，但似乎是等了几个世纪一般。

(二)巧用互评表，作文再润色

随后，将班级学生分成若干小组，每个评价小组由四位不同写作层次的学生组成，由小组成员根据互评表(见表3)进行评价，互评表在评价写作方法的基础上，又增加了两个评价维度，分别是内容和情感，引导学生从这三个维度去修改自己的习作。

例如该同学组内的评价为：有细致的动作描写和心理描写，但内容还不够饱满，用上两种细节的方法，对人物形象的塑造、情感的表达有较大的帮助，所以互评等级为B等。学生根据组内的评价和建议，对自己的作文进行第二次修改。通过学生间的自主评价驱动的积极反馈，让不同水平的学生都能取得看得见的进步。

表3　互评表

评价项目	评价标准			总分
	优秀(3分)	还不错(2分)	有待改进(1分)	
内容	有两种以上细节描写类型，内容丰富	有两种细节描写类型，内容还不够丰富	有一种细节描写类型，内容单一	
方法	运用了两种以上细节描写方法	运用了两种细节描写方法	运用了一种细节描写方法	
情感	能充分表现出人物丰富的内心世界或独特个性	对人物形象的塑造、情感的表达有较大帮助	对人物形象的塑造、情感的表达帮助不大	
互评总分				
互评等级				

评价说明：以四人小组为单位，每个组员分享自己的作品，由其他组员进行评价。总分7—9分评为A等，4—6分评为B等，0—3分评为C等。

学生根据互评结果对自己的作文进行修改,例如某同学在第二次修改后,丰富了细节描写的内容,除了动作描写、心理描写,还增加了神态描写:

> 小韩同学坐了下来,将细细的手伸了出来,又不动声色地缩了缩,头扭到了一边,彰显了她的害怕。"嘶啦啦"听到撕开针筒包装的声音,她抖了抖,眼睛紧紧地闭上。"快点,快点",她在心中默默祈祷着。针扎了下去,那刺痛感似乎迅速布满了她的全身,伴随着酒精棉球深入肌肤的冰冷,她厌门牙咬住下嘴唇,紧紧地闭上了眼睛,试图转移痛苦,心脏怦怦直跳。只见她微蹙着眉,手放在嘴中,嘴里不知何时充满了气,腮帮子胀得鼓鼓的,犹如一只小仓鼠。"一、二……"她在心中数着,但仿佛等了几个世纪一般。"好了",这一声,使她紧蹙的眉瞬间舒展开来。

(三)巧用师评表,作文助升格

互评表的评价维度主要是从细节描写的生动性与典型性来评价,师评表在互评表的基础上,又增加了真实性这一维度,意在通过这三个维度引导学生写出真实、生动、典型的精彩细节,这也是本单元写作的核心要求。教师根据师评表(见表4),对修改后的片段进行评价,上述片段能准确选取贴合人物的典型细节,抒发真实情感,语言十分生动、简洁。师评等级为 A 等,可将片段扩写成全篇。若未达到 A 等,在教师的建议下继续修改完善。

表 4　师评表

评价项目	评价标准			总分
	优秀(3分)	还不错(2分)	一般(1分)	
真实性	完全抒发真实感受	较能抒发真实感受	不太能抒发真实感受	
典型性	能准确选取最能反映人物性格特征的细节	能选取较能反映人物性格特征的细节	细节描写不太能反映人物性格特征	
生动性	语言十分生动、简洁,传神地刻画细节	语言比较生动传神、简洁	语言不够生动、简洁	
师评总分				
师评等级				

评价说明:教师对学生修改后的作品进行评价,从细节描写的三大特性入手进行评价。总分7—9 分评为 A 等,4—6 分评为 B 等,0—3 分评为 C 等。

通过三次评价,引导学生根据评价量表以及同学的优秀作品进行修改,该同学的写作等级从 C 等升格为 A 等,同时也掌握了一定的细节描写的写作知识和写作技巧,从而促进了写作素养的提升。

三、从一表到三表,写作评价显优势

在目前的研究中,虽有一些学者研究了写作评价体系,也有不同的写作评价量表范例,但并未有人研究开发过阶梯式的评价量表。以往的写作评价量表一般自评、互评、师评都是共用一个表,无法体现层次性、递进性,不同的评价主体应该有不同的评价量表,自评表的评价主体是学生自身,互评表的评价主体是组内同学,师评表的评价主体是授课教师。学生通过三次运用评价量表对写作进行评价,在评价后有针对性地进行修改,在不断修改的过程中,实现写作素养的进阶。

以"细节描写"写作实践为例,笔者选取了两个平行班(人数都是三十九人,生源质量均衡)进行对比实验,实验班用"三表三评"的方式进行写作教学与评价,对照班用传统的写作教学与评价方式。结果显示,在这次写作实践中,实验班对细节描写的写作有了显著提升,详见表 5。

表 5　实验结果

班级	首次习作等级分布情况			升格习作等级分布情况		
	C 等	B 等	A 等	C 等	B 等	A 等
对照班	11	22	6	9	19	11
实验班	12	22	5	5	14	20

在写作教学实践中,运用三表三评的评价方式来提高写作素养,体现出三大优势:

（一）写作指导持续化

以前的写作指导往往只局限于一节课,课上完了,指导就结束了,或是教师在课间对学生进行碎片化的指导,无法形成一个持续的指导过程,导致学生的写作得不到长久的发展。而阶梯式地运用评价量表,通过作前拟表、作中用表以及作后评表,能让学生充分经历写作升格的过程,让写作指导具有持续性、过程化的特点。

（二）写作学情可视化

一是从理性的角度为学生定位,让他们清醒地知道自己当下写作的水平;二是为学生提供明确的发展方向,不让他们茫然地写,等待别人主观随意地评判;

三是给不同水平、不同层次的学生一个发展的台阶，一个可以随时自我评判、矫正的规尺。积极利用阶梯式的写作评价量表能够给予学生反思的契机和自我提升的机会。

（三）写作评价多元化

写作评价的主体不再是教师一人，而是把主动权交给学生，将自评、互评与师评相结合。以多元评价角色为主体的评价量表能有效唤醒学生反思总结意识，强化学生写作能力。教师可以结合多元化评价主体对学生作文的评价内容，了解学生对写作策略的使用情况，并根据评价结果调整教学策略，从而促使学生的写作素养得到进阶。

但是在具体实践的过程中，还存在着一定的提升空间：1.在制定评价标准时，可以不仅仅局限于本单元的写作要点，可以将标题、结构、详略等写作基本的内容也进行评价。2.在选用课文素材进行分析提炼的时候，也不用局限于本单元的课文，之前学过的课文都可以作为学习模仿的素材。3.在各个阶段的评价完成后，可以进行一个优秀作品展示活动，从同伴的作品中汲取长处，拓展作文修改的路径。

综上所述，我们可以通过逐步增加评价量表中的评价维度来设计阶梯式的评价量表，引导学生逐步修改自己的习作。"三表三评"的写作指导能让学生的写作有据可依、有方可循，从而达到以评价量表的进阶来促进初中生写作素养进阶的目的。

参考文献：

[1] 中华人民共和国教育部.义务教育语文课程标准（2022年版）[S].北京：北京师范大学出版社，2022.

[2] 李春望.培养思辨性思维，提升写作素养——以"核心素养"下的高中语文为例[J].作文，2021（24）：29-30＋37.

[3] 孙彦彦.细化评价量表，促进写作升格——以统编初中语文七年级上册写作教学为例[J].语文教学通讯，2022（23）：72-75.

[4] 郭家海.评价驱动的"自能"作文教学模型构建[J].语文教学通讯，2022（21）：73-77.

[5] 郭家海.发展性评价量表在写作训练中的运用研究——以记叙文肖像描写为例[J].教育测量与评价（理论版），2009（01）：38-41.

[6] 陈明.评价量表在初中语文写作教学中的应用[J].中学语文，2023（08）：37-38.

核心素养视域下的音乐舞台课堂实践探索

——以人音版九年级下册第二单元《西班牙舞曲》教学为例

舟山市普陀区武岭中学　金加银

在新课标已经实施的第二年,我们的音乐教育强调培养孩子们的核心素养,提升孩子们的综合素质,促进学生更加全面地发展。《义务教育艺术课程标准(2022年版)》指出,要深入加强课程育人导向,重视艺术体验,重视学生体验过程中的审美感知,激发学生参与音乐体验活动的兴趣和热情,使学生在欣赏、体验过程中形成丰富健康的音乐审美情趣。那么,如何打破我们的传统音乐课堂,真正提高孩子们的核心素养,打造真实有效的音乐课堂呢?笔者试着将传统的音乐课堂变成人人能展现的舞台课堂,通过对音乐作品的学习与体验,以音乐基本要素为导向,设计相应的音乐实践活动,最终让每个孩子都参与到音乐活动实践中,引导孩子们用律动、舞蹈、演唱等方式来表现音乐作品。作为一名在一线工作的音乐教师,我们更要敢于创新,敢于思考,把新理念引入音乐课堂,这次以舞台课堂为一个创新点,就是把我们的音乐课堂变成一个学生人人能参与的大舞台,以学生为主体、以体验为中心、以活动为载体的音乐教学新常态,通过活动参与音乐体验,激发学生对音乐的感知力、表现力和创造力,有效提高孩子们的音乐素养,增强学生音乐表现的自信心。

九年级学生正处于青春期,感性思维和理性思维并存,有一定的音乐基本表现能力,他们虽然喜欢表现但又羞于表现,笔者将"舞台课堂"新教学模式替换传统音乐教学模式,激发他们的学习积极性,提高他们的活动参与能力和创造能力。在以往的音乐教学中,我们音乐教师对学生的学习过程缺乏关注,忽视了孩子的心理需求,抹杀了他们对音乐的表现欲,造成了低效的教学状态。基于以上两个方面,笔者尝试大胆创新,把音乐课堂变成人人能参与、人人能表演的舞台课堂,更加注重于学生对音乐活动的参与性和实践性,通过演唱、律动、舞蹈等体验活动点燃他们的音乐感知力和表现力,促进学生对音乐作品的深度体验,从而提高学生的音乐核心素养,这也是真实性课堂教学的体现,更能促进学生对音乐作品的深度体验。根据笔者一年时间的实践研究,完成舞台课堂教学需要四个步骤,即音乐作品分析、舞台课堂设计构思、舞台表演呈现和表演评价。下面笔者以人音版九年级下册第二单元《西班牙舞曲》教学为例,尝试构建音乐舞台课堂实践探索。

一、基于核心素养,深度解读作品

在准备一堂舞台课之前,音乐教师需要在心中确立"戏"的本体地位,而这个"戏"即音乐作品本身,新课标指出以音乐审美为核心,我们一切的表演形式都不能脱离"音乐"这一本体而存在。对于音乐作品的选择,笔者认为首先是学生喜欢的,最好是有故事情节性和戏剧性的,能调动学生积极性,并且是较为熟知或经典的作品,如在初中的音乐教材中,像戏曲单元、舞剧单元等作品深受学生喜爱,课堂呈现效果尤佳。

《西班牙舞曲》就是选自九年级音乐教材中第二单元舞剧单元的音乐作品,是柴可夫斯基的芭蕾舞剧《天鹅湖》的选段。这是一部著名的俄罗斯芭蕾舞剧,也是世界芭蕾的精品。欣赏这部舞剧音乐可以拓宽学生音乐视野,对认识芭蕾舞剧、舞剧音乐乃至芭蕾文化有着重要意义。《西班牙舞曲》是舞剧中第三幕中的一首乐曲,是恶魔罗特巴尔德指挥的两对男女对舞的伴奏音乐。这一幕的情节是:在王后为王子挑选新娘的舞会上,恶魔及其女儿们扮作外国客人表演了各种民族舞蹈,而这首《西班牙舞曲》更是充满了西班牙民族风格特点,使用西班牙民族乐器响板,音乐气氛热烈而欢快,节奏鲜明,很能带动学生学习的兴趣,对学生认识和了解舞剧文化也有着典型意义,对于认识音乐在舞剧中的作用很有价值。

二、设计环节,层层推进

基于对音乐作品的深度了解与分析,接下来就是要设计舞台课堂的教学环节。舞台课堂主要是为了让孩子们在学习音乐的过程中,能用唱、跳、律动等自己喜欢的方式来表现作品,把我们的音乐课堂打造成学生人人能表演,人人能参与的舞台,学生通过舞台表演,增强他们的自信心,提高他们的音乐素养。

在《西班牙舞曲》一课中,笔者首先给这部作品设定了黑色的基调,舞台和作品的基调要保持一致,在课前就要营造好一种神秘的舞台氛围,在 PPT 的设计中,笔者就选择了黑色调的板式。这个作品是一个芭蕾舞剧,笔者认为至少在这个作品的舞台表演中,孩子们能人人会跳芭蕾舞,人人都有舞台表演和律动舞蹈的机会,这也是新课标中提到的以学生为主体,面向所有的学生,做到人人参与、人人表现。因此在课堂的导入中,就是一个舞会的设计。

（一）创设舞台表演情境，激发课堂活力

既然是一首舞曲作品，在舞台课堂最初的情境创设中，利用新的理念建立有意思可操作性强的音乐舞蹈律动表演活动，让学生从进入课堂的时候就要有舞台表演的代入感，在沉浸式的体验活动中，充分感受音乐，并且通过对音乐要素的捕捉与分析，用自己身体的表演方式来表现音乐。九年级的孩子具有一定音乐理论基础，理性思维能力很强，同时也具有一定的音乐表现能力，但又羞于表现，不敢大胆自信地将自己的理解用舞蹈或律动的方式表现出来，所以在本节课的设计环节第一步就要打破传统的教学观，让学生从走进课堂起就激发他们的律动积极性，引导他们打开自己的身体跟着音乐的节奏舞动。良好的开端对一节音乐舞台课堂来说很重要，老师们要善于抓住孩子的心，打开他们的身体，引导孩子们用身体的律动随着音乐从课堂的最开始进入表演模式。这是一个非常新颖有效的情境教学。不仅可以无声地提高音乐课堂的参与度，还可以提高音乐教学的实效性。

《西班牙舞曲》共分为五个乐段，我将最为优美舒展的 C 乐段和 D 乐段作为开场表演乐段，让孩子们围成大圈跟着音乐起舞（见图 1），代入故事情境舞会中，而老师起初是整个舞会的领舞者。一开始孩子们面对陌生的音乐还有点放不开，于是笔者又挑选了几位比较会表现的孩子邀请出来和老师对舞，这个环节的生成，使整个课堂进入了第一个表演高潮，孩子们纷纷鼓掌、欢笑，舞会的气氛慢慢升温，我时不时邀请更多的孩子对舞，并且取代了老师领舞的位置。正在这时音乐切换到 D 乐段，笔者让孩子们跟着音乐的变化改变自己的舞步，这是需要学生具有一定创造性能力的，引导孩子及时捕捉音乐要素的特点，他们很快会调整自己的舞步，享受舞台表演。随着律动越来越深入，孩子们也越跳越投入，越跳越开心。这便是一种开放式音乐教育体验，在舞台表演的过程中，笔者引导孩子们用自己的方式表达音乐，在律动中感受舞曲的节奏特征，使舞台课堂充满了生机和情趣，让每个孩子都参与到舞台表演中，不仅面向全体学生，也突出了每个孩子的特点。

图 1　开场舞蹈

(二)赏析音乐风格,掌握舞台表演技能

初舞台体验完成了,接下来便是对舞曲作品的分段欣赏和表演。新课标明确指出,我们的音乐课堂要以音乐审美为核心,以音乐为本,抓住音乐的基本要素,把握音乐的风格特点,才能提高孩子们的审美感知力、艺术表现力、创意实践力和文化理解力,才能呈现出精彩的舞台课堂。

在《西班牙舞曲》A段(见图2)的欣赏中,笔者抓住了具有浓郁西班牙风格特点的节奏先进行节奏律动训练,并结合拍手、跺脚,最后拿出本节课的小乐器响板来表现这条节奏,感受其风格特点,也为舞台课堂的乐器表演奠定了基础,这是整首舞曲中最具西班牙风格的乐段。

图 2　节奏、旋律体验

只学会节奏律动和乐器表演肯定是远远不够的,对于主题旋律的演唱也是本节课学生必须掌握的基本技能之一,也是舞台课堂要呈现的精彩表演片段。一节音乐舞台课堂怎能少得了演唱呢? 因此,对于主题旋律的演唱笔者也抓住作品的旋律、力度等音乐要素,层层推进,并分男声、女声分角色演唱。同时,还要拿起响板,边伴奏边演唱,形成了一种多声部的表演,这也是舞台课堂中的亮点节目。

在B段的音乐欣赏中,作为音乐老师也要表演一段舞蹈(见图3)。既然是舞台课堂,也要让课堂中的一员——音乐老师共同参与,同时学生要根据音乐特点,拿出第二件小乐器铃鼓为老师伴奏助乐,这也是一种舞台表现方式,有领舞有伴奏,学生不仅参与了,也感受到了舞台的魅力。

图 3　老师舞蹈

作品的 C 乐段是非常优美的歌唱旋律,听着音乐就情不自禁地想起舞。所以这一乐段,学生不仅要会唱旋律,还要学会跟着音乐跳芭蕾舞的基本手位,最后跟着老师的钢琴伴奏,边唱边跳,完成舞台课堂表演的第三个表演内容(见图4、图5)。

图 4　芭蕾舞手位　　　　　　　　图 5　主题演唱

作品的最后一个乐段,音乐节奏开始变得紧凑密集,笔者又请孩子们拿出了铃鼓跟着音乐节奏自行演奏。有了以上分段学习和舞台表演的经验,作品的最后一个乐段老师可以大胆放手,交给孩子们自己去创作,引导学生抓住音乐的要素,利用好已有的乐器或是自己即兴编舞尽情展示,激发学生的创造力和合作能力,真正提高孩子们的核心素养。

在这个环节中,老师先让孩子们倾听音乐,并分组展开讨论,分析其音乐要素的特点,创编适合该段音乐的表演形式。于是孩子们有些抓住了旋律跳起了快乐的舞蹈,有些抓住节奏玩起了铃鼓。最后笔者让孩子们围成一个圈,将自己的创编通过圆圈舞来进行舞台表演,大家相聚一起,沉浸在音乐的世界里。多么有意思的音乐舞台课堂,它让孩子们更有自信,更加专注于音乐本身,同时又能呈现出精彩的舞台表演效果。

三、团队通力协作,呈现舞台表演

既然是音乐舞台课堂,那么就要有对作品的完整表演和呈现,要有舞台的效果。有了分段欣赏的初舞台表演,其实最后的舞台呈现也就差最后一步,那就是将所有的分段表演串到一起,分角色、分组员进行最后的完整表演。

首先音乐老师作为舞台课堂的总导演,先决定舞台表演的形式,按学生的表现力和个人素养来分配角色和组员。根据课堂环节的设计,《西班牙舞曲》作品表现形式主要可以有三种(见图6),这三种表现形式其实每个孩子在上课过程中都进行了分段的演练。而在最后的呈现过程中,总导演需要筛选,根据孩子们的自身素养和艺术特长,给他们安排每个乐段需要承担的角色,如舞蹈特长的学生重点安排她们表演 C 乐段的芭蕾舞,声乐特长的孩子重点安排她们哼唱主题旋律,剩下的孩子可以演奏响板、铃鼓等小乐器,老师播放音乐,准备好服装道具。既然是舞台课堂,老师要准备好芭蕾舞蹈鞋,孩子们表演要穿的礼服等,增加舞台表演的仪式感,也能让孩子们更加完美地呈现舞台作品。

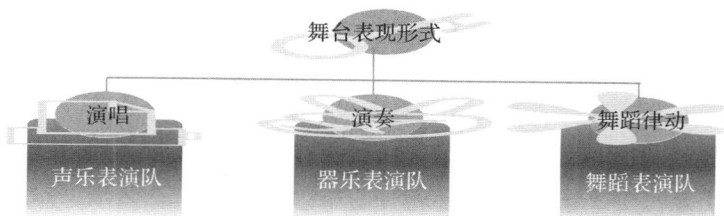

图 6　表现形式

　　分好角色后,接下来便是队形的选择。关于队形的选择范围很广,老师和孩子们可以根据人员和效果的需要选择各个乐段相合适的队形(见图 7)。最后就是彩排和表演了。一节舞台表演课用时两课时,呈现出来的却是意想不到的惊喜。当孩子们穿上礼服进行舞台表演时,那种自信,那种对音乐的理解是传统音乐课上看不到的。

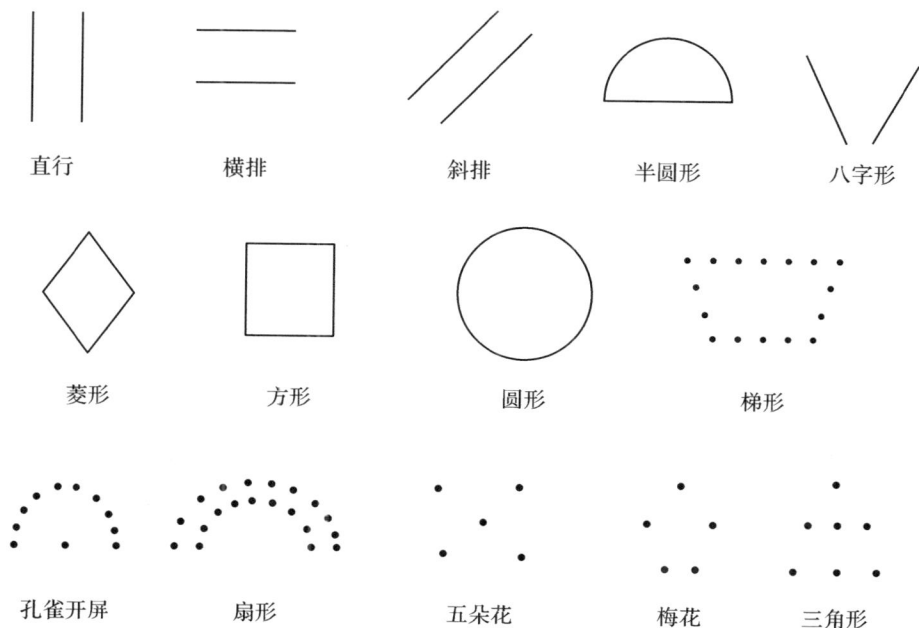

直行　　横排　　斜排　　半圆形　　八字形

菱形　　方形　　圆形　　梯形

孔雀开屏　　扇形　　五朵花　　梅花　　三角形

图 7　队形编排图

四、基于核心素养,开展深度评价

音乐舞台课堂除了有教学还有表演实践,不仅体现了音乐学科的核心素养,也提高了学生的表现力、体验力和创造力,增强学生的自信心,对于舞台课堂的评价其目的在于"帮助学生形成自主发展的核心素养,提高他们的舞台实践能力和表演能力"。

为了更准确地反馈舞台课堂学习结果,笔者制作了关于舞台课堂的评价单(见表1),评价时"看到"学生的学习和表演过程。同时,在制作评价单时,也结合了核心素养的四个维度,将舞台表演过程中涵盖了演唱、表现、创新、文化理解等素养,学生通过自评、他评的方式最后形成总分。其中在辅助设计一项平时音乐教室的舞台比较有局限性,对于舞台灯光的条件没有那么高,这一块我们每个月都会有舞台实践活动,让孩子们最终都能登上学校的大舞台。对服装道具都有一定要求,这也是一种课堂舞台与学校大舞台的衔接,也是学校美育功能的体现,提高学生的人文素养。通过评价,学生也在此过程中变得更加自信,有效提高了学生的创造、实践、表现等能力。

表 1 评价单

评价项目	评价指标	自评	他评	总分
角色塑造	运用动作、面部表情和声音塑造可信的角色(10分) 缺乏表现力(7分) 无法使用身体动作和声音进行沟通(5分)			
角色动机	对作品的理解到位,角色动机明确,舞台动作恰当地反映人物动机(10分) 行动表现和角色动机有所不同,并且出现一些对角色立场和目标不同的理解(7分) 角色行动和目标无法辨识,只是在机械地表演(5分)			
专注与投入	在整场表演中保持专注和投入(10分) 在某些主要冲突中保持专注和投入(7分) 无法持续投入演出(5分)			
舞台调度	演员走位精心设计,角色交互时能传达感情(10分) 演员走位随意,空台时间长(7分) 演员走位无序,影响效果(5分)			
辅助设计	道具、服装和音效有助于人物性格刻画,情节展开及氛围创设(10分) 道具、服装和音效大体符合人物特点,营造一定的剧场效果(7分) 道具、服装和音效喧宾夺主,甚至扰乱正常表演(5分)			

音乐舞台课堂以团队组合的方式对教学内容进行分工合作,以完整到位的状态呈现课堂内容,让孩子们感到很新奇,也有一丝忐忑。音乐老师可以是导演也可以是参与者投入舞台课堂教学中,让孩子们抓住音乐的基本要素并通过舞台表演的方式表现音乐,从跃跃欲试到大胆尝试,最终完全融入课堂。在短时间内让学生对音乐有深刻的学习和体验并投身于表演实践,在教学上这是一种创新和大胆的尝试,同时也提高了学生的素养,增强他们的自信心,提高他们的创造力和表现力。在表演实践中获得乐趣和自信!

参考文献:

[1] 中华人民共和国教育部.义务教育艺术课程标准(2022年版)[S].北京:北京师范大学出版社,2022.

[2] 刘月霞,郭华.深度学习:走向核心素养(理论普及读本)[M].北京:教育学科出版社,2021.

[3] 徐惠琴.音乐课堂体验式学习理论与实践[M].上海:上海音乐出版社,2020.

[4] 姚丽雅.核心素养下的音乐新常态课堂[M].南京:江苏人民出版社,2020.

第四辑

教学实践与
创新思考

"迷你学习"：语文阅读课堂的创新实践

舟山市普陀区沈家门第一小学　江珊珊

作为多年的语文教师兼班主任，笔者在课堂教学中经常会遇到这种现象：班里学生的学习能力差异非常明显，有的学生很快完成了老师布置的作业，而有的学生动作慢，不能在规定时间完成相应任务。如此一来，部分学生学有所余，其中学习不够自觉、自律性不强的孩子，做完规定的学校作业之后，无所事事，更有甚者还会前后左右骚扰同学，浪费时间；而另一部分孩子则时间不够用。如何帮助孩子充分利用这些碎片化的时间呢？

第三方教育软件"全景课堂"登录 iPad，它实现了包括电子白板、学生学习终端、教师终端等一系列硬件设备的无缝衔接。"全景课堂"建构了移动学习与固定学习、线上学习与线下学习混合式学习，自主合作探究学习，无边界学习等多元并举的学习方式，实现课堂无边界、课程无边界、群社无边界、学法无边界，最大化地满足学生多样化、个性化的学习需求，实现个性化、群社化的泛在学习。

基于学校一对一"全景课堂"数字教学的背景，笔者引入了"迷你学习"的语文阅读课堂教学模式。"迷你学习"，从字面上看，意为微型学习，这种学习模式在时间、内容上都有一个特点：短小，不占时间，易于随时随地进行学习。在如今微产物盛行的时代，"迷你学习"满足了学生们碎片化和个性化的学习需求，同时也改变了传统的课堂教学，让教学与数字化接轨，让学生在校园里除了接触书本，也能通过指尖触动享受阅读，进行在线学习，了解时代新产物，培养信息化思维，提升信息素养能力。笔者口中的"迷你学习"和数字化教育里提到的"微学习"概念不谋而合。微学习由奥地利学者林德纳于 2004 年首次提出，是一种存在于新媒介生态系统中，基于微内容、微媒体的新型学习。笔者所在班级是一对一数字化教学实验班，基于"全景课堂"平台的教学交互学习、基于问卷星的交流反馈学习等，这些微学习空间的构建及教学模式已经形成了相对稳固的模式。

《古诗二首》（包括《黄鹤楼送孟浩然之广陵》和《送元二使安西》）是两首千古传诵、脍炙人口的送别诗，都描写送别好友时依依惜别之情。笔者以这一课为例引入"迷你学习"教学模式，课前使用"全景课堂"的"预习平台"进行交互式预习，课中使用 AISchool 平台开展个性化教学,课后运用问卷星、UMU 平台进行即时反馈巩固性学习。

一、课前推送"迷你预习导学单",把脉学情

为了提高学生预习质量并培养学生良好的预习习惯,我们会利用拓展软件为每一篇课文设计一份迷你预习导学单,并要求学生在上课前务必根据导学单的要求完成预习任务。对于中高段学生,根据其思维水平发展及身心发展特点,我们会设计一些句意片段的理解、文章写法的指导,以及读写结合的点拨等。当然,每一篇课文的预习导学单都带有课文特色和单元特色。即教师要清楚每个单元的单元目标,并能挖掘出每篇课文独特之处。这份预习单,学生在上新课之前任何一段时间都可以去完成。如明天教学新课《古诗二首》,教师会在上新课前一天通过"全景课堂"推送迷你预习导学单,学生登录平台后直接进入预习界面(见图1)。

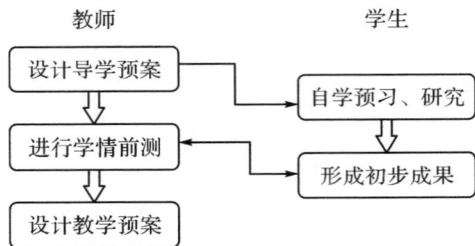

图 1 师生课前预学操作流程

迷你预习导学单设计了不同板块。向中高段学生推出的迷你预习导学单。如表1所示。

表 1 迷你预习导学单

我的朗读:我把古诗读给( )听了( )遍,他对我的评价:( ) 我的提醒:哪些字应该怎么记?哪些音容易读错
我的发现 我的研究
我的疑问 我的资料(关于内容的、关于作者的、关于语言的等)

当然,每一课具体的导学单还要根据语文要素的掌握、课文内容、表达特点等,又可以灵活变化。笔者基于文本解读、单元目标定位和本班学生学情,推送《古诗二首》的迷你预习导学单为:

1.我能正确、流利地朗读古诗,朗读作品录屏分享全班。

2.进入"全景课堂"平台,点击该课任务栏资料链接,浏览相关资料。

3.根据所给资料,知诗人、解诗题、明诗意、悟诗情。

4.读不懂的地方或自学有困难处发布"讨论区"。

5.预习成果用思维导图展示并分享小组。

学生可以把迷你预习导学单作为一项回家作业来完成,也可以把它当成一项课间作业,利用自己在校的碎片化时间分板块逐一完成。教师会在课间引导学生如何利用课间碎片化时间开展有意义的课间活动,这样既可养成良好的课间文明休息行规,又营造了一种"课间享悦读"的读书氛围。把从小就养成读书的习惯,充分管理自己碎片化时间的概念植入孩子们的心田。迷你预习导学单的设计要循序渐进,从本班学生学情出发,设计分步学法指导,如《古诗二首》学法指导:学字词、读诗歌、在此基础上根据所给资料知诗人、解诗题、明诗意、悟诗情。重在引导学生自己"学"。通过"全景课堂"平台给予学生充分时间、空间"先学""独学",这是个性化的"学"。每个学生学习能力不同,体现的学情不同,分享的预习成果也不同。相信长期坚持训练,实验班的学生自主学习能力会有质的飞跃。

二、课中开展"迷你学习",精准施教

小学生语文能力的形成和培养,大多来自课堂教学。因此,生动有趣、形式多样的课堂教学对提高学生学习的积极性、提高教学效益是大有裨益的。作为数字化教学实验班,我校的"全景课堂"有很多功能可以快捷地为师生创设一种迷你学习环境。比如可以在 AISchool 平台里设计一个迷你分组研讨,让大家共同探讨一个和课文有关的深度问题或有分歧的问题;可以开展一场迷你朗读比赛,大家一起分享成果;可以一起观看一段和课文有关的微视频,共同深入研究里涉及的知识点和写作方法等;也可以发起一个迷你投票,通过结果分析,分享个人观点。

在特别注重语文课堂"言意兼得""关注学生学习经历"的语文教研氛围中,《古诗二首》的教学,又该让学生收获什么呢? 两首送别诗都运用了高度凝练的语言,通过写景抒发诗人的送别情。诗人这一写作方法正是学生需要学习和掌握的。我们课前在"讨论区"也捕捉到学生对这个问题的质疑是最多的,于是笔者在对学生课前提交的"迷你预习导学单"完成情况进行把脉后,以学定教,确定中心问题:诗人是怎样表达送别情的?

中心问题一旦确定,就可以在课堂上精准施教,顺学而导。学生应围绕问题自主研读课文,反复推敲相关课文语句,尝试解决,并将观点分享出来。教师应有针对性地引导学生掌握解决问题的策略和分析信息、处理信息、发布信息的方法。学生在自主研读课文的过程中必然会遇到各类具体的细节问题,而教师的

指导不可能也没必要面面俱到,因此,小组协作学习是学生自主学习有效补充。我们让学生根据中心问题,几人分成一个小组,合作研读教师发布的学习任务,学习感悟和收获通过形成一份思维导图来展示,或建立一个专题主页(见图2)。对学习内容的深刻理解和领悟,就在这种和同伴紧密沟通与协调合作的过程中逐渐形成。

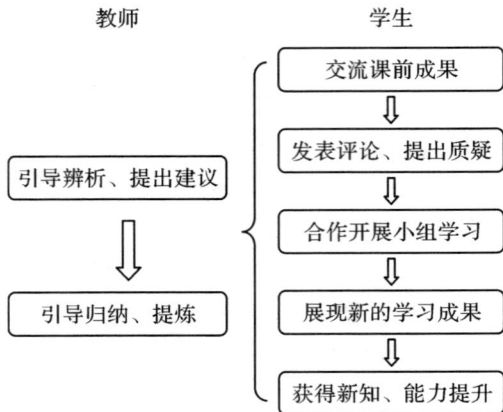

图 2　课中精准施教学习操作流程

　　笔者在引导学生研读"诗人是怎样表达送别情的"这一中心问题时,充分运用数字化平台,让阅读创新教学层层深入。

　　(一)自主探索

　　自主学习是以学生作为学习主体,通过学生独立地分析、探索、实践、质疑和创造来实现学习目标。学生要读懂"诗人是怎样表达送别情的"这一中心问题,并根据学习任务进行自主探索。

　　　　师:读《黄鹤楼送孟浩然之广陵》这首古诗,诗中出现哪些景物,在诗句中圈画出来,再把你找到的景物通过"全景绘画"展示,分享给全班。
　　　　生:进入"全景绘画"画一画找到的景物。

　　(二)合作研读

　　苏联著名心理学家维果茨基认为,相近年龄儿童的学习能处于对方的最近发展区。因此,同伴的合作互助学习可以提高他们的认知水平。通过小组的合作研读,让学生对诗中的景物和诗人送别好友的关系有了更深的理解。

　　小组合作学习,感悟下面四个学习任务:

1.这些景物都和送别有什么关系？

2.黄鹤楼、烟花三月除了是送别的地点和时间,还有什么特殊的意义？

3.点击资料链接阅读:你读懂了什么？（李白和孟浩然志趣相投,一见如故。他们相约在春暖花开的时节,来到黄鹤楼,吟诗作对,饮酒赏花,结下了深厚的友谊。一个月后,孟浩然要去广陵,李白便在黄鹤楼送别孟浩然。）

4.探讨孤帆画面的位置与原因

小组内交流:"孤帆"应该是越来越小,最后不见了,因为李白目送孟浩然的船越来越远,从孤帆到远影,从远影到碧空尽,最后"唯见长江天际流"。

（三）分享感悟

有效的语文学习活动不仅仅是模仿与记忆,动手实践、自主探索与分享展示也都是学生学习语文的重要方式。网络环境下的自主感悟分享,是基于自主研读和小组探讨基础的交流分享。

　　师:为什么江面上是"孤帆"？（顺学导入"讨论区"的中心问题）

　　生:因为李白的眼里、心里只有孟浩然,所以他所看到的就只有孟浩然坐的那只船,其他都是视而不见。

　　师:是呀,孤帆消失了,只能看到长江。孟浩然在哪里,李白的心就在哪里,情就在哪里,目光就在哪里,这就是"孤帆远影碧空尽,唯见长江天际流"。

　　师（手指学生画的景物,如图3）:多么执着的李白,就这样在长江边目送着。诗读到这里,我们感受到古诗中的每一处景物（这黄鹤楼、这烟花、这长江,这看不见的孤帆）都与送别都有着深深联系。诗人所有的情感都是通过这些景物来表达,这样的表达手法就是借景抒情。

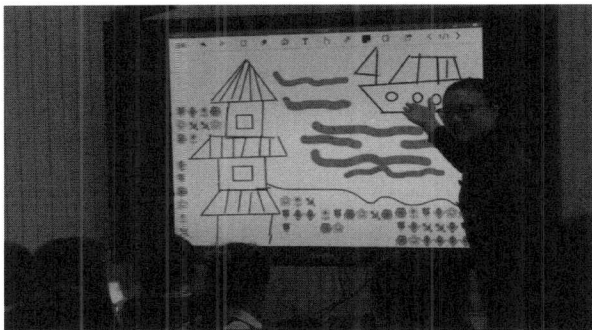

图3　学生"全景绘画"中画的景物

（四）学法迁移

学完第一首古诗《黄鹤楼送孟浩然之广陵》，学生在教师的引导下悟出这首诗作者运用借景抒情的方法抒发了对好友远离的依依不舍之情。笔者借助"全景课堂"的绘画功能，让学生通过思维导图来厘清作者的表达思路。抓住主要景物黄鹤楼、烟花、长江、孤帆，以及抒发的情感依依不舍、向往等。把诗人的表达手法结构化，自然引出第二首古诗《送元二使安西》，同样是借景抒情的送别诗，此时笔者就让学生通过画思维导图整理出诗人的表达手法（见图4），学生在学习第二首古诗时主动迁移，展开学习研究活动，整理出结构化知识，获得学习的有效途径。

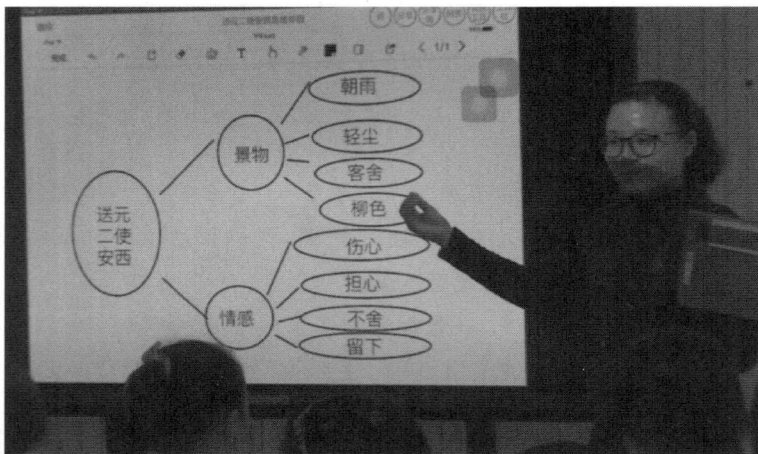

图 4　学生画的诗中景物与情感表达关系的思维导图

基于一对一"全景课堂"数字教育的新课堂，实现了互动多向、评价多维、学习机会均等，不同的思想进行碰撞，能启发学生更宽更远的思维，提高了课堂教学的有效性。

三、课后发布"迷你二维码"，提质增效

语文学习，最重要的是"得法于课堂，得益于课外"。课前预习，课中消化，课后巩固，三个环节必须环环相扣，并让学生养成习惯。好习惯会让学生受益终生。基于此理念，我们运用问卷星平台为每一篇课文设计制作了相应的课后迷你固学题。学生们学完课文后，可以自己挑选时间完成迷你二维码的作业，也可以根据个人需求和能力进行相关的拓展资源的阅读。这些课后迷你学习丰富了学生的课余生活，开阔了学生视野，有效延展了学生语文学习的外延。

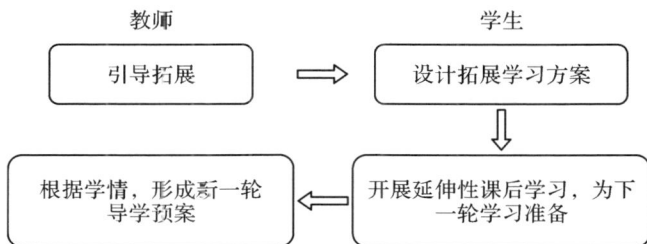

图 5　课后拓展性学习操作流程

《古诗二首》上完了，我们同样会留下课后固学单。这份固学单一般有如下三个板块：

板块一：听写词语。学生只要打开听写词语的链接，会自动跳到纳米盒App，里面有《古诗二首》听写音频资源，老师的音频播，学生写，老师的声音停止了，则意味着这一课的词语听写结束了。这一软件减轻了家长的负担。

板块二：课外阅读。打开此处链接，网站会自动跳转到学校 AISchool 平台，出示一组送别诗：《送杜少府之任蜀州》《山中送别》《别董大》等，学生自由吟诵，比较这些送别诗的异同，体会情感，增加古诗的积累量。

当然，有些课文学完，会有相应的作业练习。这里的作业练习分为两类，一类是基于课文的作业练习，一类是和课文相关联的课外阅读理解的作业练习。这类作业都是以选择题为主，基于课文的问题设计十题，基于课外阅读的问题设计五题，学生完成这些作业不需要花费很长时间。

板块三：课后固学。这是一个精制作的微视频。教师针对课文中的教学重点、难点、分歧点制作了微视频，方便学生课后有需要时再来复习。遗忘规律表明，课堂上学生学会的东西，课后有部分是会忘记的。只有及时复习，才能降低遗忘率，巩固所学知识。而用微视频、微课程进行巩固复习的好处在于它可以反复观看，直到彻底弄明白为止。同时，先前发布的习题，AISchool 平台会自动生成一个错题集，学生随时点击错题集，都可以再次复习自己的薄弱环节。

依托一对一"全景课堂"数字教育和数字化校园环境，展开"迷你学习"，让学生具有充分的自主控制权，学生可以自主选择适合的学习资源，按需学习，自定步调进行学习。此种学习模式确定了学生的主体地位，集聚以信息技术为核心的外部学习环境优势，形成以学生为中心贯穿始终的学习连续系统，构建最优化的数字化学习新形态。

在"互联网＋"教学时代，运用新技术、新模式，能够极大调动学生的学习积极性，充分满足学生个性化学习需求，有效地利用学习中的碎片化时间，提高学习效益。

参考文献:

[1] 王笑慰.在教室里眺望世界:基于 BYOD 的教学方式变革[M].上海:华东师范大学出版社,2019.

[2] 浙江省教育厅教研室.浙江省学科教学关键问题研究丛书 小学语文[M].杭州:浙江教育出版社,2021

[3] 张敏华.谈小学语文教学之道——统编本教材教学方略(第一学段)[M].宁波:宁波出版社,2018.

[4] 李艳.上海浦东基于未来课堂的移动学习建设研究[J].中小学信息技术教育,2013(06):27-30.

[5] 唐艳艳.核心素养视野下预习单在阅读教学中的运用[J].小学教学参考,2018(19):18-19.

立足儿童·生活 培植汉字文化

舟山市定海区舟山第一小学北校区 姜懿真

汉字承载着中华民族的历史,具有独特的文化属性。小学阶段是学生学习汉字的关键期。在此期间,教师要帮助学生完成基本的汉字识记,还要让学生喜爱汉字,了解汉字承载的民族文化。因为学生只有真正理解、热爱本民族的语言文字·才能掌握好语言文字的书写与运用,进而增强对母语文化的认同感和归属感。而我们的汉字文化教育课程挖掘汉字文化,非常契合课程标准的最新要求,有利于提高学生识字能力,形成汉字思维,传承中华文化,最终指向学生文化自信的提升。

近代教育史上教育学家夸美纽斯、卢梭、杜威、布鲁纳等提出,儿童在智力发展的每个阶段都有自己观察世界和解释世界的独特方式,教育方法应顺应儿童的成长特点和规律。小学语文汉字文化教育课程的授课对象为儿童,所教内容也均为针对儿童特别设计的,教师需要在教学中了解儿童在学习汉字文化中的真实需求,懂得运用儿童更易接受的方式进行讲授,进而促进儿童汉字思维的形成,传承汉字文化。

一、明理·品读:两次研讨课的比较

在汉字文化教育课程中,笔者选取了"屋顶与房子"系列课中《屋顶与房子——广》的两次研讨课例,并借助课堂观察展开研究。在两次研讨课例中,第二次的课堂效果较为理想,呈现出立足儿童视角的汉字文化教学。笔者截取了两次课例中的两个片段进行比较,并加以分析。

(一)教学片段一的比较与分析

第一个片段引导学生明晰字理,学习"庭"音形义。

1. 第一次研讨课

教学实录如下:

师:今天我们学习一个"广"部的汉字。跟老师读一读。"庭"的本字是"廷","廷"的金文是⿵,老师把它的部件分解,你能不能猜一猜每个部件的意思呢？同桌先交流交流。

生1：里面的部件像电线杆，外面的部件像墙壁。

生2：里面的部件像一把镰刀，外面的部件像面包。

生3：里面的部件像一个人，外面的部件像房子。

师：有两位小朋友猜对了一半，外面的部件的确是墙壁。那么里面的部件是什么呢？其实指的是须发飘飘的大臣，那三横代表大臣的须发，他正面向国君朝拜呢。"庭"指的是臣相朝拜国君的地方，表示宫中宽阔的大殿。

师：你能给"庭"组词吗？

生：庭院。

师：谁知道庭院是什么？

生1：是法庭。

生2：不对，是院子。

师：庭院指的是院子。（出示古代院子图片）

教学过程中，教师对本环节进行了观察记录，情况如表1。

表1　课堂观察记录

关键学习观察点	实录情况	达成度分析
猜一猜"廷"每个部件的意思	第二组第2桌：两个都没有猜出 第三组第3桌：一个说出里面的人。另一个没有猜到 第四组第4桌：一个说出里面的人，一个说出外面的部件是墙	抽样6位学生。其中3个能够猜对一个部件。其余3个学生都没猜对
庭院是什么？	仅限回答问题的两个学生，一个正确，一个错误	无法分析

借助课堂观察，可以发现在这个教学环节中，目标达成度并不高，究其原因：教学忽视了教学内容与学生经验较远，缺乏"真情实感"。

汉字文化教学要注意儿童心理特点，将学生熟识的语言因素作为切入点，结合学生的生活经验，引导他们学习汉字及汉字背后的文化，这样才能让他们真实领略汉字文化的魅力。但教师对学生经验的预估不准确，出生于2010年以后的小学生对"庭院"是不熟悉的，"庭"这个汉字的本义从内容和时代两方面看均与现在的学生相去甚远，导致在实际教学过程中，一半的学生表现出无感走神的状态，学生的学习积极性没有被充分调动，学习主要停留在知识的被动获取上，造成了学生接受度低、课堂效率低的情况。

2.第二次研讨课

教学实录如下：

　　师：前几天老师请你们去拍了爷爷奶奶家的院子，你们看到的院子是怎样的？谁来说说。

　　生1：我奶奶家的院子又大又漂亮。

　　生2：我外婆家的院子种着一棵很大的桑树，还养着鸡鸭，还有一条狗呢！

　　生3：我爷爷家的院子有一个很大的花坛，我爷爷喜欢种花，在那儿种了各种各样的花。

　　师：根据你们的描述，老师的眼前仿佛出现了很漂亮的院子。有几个小朋友还带了院子的照片，我们一起来看看。

　　师：同学们，院子还有一个名字，叫"庭院"。一起读一读。你们看"庭"。上面是"广"，这个字跟什么字有关？

　　生：房屋。

　　师：下面的"廷"什么意思呢？它的金文是这样写的🔲。光看字形好像猜不出意思。老师给你们看一张图，瞧，这是古代皇帝在早朝的情景。你能不能对比古文字和图片，猜一猜，每个部件的意思呢？你能找到官员吗？

　　生1：里面的部件就是大臣。

　　生2：外面的部件是墙壁。

　　师：聪明！那三横代表大臣的须发，他正面向国君朝拜呢。现在你知道"庭"是什么地方了吗？

　　生1：指的是臣相朝拜国君的地方。

　　生2：皇帝上朝的大殿。

　　师：对了。整个"庭"的篆文是这样写的，我们拿起小毛笔来描一描篆文，一边想象画面一边描。（学生描得很投入）

　　这个环节教学目标同样是借助古文字追本溯源，学习"庭"的音形义，了解"庭院"。从课堂反馈来看，体现了两方面的增量：首先，参与度更高了。汉字"庭"走进生活，把生活和课堂结合起来。课前请学生寻找庭院，拍一拍庭院，在了解"庭院"时将学生自家或外婆奶奶家的庭院呈现在课件里，学生心理上得到了巨大的满足,愉快的情绪使他们积极主动地投入学习汉字文化的实践活动。其次,汉字思维更深刻了。对照"古代皇帝在早朝的情景"的图片猜金文"廷"的意思,学生表现得非常活跃,他们不再凭空想象,而是有依据地想象、猜测、感知,学生的学习真实地发生了。

（二）教学片段二的比较与分析

第二个教学片段引导学生品读"庭"相关文学作品,初步了解庭院文化。

1. 第一次研讨课

教学设计如下:

（1）了解"庭院"。

出示西周四合院"庭院模式"和汉画砖上的汉代庭院。

①讨论:两个时期的庭院发生了怎么样的变化? 学生反馈。

②小结:汉代的庭院在结构上比西周庭院更规整,包括大门、中庭、中门、厅堂以及后院,有专门作为宴饮及接待宾客的场所。

（2）了解"庭燎"。

①出示庭燎图片,了解庭燎就是古代庭院照明的火炬。

②听老师讲周宣王和报时官故事。

③教师引导学生读《诗经》里的《庭燎》。

（3）了解"庭树"。

过渡:古人为图个吉利,不论是官宦门第,还是普通人家,庭院附近总少不了槐树。

出示《春雪》,同桌互读。看图理解诗意。思考:"飞花"是真的花吗?

（4）学习"大庭广众、门庭若市"（自读成语故事）。

（5）了解"庭训、庭对"。

①听孔子的故事。

②理解"庭训"。"庭"字又引申为父母的或与父母有关的。

本环节以"庭"相关的词语贯穿,呈现的课堂枯燥沉闷,学生积极性不高,究其原因:一是每个小环节之间缺乏内在逻辑,像堆砌的汉字文化信息的碎片。这需要教师再对这些文化信息进行解读,找出隐藏的内在逻辑,让这些无机的文化信息碎片有机地汇集成一个整体。二是教学方法单一,缺乏"乐"。活泼好动是儿童的天性,教师忽视儿童的身心发展特点,固而不变的程式化教学令儿童感到枯燥无聊。三是课堂学生参与度低,缺乏"自由"。本节课,没有摆脱"满堂灌"式的教学方式,教师的讲述占据了很大的比重,学生大部分时间在倾听。所以大多数学生难以切身参与到学习活动之中,没有激情投入,无法享受学习的成功与快乐,如此课堂必然高耗低效。

2.第二次研讨课

教学设计如下:

出现时光老人,带领学生观赏不同时期的庭院。

(1)参观西周时期的庭院。

①播放微课。

②庭院中燃烧着火炬,这叫"庭燎",猜一猜,它的作用是什么?(照明)

③师生配合讲"周宣王和报时官"的故事。

④师生配合读、同桌配合读、配乐读《诗经·庭燎》。了解诗的大意。

(2)参观春秋战国时期的庭院。

①听时光老人读《论语》。

②师生配合着读孔子与孔鲤的对话。(角色互换读)

③我们把父亲的教诲叫作"庭训",你们的爸爸平常教导你们什么呀?

④孔鲤又是怎么回答的呢?(未也)这种回答长辈的话我们叫作"庭对"。

⑤同桌配合读。汇报展示读。

⑥自读《门庭若市》成语故事,在故事中用波浪线划出描写"门庭若市"的句子。反馈。选择对应场景。

(3)参观秦汉时期的庭院。

①观察秦时期、汉时期的庭院简易图,说说庭院发生了什么变化。

②自读韩愈的《春雪》。讨论:你仿佛看见了什么?理解"飞花"是雪。

③师生配合读、填空读。

此环节抓住了学生的兴趣点设计教学,主要体现在两点:一是创设情境,在实践中领悟汉字文化。儿童在思考和观察事物的过程中一般都是通过形象思维来进行的,教师抓住学生的兴趣点,创造了一个卡通人物"时光老人"的形象,让"时光老人"作为导游带领学生游玩。整节课,学生跟随时光老人的脚步参观了"西周""春秋战国""秦汉"时期的庭院,课堂变成了学生探索古人世界的窗口。接着教师将知识展开,形成可观可见的状态。这样,教学内容与学生的距离不断拉近,使得课堂交流变得和谐自然,学生在轻松快乐的氛围中,进行了有效的学习活动。二是采用多种教学手段、教学方式,提升课堂参与度。由于学生年龄较小,对直观形象的事物易于理解和认知。基于这个特点,教师充分利用多媒体调动学生感观形象直观的素材,比如微课、视频、图片等,不仅激发了学生学习的兴趣,调动学生学习的主动性,更有利于培养学生的观察力及想象力。教师在朗读和理解语料上也下足了功夫。在理解《庭燎》时,先结合画面通过师生对读对话的方式让学生了解周王和报时官的三次对话,待学生对故事内容有了了解之后,才出现《诗经》内容,接着采用"师生合作读、生生合作读、配乐读"等多种形式的朗读帮助理解,化解了学生面对陌生材料的畏难情绪。在学习《论语》孔子教子片段,教师更是尽可能地营造轻松、自由的教学氛围,此片段故事性较强,教师采取表演的形式引导学生扮演故事中的孔子和孔鲤进行演绎,不知不觉中,学生明白了孔子的教导。正是在这样的潜移默化中,汉字的神奇与汉字文化的精深在孩子的心中潜滋暗长。

综观上述两个教学片段,在二次设计中,教师着力体现汉字文化教学的儿童化。正视儿童的经验起点,抓住儿童的兴趣点,贴近儿童的思维特点进行汉字文化教学设计,引导学生真正参与到汉字文化学习中。

二、儿童·生活:汉字文化课的视角

笔者通过研究,结合汉字文化教育课建筑系列课例,总结渗透汉字文化识字教学的具体实施方法。

(一)联系"儿童生活",创设相似情境

李吉林老师在《李吉林文集(卷一):情境教学实验与研究》一书中提到:"在情境中儿童的视觉、听觉、感受和思维是同时进行的,在儿童的意识里就形成一种情绪记忆,这样儿童记忆里留下的不仅是表象、概念。而且有思想、情感和内心感受。所有这些使儿童的形象思维活动,在最佳的心理状态中进行。"课堂起始阶段,我们应创设相似的情境,从而唤醒学生的生活经验。

对于每天生活在房屋下的学生来说,屋顶和房子再熟悉不过,那么如何唤起学生对生活中的情境再现呢?

课堂一开始,我就问大家一个问题:在很久很久以前,人们还不会建房子,他们住在哪儿呢? 此时,学生们的话匣子一下子就被打开了,插上想象的翅膀纷纷回答。学生自由发言后,教师出示上古人的"穴居生活"图片,让学生了解上古人还不会建造宫室,他们大都是挖洞而居。

接着引领学生一起走进原始房屋,去瞧瞧古人住的房子。通过"营造情境,激发童趣"导入新课,学生兴趣浓厚,学习热情高涨,很快进入学习的状态。

(二)关注"儿童感悟",挖掘汉字文化

儿童化的感悟方式,应该是直观的,整体的,有趣的。如果把一堂堂汉字文化课变成死记硬背的教学知识点的组合,那么这种灌输式的教学模式无法让学

生产生主动学习汉字的愿望。我从儿童的视角出发,充分挖掘汉字中蕴藏着的儿童意趣,将其适当地凸显、调和,使汉字以生动有趣的、敞开的方式呈现在学生面前。

1. 抓住字源,图文结合

对低年级的学生来说,汉字就像一些抽象的图形,因此教师可将这类抽象的图形和具体的事物联系起来,便于学生感知和理解,也可以让学生很好地运用。在教学"穴""宀""窗"环节,笔者采用了图文结合的形式来教,先追溯汉字在创造之初的原始形态:这些图片展示的是汉字在创造时的形态,又出示了相应的配图。不用教师去说明这些图片上分别是指哪些汉字,学生就能根据这些图片的形态和既有的生活经验相联系,让学生了解客观事物和抽象符号之间的关系,让他们的大脑建立字和图的关联性,既增加了教学的趣味性,锻炼了学生的思维,还降低了学生学习汉字的难度。

2. 分析字形,合理想象

在汉字文化课中,引导学生学习汉字的构形理据,引导学生创设由图画到字形、字义再到词语的联想思维,有助于对学生识字能力的培养,对学生深入挖掘汉字文化也有很大的帮助。下面是教学"家"字的片段:

　　出示"家"的配图
　　师:仔细看看房屋里有什么?
　　生1:像猪。
　　生2:是狗。
　　生3:像马。
　　师:其实,房屋下面是猪,豕是猪的象形。
　　生:为什么古人觉得房屋下面有猪是家呢?
　　师:这个问题问得好。谁能大胆猜猜为什么?
　　生1:最早古人只养猪。
　　生2:猪肉好吃。
　　生3:猪好养。
　　师:你们的想象力可真丰富,有的小朋友还说对了。在家畜中,猪生的宝宝最多,上古人们的牧业从养猪开始的,猪对人非常重要。所以老祖宗就用猪来寄托家里人丁兴旺的愿望。

教师通过对"家"字的字形分析,通过出示古文字⌂充分激发学生的联想,引导学生去探索古人的构字意图,对"家"的音、形、义有一个识记和理解的过程,同时也让学生了解了猪对古人的意义和古代社会生活状况。又如学习"宿"⌂:房屋的右边是一条席子,席子上面仰面躺着一个人,表示住宿的意思。这样学生在学习这个字时,就能通过字理去记住字形,对汉字形体结构有一个合理、规范的记忆。

3.综合实践,整体感悟

低年级学生学习注意力容易分散,我们应该对此足够重视。在教学中,教学手段应多样化,我们除了让孩子动嘴说、动脑想,还可以动手拼一拼古文字、描一描古文字、画一画思维导图等,将汉字文化与语言、书法、美术、游戏相融合,从而提高教学质量。

在"屋顶和房子"系列课最后的"小小讲字员"环节,笔者让学生选择最喜欢或印象最深的两到三个字,讲讲对它们的认识。学生准备后上台讲,充分满足了学生的表现欲。这不仅完成了对目标达成的检验,还为孩子提供了展示自我、体验成功的平台,同时还培养了学生对汉字文化的学习兴趣。

除了这种方式,还可以让学生以"表格"或"思维导图"的形式梳理本节课学到的知识信息,用小毛笔描描写写古文字感受汉字形体美,让评价在具体活动中展开。

(三)预测"儿童积蓄",激发趣味表达

真正的儿童语文,是充满生成性的。因此,要让语文课堂教学充满儿童的情趣,就必须让课堂教学保持足够的开放度,努力让学生的表达和内在的积蓄保持联系。

1.建立汉字生活链

在汉字文化理解和运用中,如果能结合儿童生活的内容,调动儿童本身的生活经验,就会让教学变得更有情趣,效果更加明显。

在学习带"穴"部首的字"穿"的环节中,学生了解"穿"不是形声字,而是一个会意字,因为古人认为老鼠穿洞是用牙齿,所以上部是穴,下部是牙,意思是穿通,后引申为通过。然后我请学生联系生活,思考生活中有哪些跟"穿"字有关。这个问题唤起孩子的生活经验和语言经验,他们畅所欲言,和穿有关的事情有很多,比如穿衣服、穿鞋,还有学生想到"穿针引线"这个成语。接着我引出这样的一个问题:为什么要用"穿",用"捅""伸"可以吗?学生短暂沉默,但很快活跃起来,说不可以。于是我出示相关图片,加上做动作,让学生直观感受:"穿衣服"需要手臂通过袖子,"穿鞋"是脚通过鞋口,所以要用"穿"。

经过这个环节的学习,学生对"穿"的认识已经不仅仅停留在读音上,而是建立了"穿"字音、形、义之间的联系。

2. 融入典故、传说

在教学中加入一些与汉字相关的文化故事,切合低年级学生喜欢听故事、讲故事的特点,让他们在轻松有趣的学习氛围中主动学习汉字,这比机械、枯燥的讲解方式有意义得多。

在教学"守"字环节时,出示成语"守株待兔",大部分学生了解这个成语故事,我请一位学生把这个成语故事讲给其他学生听,这位学生讲得声情并茂、生动有趣,其他人听得津津有味。在听故事的过程中,学生懂得了"守"的意思是守候。

汉字文化教育课程,笔者始终以"儿童视角"作为教学的出发点,将自己置身于"儿童"的角色,联系"儿童生活",关注"儿童感悟",调动"儿童经验",和学生一起探索汉字文化,感受汉字魅力。

参考文献:

[1] 李吉林.李吉林文集(卷一):情境教学实验与研究[M].北京:人民教育出版社,2007.

[2] 何久盈,胡双宝,张猛.中国汉字文化大观[M].北京:北京大学出版社,1995.

[3] 王宁.汉字构形学导论[M].北京:商务印书馆,2015.

[4] 金文伟.我们的系统识字课:遵循汉字学的识字及阅读课例选[M].南昌:江西人民出版社,2017.

[5] 刘咏娟.立足"儿童""文化"浸染——汉字教育的新探索[J].名师在线,2017(12):25-26.

[6] 徐浩晨.基于儿童视角的真实语文课堂研究[J].江苏教育研究,2018(26):60-62.

小学语文现代诗"1＋1"教学探究

舟山市普陀区沈家门小学　周洁慧

统编版小学语文教材重视诗歌教学,包括古典诗和现代诗。相较于古典诗,现代诗平铺直叙、语言生动活泼,易于理解、仿写。笔者在教学现代诗单元的过程中,发现学生对现代诗的学习充满热情。小学生充满想象力的特性与诗歌跳跃的节奏、留白的想象相得益彰。诗歌不仅能训练学生的形象思维、直觉思维和语言表达能力,还有助于他们关注内心、审视自我。诚如温儒敏教授所言,它满足了孩子们难忘的童年生活的精神世界的需求。此外,教育家蔡元培先生早就提出过"以美育代宗教"的理念,他认为美育和世界观教育都是超越政治的教育。美育的价值可见一斑。现代诗作为一种特殊的文学体裁,能培养学生感受美、理解美、鉴赏美和创造美的能力。

笔者对统编版语文教材中的现代诗的数量及在各年级中的分布进行了统计(见表1)。

表 1　统编版小学语文教材中现代诗的数量及分布

年级	现代诗数量	占本年级课文数的比重
一年级	19	50.4％
二年级	12	24％
三年级	3	5.4％
四年级	6	11.1％
五年级	0	0
六年级	4	9.1％
合　计	44	

如表1所示,笔者统计后发现教材中现代诗有44篇,约占课文总篇目的16％。这提醒我们应重视现代诗教学,当然古典诗教学的重要性毋庸置疑。而在实际教学中,笔者发现很多语文教师对现代诗教学存在一定的理解误区,有的重读轻写,有的重分析轻感悟,甚至有的将精读的现代诗课文当作略读课文教学。现代诗应该怎么教? 当然,对诗歌教学而言,朗读是第一要义,教学时须以

读促悟,以读促写,这点是共识,此文不再赘述。笔者在教学四下语文诗歌单元的过程中,进行了初步的探索与实践后,提出了诗歌教学"1+1"的概念。何为"1+1"？前者"1"指的是一篇或一类现代诗课文,后者"1"指的是与之相应的迁移。这种迁移不是漫无目的的拿来主义,而是根据不同的学段要求,不同现代诗歌的题材要求,不同单元的语文要素要求等量体裁衣,进行合理规划,从而有效落实教学目标,实现深度学习,提高学生的语文素养。但要强调的是,无论迁移什么,迁移至何处,都应秉承一个原则,读写结合。笔者之所以强调读写结合,一是因为现代诗形式自由,生动感性,易读易记易仿写;二是因为学生写诗自然要从仿写开始;三是因为语文学习的最终目的是学以致用。

美育的最高层次是创造美。现代童诗需要把诗、童心与自然相结合。综观现代诗的描写内容,多是以自然景物为意象。可以说诗歌创造归根到底是情景交融、寄情于景。创作诗歌之美除了需要善于发现美,还需要一定的写作技巧。四下第三单元是以诗歌为主题的综合性学习单元,共安排了四篇现代诗课文。分别是冰心的《繁星》短诗三首、艾青的《绿》、叶赛宁的《白桦》,以及戴望舒的《在天晴了的时候》。这些名家名篇都以大自然为描写对象,文质兼美、格式自由、想象丰富、情感真挚。但细细比较后,我们会发现《繁星》篇幅短小,情感细腻,主要表达了对母亲的深深的依恋和对故乡的思念之情;《绿》充满意象之美、想象之奇;《白桦》运用了象征和托物言志的写法,使诗歌兼具深度和美感;《在天晴了的时候》多种修辞的运用使辞藻灵动而富有层次。"一花一世界",此间自然别有一番文章可作。对"1+1"教学模式而言,单一的文本细读、品味诗意无法达到教学目标,甚至要尽可能快地完成本课时的教学目标和任务,否则会"贪多嚼不烂"。当然"求快"不是草草了事,不是填鸭式灌输,更不是一知半解。这需要教师明确教学重难点,厘清教学环节,精炼语言,化繁为简,提高课堂效率,从而腾出时间完成"1+1"。

一、斟词酌句,1 节诗+1 种句式深化

学生诗歌仿写能力的提升不是一蹴而就的,而是一个循序渐进的过程,必须遵循由易到难、由短到长的规律。《短诗三首》是极好的入门学习典范。它涵盖了现代诗具有的所有特点,格律自由、语感跳跃、感情充沛。在教学《繁星(七一)》时,朗读品鉴之后,我重点引导学生进行重点句子的句式训练。

师:读着这首诗,你仿佛看到了怎样的画面？
生1:我仿佛看到了冰心小时候依偎在妈妈的腿上数天上的星星。

生2:我仿佛看到了冰心边和妈妈聊天边摘藤落叶玩。

生3:我仿佛看到了冰心和妈妈在夏天的晚上纳凉吃西瓜。

师:你从哪些诗句中感受到的?她们还会说什么做什么呢?

学生找到了相应的"月明的园中"等三句诗句。

生1:她们可能还会听蟋蟀唱歌。

师:你能用和诗句相同的句式来说吗?

生1(思考片刻后):蟋蟀的回响。

师:"回响"这个词充满诗意。

生2:她们还会躺在藤椅上摇着蒲扇,就像我在奶奶家时那样。

师:你非常会联想,请你也用和诗句相同的句式来简短地说一说。

生2:藤椅上的蒲扇。

师:这句话散发着故事的气息。谁还能直接来一句?

生3:萤火虫的休息。

生4:远处的蛙鸣。

师:现在老师把大家的句子都串起来,就成了另一首《繁星》了。

这些事——

是永不磨灭的回忆:

蟋蟀的回响;

藤椅上的蒲扇;

远处的蛙鸣。

师:看来大家都有当小诗人的潜质呢。现在老师换个场景,看看谁能用相同的格式往下接。秋天的傍晚——

生1:南飞的大雁。

生2:散学的儿童。

生3:果实的香味。

生4:落日的余晖。

……

在这个教学环节中,笔者带领学生直面文本,通过步步引导,体悟形式的诗意之美;斟词酌句,品读语言跳跃的节奏感,最终水到渠成,实现课内向课外的延伸;量变引起质变,达到诗歌创作的目的。

同样的教学策略笔者应用在《绿》第三小节的教学中。针对第三小节的句式"(   )的(   )是绿的"进行拓展想象。与《短诗三首》句式深化训练不同的是,前者"( )的( )"是实景描绘,如"散学的儿童""南归的大雁"等,而后者更多是虚景想象。"阳光也是绿的"这句诗体现了诗歌语言表达的独特和朦胧之美,但是对四年级学生而言较难理解。

> 师:这春的颜色"绿"都到了哪些地方呢?
>
> 学生找到相应的诗句。
>
> 师:风和雨都没有颜色,为什么诗人却说是绿色的呢?
>
> 生1:因为绿色是春天的颜色,春天里什么都是绿色的。所以诗人会说风雨水都成了绿色。
>
> 生2:因为这是诗人的想象。
>
> 生3:因为诗人特别喜欢"绿",所以在他看来什么都是绿色。
>
> 师:是呀,这就是诗歌的魅力,可以有独特的想法和感受,表达自由,想象丰富。"绿"还会到哪里呢?
>
> 生1:流动的泉水是绿的。
>
> 生2:飞舞的柳絮是绿的。
>
> 生3:小朋友的笑脸也是绿色的。
>
> ……
>
> 师:如果把大家的想象连成串,就是一节奇丽的小诗了。这节诗有深远的意境、朦胧的美感和精微的诗意。大家个个是小艾青。

诗歌教学涉及对比、节奏、留白、语言、意象等多方面的内容。学生未必理解这些名词,但一定对有意思的片段仿写感兴趣。因为孩子们天然是诗人,他们单纯而灵动,想象丰富而不拘一格。在教学中通过教师的点拨,以及对经典诗句中有代表性的句式的仿写,学生不仅在潜移默化间掌握了本诗的写作特点,而且非常乐意动脑动笔,做到举一反三。此外,在今后的诗歌学习中,学生一定会对诗歌中有特色的句式特别关注,对有意思的部分特别敏感。

二、感物吟志,1首诗+1种情感表达

刘勰在《文心雕龙》里说:"人禀七情,应物斯感,感物吟志,莫非自然。"情感表达是诗歌的基础,是诗歌摄人心魄的原因之一。统编版教材重视学生的生活情趣、审美意趣,关注情感的抒发。低段的现代诗安排多以童话诗和科学诗为主,中高段则重诗歌的哲理和情感表达。

《短诗三首》中《繁星(一三一)》是情感最强烈的一首短诗。连续三个相同句

式的反问让读者深深感受到了冰心对故乡对大海深厚的情感、浓浓的思念之情。课后第二题思考题也要求体会诗歌表达的情感。因此这三句反问句的赏析和理解是感受诗歌情感的突破点。

> 师：这首诗中你看到体会到了什么？
>
> 生1：我看到了星光。我感受到星星虽然渺小，但在黑夜也能给人带来光明。
>
> 生2：我闻到了花香。哪怕是路边的野花，也会在盛开的时候散发香味。
>
> 生3：我仿佛看到了大海的波浪，听到了大海的涛声。
>
> 师：一连3个句子，有什么共同的特点吗？
>
> 生4：它们都是反问句。
>
> 师：为什么要用反问句呢？有什么好处吗？
>
> 生4：感情更强烈了，让我们感受到诗人对大海深深的眷恋和热爱。
>
> 师：是呀！这就是用反问句的好处。这些家乡的景象总会浮现在诗人的脑海中。诗人的很多文章或诗都和大海有关，大海承载了诗人童年的美好回忆。我们生活在舟山，也是海的儿女。你能学着也来说一句吗？
>
> 生1：哪一只海燕没有展翅飞翔？
>
> 生2：哪一粒沙没有声响？
>
> 生3：哪一朵浪花没有歌唱？
>
> ……
>
> 师：如果这首诗有第二节，应该就是同学们所作的这样。

同理，《在天晴了的时候》表达了诗人对大自然的亲近、热爱。诗中运用了大量的修辞手法，特别是拟人手法运用得炉火纯青，字里行间能感受到花草树木的生命和春天的美好。因此仿写一种修辞方法可以成为本诗的拓展点。总而言之，真景物、真感情谓之有境界。修辞往往蕴含了诗人强烈的情感，应该成为学习的脚手架，让学生感知文字背后丰富的情韵。

三、互文参照，1 类诗＋1 种写法借鉴

现代诗题材繁多，编者用心良苦地选择了较多有代表性的各种类型的现代诗。根据单元主题的需要，按照表情达意的不同，大体有抒情诗、科学诗、童话诗和叙事诗。如表 2 所示，这些不同类型的诗相对均衡地分布在各个年级。

表 2　统编版教材中现代诗题材分布情况

年级	科学诗	抒情诗	叙事诗	童话诗
一年级	9	4	4	2
二年级	2	6	3	1
三年级	0	2	1	0
四年级	0	5	1	0
五年级	0	0	0	0
六年级	0	2	2	0
合　计	11	19	11	3

现代诗较多使用创造性的意象和写法。有的现代诗年代久远，有一定的历史渊源和时代背景，对四年级的学生来说，解读有一定的难度，如年代久远的抒情诗《白桦》一课。教学这一类的诗歌时，需要适当的资料作支撑，越抽象越概括，越具体越形象。

通过抓住关键词感受白桦的高大挺拔、高洁顽强、不畏严寒。

师：苏联是一个极端寒冷的国家，白桦因为它的这些品质被视为苏联的国树，它是苏联民族精神的象征。苏联诗人叶赛宁难道仅仅在歌颂白桦吗？

生 1：不是，还在赞美自己的祖国。

生 2：诗人非常喜欢白桦，其实更是因为他热爱自己的国家。

师：是的，这是托物言志的写作手法。很多植物都被赋予了象征意义。诗人借植物抒发情感，赞颂某种品质。

因为托物言志的写法对学生来说有些抽象，只靠一首诗很难消化吸收，所以笔者插入群文阅读的方法，用一类诗帮助学生理解一种写作手法。在比较阅读了艾青的《树》、席慕蓉的《七里香》、金波《通红的柿子》后，学生对托物言志有了

较深的认识和体会。本节课后,笔者布置了选做作业,第一类是课外搜集一首用托物言志的写法描写植物的现代诗。第二类是有能力的同学以植物为描写主题,试着用托物言志的写法写一首现代诗的作业。事实证明,学生的潜力是无限的,这项看似有挑战性的作业,也能被部分学生轻松驾驭。

学生作品一:

海棠春思
冬去春来,
万物复苏,
园中百花盛开,
她也不例外。

她属棠科,
年年春天盛开。
她垂下一片海,
只因思念成灾。

这就是她"垂丝海棠"的由来,
她依然在等待着,
等待着春风,
还有你的到来。

她和春风一起,
用那芬芳的花香,
让漂泊在外的你,
从此不再孤单。

学生作品二:

水仙
我的窗前,
有一株水仙,
洁白又优美,
宛如少女楚楚动人。

午后的阳光暖暖照着,
她绝尘而脱俗。

胜过梅花的坚强，

胜过竹子的挺拔。

高贵的花瓣，

洗净了尘垢，

在星空下幻想着——

夜的美丽与神奇。

四、学以致用，1 组诗＋1 种评价跟进

语文是人文性和二具性的统一。语文学习的目的应该是学以致用。如何评价诗歌学以致用的成长呢？首先当然是自编一首小诗了，通过课文的学习和写作技巧的训练，学生对诗歌创作感觉亲切且充满了探究欲，一首小诗可以写进日记，可以写在午后校园漫步时，可以写给同学朋友，还可以发表在妈妈的朋友圈中。其次可以结合本单元综合学习《轻叩诗歌大门》编一本诗集（见图 1）。

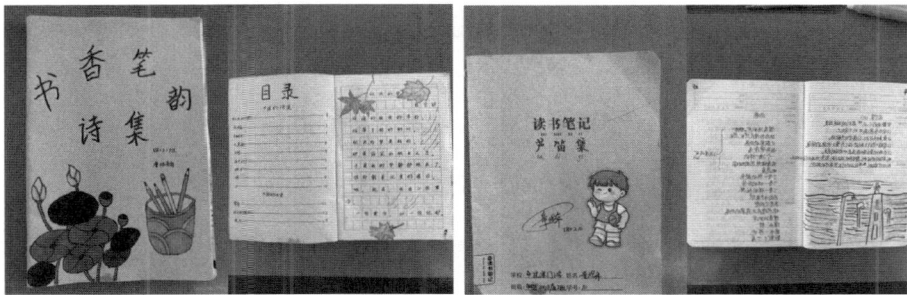

图 1　学生作品

编辑制作诗集时既可以誊抄喜欢的诗，也可以摘抄背后的故事或名人名言，还可以自己创作。此外诗集要像模像样地包含封面、序言、目录等内容。最后还可以进行适当美化，以提高审美情趣。在制作诗集的过程中，学生创造美的能力被充分激发，选用怎样的插图来表现文字的意境美、插图用什么颜色、起个什么诗集名、诗与诗之间怎么排版，等等，都在提升学生的综合素养。此时学生已经不再只是一位小诗人。除此之外，我们还可以开展诗歌鉴赏会、文学分享会等，搭建展示平台，帮助学生树立读者意识，在与同学的相互分享、诵读、互评过程中，相互借鉴，从而树立自信，拓宽诗歌学习的深度和广度。

现代诗篇幅虽小，但价值不容忽视。尤其对中高段学生而言，老师要把握好这一学段现代诗"单元性"内容的特殊性，也要把握好学生思维发展过渡期的特

殊性,培养学生的鉴赏能力和个性化创作能力,为深层次的语文学习奠定基础。

现代诗"1+1"教学策略四步的实施其实环环相扣,呈阶梯式上升。如图2所示,句式深化是基础,情感表达是进阶,写法借鉴是深化,评价跟进是总结。"诗言志,歌永言",诗歌本是感性的表达,但在读写结合的宗旨下,便有了理性的学法。

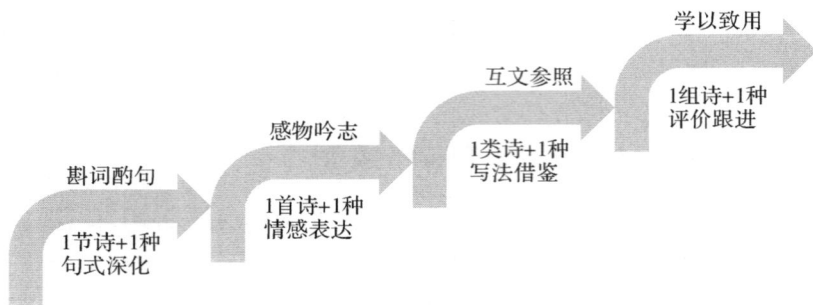

图2　现代诗"1+1"教学策略图

参考文献:

[1] 杜晨霞.文体·言语·表现——小学语文现代诗歌教学路径探析[J].读与写,2022(25):115-117.

[2] 吴军.小学语文现代诗教学策略[J].基础教育论坛,2022(16):22-23.

[3] 葛卫红.浅探小学语文现代诗的基本特点与教学范式[J].语文教学通讯,2020(12):45-47.

[4] 周振婷.小学语文中高年级现代诗教学策略与模式的研究——以现代诗《短诗三首》为例[J].教师,2020(12):45-46.

[5] 刘亚新.小学语文中高年级段现代诗教学策略研究[J].新课程研究,2022(28):61-64.

应用在线教室软件建构融合式
数学课堂新范式的探索

——以《找次品》一课教学为例

舟山市定海区南海实验学校长峙小学校区　蒋华杰

党的二十大报告首次将教育、科技、人才进行"三位一体"统筹安排、集中部署，并首次将"推进教育数字化"写入报告，赋予了教育在全面建设社会主义现代化国家中新的使命任务。随着互联网的发展和普及，线上线下融合的教学模式变得越来越流行。在线教室软件作为一个专业的在线教育平台，集合了在线直播、课程录制、互动讨论、测验考试、成绩管理、在线答疑等功能，便于教师进行教学管理和学生的作业质量、学习进度等相关数据的统计。因此，笔者认为如何利用在线教室软件，完善线上线下融合教学模式，提高课堂教学效率和质量，是极为重要的。

本文以《找次品》一课为例，介绍一堂小学数学五年级的线上线下融合探究课，与同人分享探讨如何利用在线教室软件，优化数学课堂模式，有效落地教学目标。

一、在线教室软件的功能和优势

在线教室软件作为一款最接近真实教室的产品，提供丰富的教学功能，帮助教师更加高效、便捷地进行线上线下融合教学。主要包括：1.在线直播教学：支持直播课程，支持异地多点同时在线互动。2.录播功能：平台支持双录和教师单录及后期剪辑、转码、存储等多种录播方式，方便学生回看课程。3.课前测试：教师可以在平台上设置课前测试，智能评估学生掌握情况。4.在线互动：支持语音、文字聊天、抢答、小黑板、举手等多种互动方式，使得课堂更具有参与感和趣味性。5.作业管理：教师可以在平台布置作业，学生可以在完成后直接在平台上进行提交，教师可以对学生的作业进行实时评分与点评。6.资源共享：教师可以在平台上上传分享教学资源，如教学设计、教学课件、微课小视频、随机小练习等，方便教师与教师之间、教师与学生之间的信息共享。7.数据分析：在线教室软件提供数据分析功能，教师可以分析学生的即时学习状态，更好地指导学生的学习。总之,在线教室软件的这些功能全方位地覆盖了远程教育的各个方面,为线上线下融合教育提供了强有力的保障。

二、基于 ClassIn LMS 搭配 TeacherIn 的教学范式

华东师范大学崔允漷教授认为:"新教学可以总结为简单的四句话:第一,素养本位的大单元设计。第二,真实情境的深度学习。第三,问题解决的进阶测评。第四,线上线下的智能系统。"笔者认为公开课是完整的一节课,但是常规课是非常琐碎的,真正能留给老师讲课的时间不超过 30 分钟,每节课之间的关联程度也是松散的,更多的是一种并联的关系。虽有单元目标却很难起到提纲挈领的作用,缺少一个能让学生启动起来探究核心知识目标的抓手。而基于ClassIn LMS 搭配 TeacherIn 的教学范式可以完成从课堂设计转变成课程设计;从教师教的设计转变成学生学的设计;保留并展示学生个性化的学习路径;完善并统计每位学生的学习过程并最终形成一个数据体系,真正实现线上线下混合的合作、探究、实践及 PBL。在使用在线教室软件的课堂上,教师可以很容易地为学生提供预习资源、下达预习任务、指导他们进行自我学习。在教室里,同学们可以按照老师的安排,以一种随机的方式,或者一种随意的方式,加入分组,老师们可以在任意的时间里,在回答问题的过程中,利用 PPT、图片、动画、录像等作说明及小结。基于 ClassIn LMS 搭配 TeacherIn 的教学范式如图 1 所示。

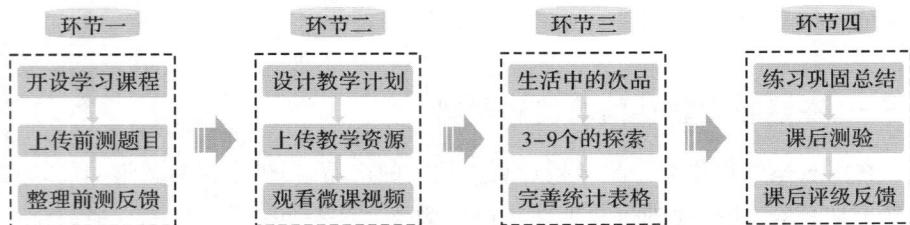

图 1　基于 ClassIn LMS 搭配 TeacherIn 的教学范式

(一)开设学习课程,上传前测题目,整理前测反馈

笔者登入在线教室软件,进入 TeacherIn 管理系统,选择"创建课程",输入课程名称、简介、学科等相关信息,创建课程。而后在其中创建教学计划,包括学习目标、学情分析、课程内容。结合二年级下册《数学广角——推理》一课,从推理最简单的事例入手,借助连线、列表等方式整理信息,并按一定的方法整理,学习观察、分析、推理和有条理的数学表达。在平台上发布前测的练习资料,要求学生完成,最后由其进行数据的整理与反馈,如表 1、表 2 所示。

表 1　前测问题 1

前测问题	方法	可能存在的问题	学生选择占比
质检员在生产车间抽查钙片,发现其中一瓶少了 3 片,质量较轻,你能设法把它找出来吗?	用手掂一掂	差距小,掂不出来	67.65%
	打开数一数	打开后要再次装封	5.88%
	用天平称一称	没有天平	26.47%

表 2　前测问题 2

前测问题	方法	学生选择占比
质检员在生产车间抽查钙片,抽出 3 瓶,发现一瓶少 3 片,质量较轻,你能设法把它找出来吗?	上 1 次秤	17.65%
	上 2 次秤	70.59%
	上 3 次秤	11.76%

（二）设计教学计划,上传教学资源,观看微课视频

《找次品》的教学内容原本在"奥数"活动中时有出现,用图形帮助思考,对培养学生动手能力和思维能力都比较好的作用。学生虽然是初次接触,但是只要通过动手移一移、小组讨论、探究等方式来解决问题,掌握一题多解的方法还是不难的。关键是最优化的策略以及书写格式,学生在总结时肯定是有难度的,需要教师引导和规范。因此引导教学的教学流程如图 2 所示;教学思路如图 3 所示;上传教学资源及微课视频,如图 4 所示。

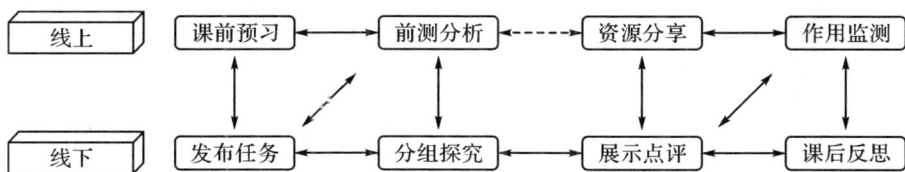

图 2　教学流程图

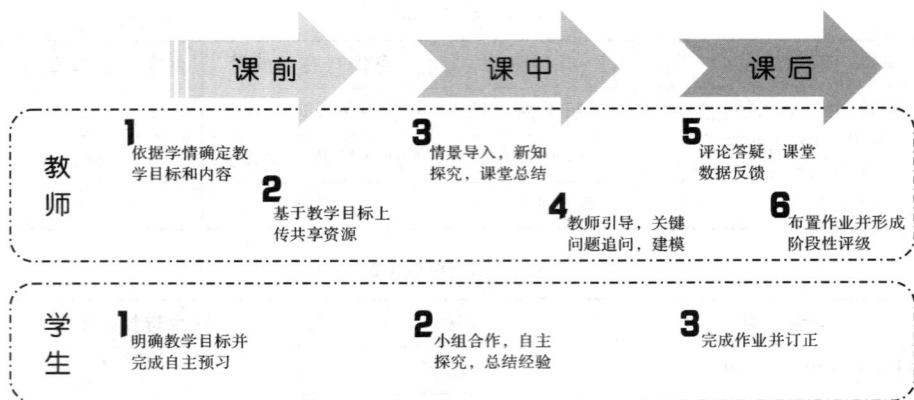

图 3　教学思路图

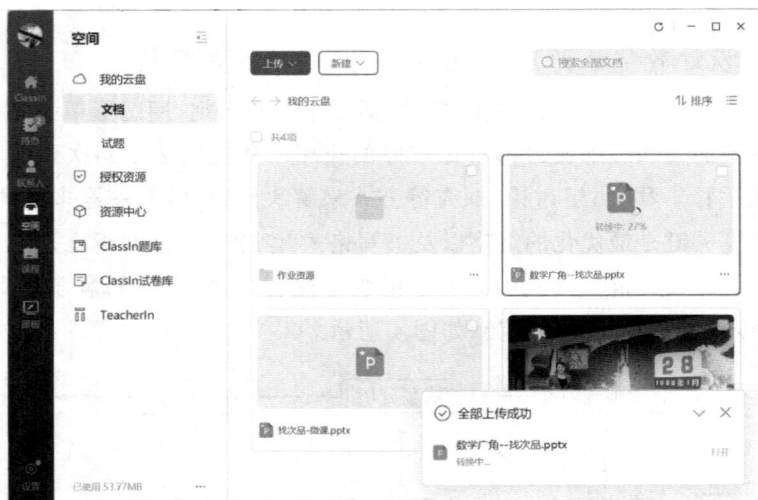

图 4　上传教学资源

（三）生活中的次品，3—9 个的探索，完善统计表格

《找次品》一课的核心数学思想是优化，其可有效地分析和解决问题。本节课主要以"找次品"这一操作活动为载体，让学生通过观察、猜测、操作等方式感受解决问题策略的多样性。基于 ClassIn LMS 搭配 TeacherIn 在实施过程中将课堂的理论教学、实验探究、课前前测、课后巩固和教师评价总结形成一个闭环。以《找次品》一课的具体课堂实施为例，如表 3 所示。

表3　《找次品》课堂实施记录

教学计划与时段				学生活动	教师活动	技术运用
课段	学习内容	起始时	终止时			
课前互动		00:00	01:3C	根据图片及要求,找出对应的不同选项	出示"眼睛色差辨识度"的链接	通过在线教室软件,让每个学生都参与到这个找不同颜色的数学活动中,调动学习积极性
引入	生活中的次品	01:30	03:00	学生通过猜一猜次数及对关键字的推敲,充分理解题意,感悟化繁为简的数学思维	出示一张铺满屏幕的乒乓球,并提醒学生其中一个是相对较轻的次品,通过没有砝码的天平,至少几次保证能够找到	通过铺满屏幕的乒乓球给学生带来感官冲击,激发学生学习兴趣的同时,进一步引导学生积极主动地投入找出不合格产品的探索活动
探究	3个乒乓球	03:00	06:00	根据出示的3个球,通过想一想、画一画、说一说的方式,初步体会分成3份的思想方法	在大屏幕中呈现学生作品。引导学生用数学的语言描述从3个中找到次品的方法	通过学生屏幕共享,实现快速呈现学生课堂画一画的生成,及时反馈
	4个乒乓球	06:00	10:00	模仿老师,利用4个球练习两步记录的方式	书写3(1,1,1),并请问学生是否看懂,说一说自己的理解	
运用	8个乒乓球	10:00	15:00	先独立思考,再小组合作,探究8个球要几次	增加难度,从3、4个球提升到8个球	1.计时器计时五分钟 2.进行小组组合,分组讨论 3.下发表格,让学生在表格中完成填写
		15:00	20:00	学生汇报	教师在学生汇报的过程中,适当追问,并将学生的关键信息进行板书	通过选取小组,进行屏幕共享,教师截取汇报中需要的数据信息,形成板书
		20:00	21:00	对比反思,初步体会尽量平均分成3份的思想方法	提出疑问,8(2,2,4)和8(3,3,2)同样是3份,次数却不同的原因是什么?	通过自由移动板书,将学生汇报整理后行程表格,便于学生的观察、感悟

教学计划与时段				学生活动	教师活动	技术运用
课段	学习内容	起始时	终止时			
巩固	5、6、7、9 个乒乓球	21:00	26:00	小组合作,小组汇报,总结出找次品的方法	组织学生通过小组合作,每组领取一个数据,去探究问题。后续行表格式板书,引导学生探究出找次品的方法	利用在线教室软件,派发每组的数据进行分组讨论,再通过屏幕共享,为小组汇报提供平台,最后利用截取功能进行小组汇报信息的整合,形成表格
		26:00	27:30	独立思考,深刻感受尽量平均分的原理	出示 PPT,请学生说一说尽量平均分成 3 份的原理	通过 PPT 展示 3 个圆,从图形上呈现尽量平均分的原理
强化	80 个乒乓球	27:30	29:00	独立完成从 80 个乒乓球中的找到次品的最优方案,并能以数学的方式进行记录	首尾呼应,抛出最开始未解决的问题,80 个乒乓球该如何解决	随机选人,通过屏幕共享,邀请被选到的学生进行回答
总结	总结反思	29:00	30:00	回忆整堂课所学习的知识,并且能用规范的语言表达出来	呼应学习的主题,总结学习的知识	根据学生的回答截取黑板中知识要点,重新形成一个例题的本节课知识要点集合

本节课激发了学生的学习兴趣,让他们能够主动地去思考,去表达自己的观点,而不是只能看着冰冷的屏幕,无法表达自己的观点。在班级教学中,笔者使用定时提问、随机提问、抢答等方式;以抢答器、定时器为辅助,以辅助教学,使教学更富趣味及弹性。在课堂上,笔者给同学们发放一个小黑板,老师可以在两个不同的画面之间转换,检查同学们的作业,当同学们完成作业后,老师可以按下"收回"键,将他们的作业收回来。另外,课堂上也提供了以小组为单位的教学模式,老师可以加入其中的任意一组进行讨论。这种课堂教学可以使学生更多地主动地参加到课堂的各种活动之中,将他们的学习主动性完全地发挥出来,弥补了传统的网上教育方式缺少师生、生生之间的互动以及感情的不足,最终实现了在线下教育中,师生之间可以进行充分的互动和交流。具体操作详情如图 5、图 6、图 7、图 8 所示。

○ 答题	62%
○ 小黑板	7%
○ 互动消息	3%
○ 抢答	62%

图 5　课堂参与率

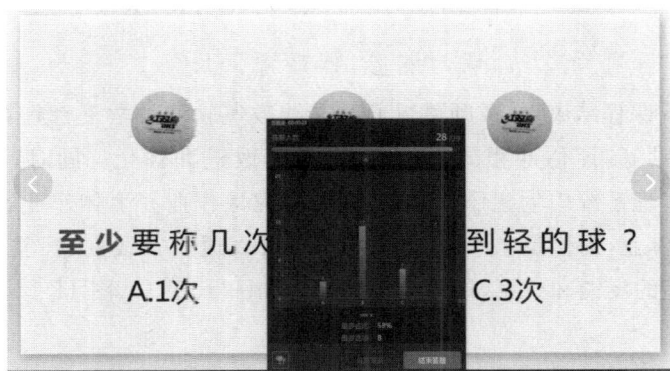

图 6　答题器数据分析

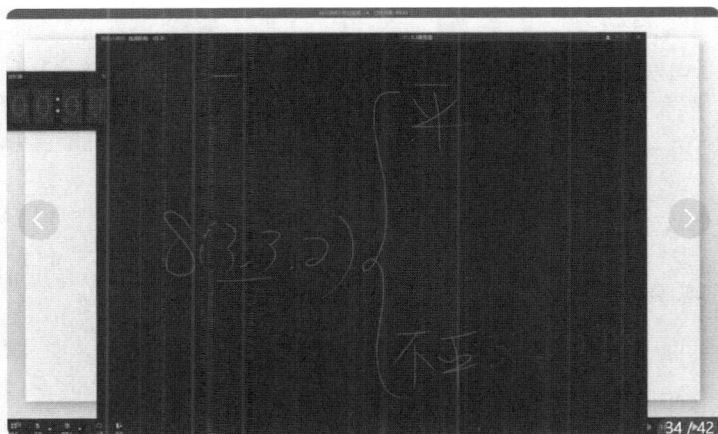

图 7　小黑板屏幕共享

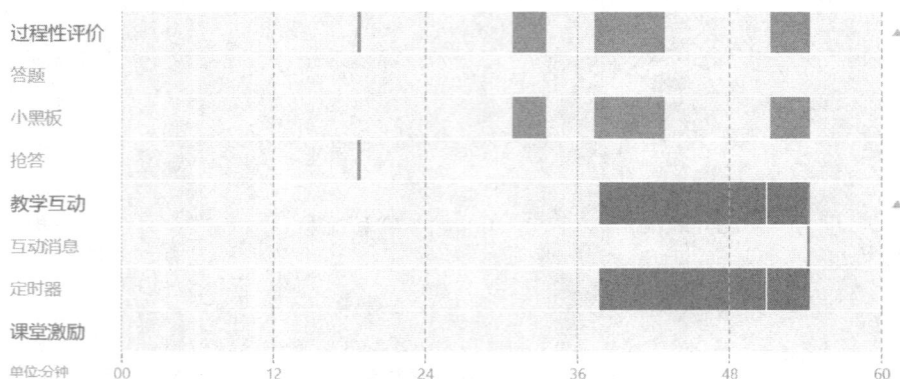

图 8　课堂活动时间分布（前 20 分钟为设备调试）

（四）练习巩固总结，课后测验，课后评价反馈

在 LMS 课程结束后，教师可以通过在线教室软件教学平台查看评估结果、学生反馈意见等，评估课程效果，并进行课程改进和优化。同时，教师可以在 TeacherIn 管理系统中创建作业题目，让学生完成作业并上传作业答案，教师可以在线批改作业，提供反馈和建议。教师也可以通过在线问卷、教学评估等方式，收集学生的反馈和意见，评估教学效果。如图 9、图 10、图 11 所示。

图 9　学生课堂表现打分及评价

图 10 布置作业

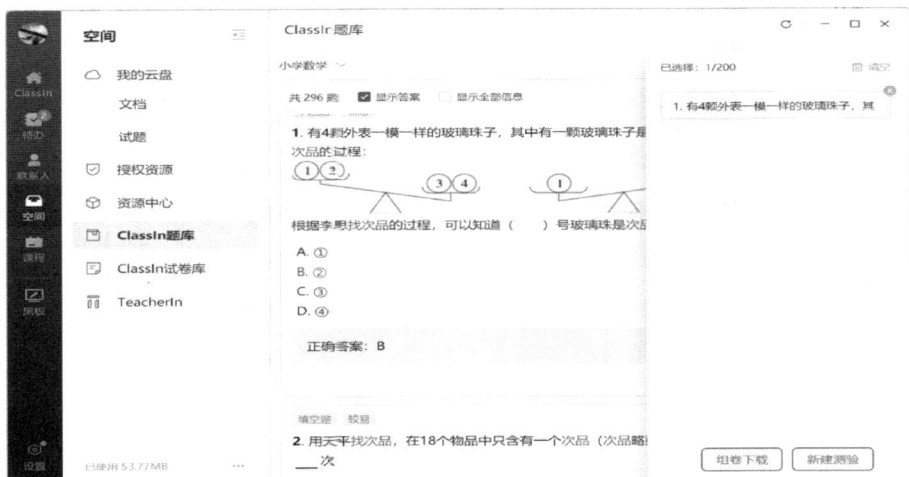

图 11 课后作业生成界面

在这一节的教学中,同学们在课堂上进行了更好的预习。在教学过程中,学生的学习态度和学习能力得到了很大的改善,教师和学生之间的学习态度也得到了很好的改善。在课堂结束后,学生的分组进行了更多的讨论和更多的家庭作业,并且有更高的测验准确率。在课后的采访中,大多数同学都很喜欢这种教学组织形式,觉得这种教学方式可以让他们在课堂上的参与度更高,从而提升他们的学习动力和学习效果。这也从某种意义上说明了线上线下融合的教育模式在课堂上的应用是有效的。让我们对在线教室软件的优越性有了更深的了解。

三、创新与重构线上线下融合教学的有效策略

线上线下融合教学不能仅仅依靠科技,任何一种科技手段都需要与新的理念和实践相配合。在线教学也不能离开技术进行空谈,因为许多时候,由于技术的不同,所导致的线上教学也与传统的线上教学完全不一样。与传统的线下教室空间较为固定,线上教学空间依然处于发展期。从更长期的角度来考虑,线上的教育空间也会逐渐与线下的课堂空间融合,二者不能彻底分开,反而更像是相辅相成,如图 12 所示。

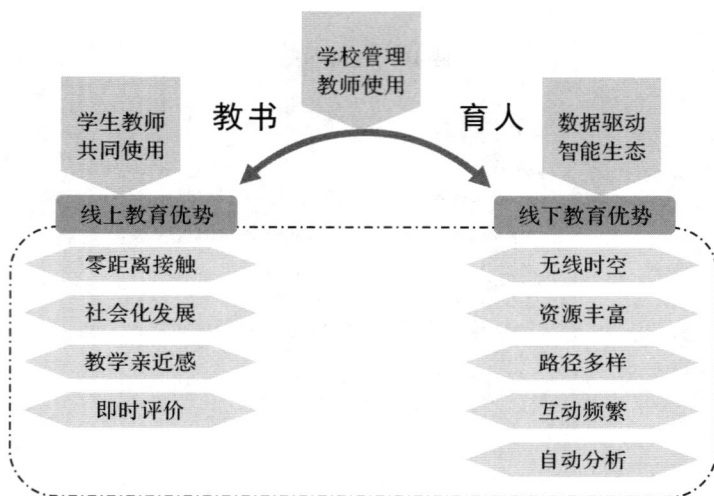

图 12 线上线下融合教学

策略一

营建开放的数学化课堂学习场景。强化线上线下融合的教学空间布局,把关技术设备设置,强调学习管理系统及课前、课中、课后的一致性布局。老师和学生不管在线上还是线下都尽量开启摄像头,尤其是在线上授课时,也尽量让学生做到统一校服或正式的服装,营造一种真实的上课情景。

策略二

有效运用 LMS 学习管理系统。课前,教师在在线教室软件中发布本节课的活动任务。在线教室软件上有各种演示片段、互动软件以及虚拟实验平台,提前给予学生指引。课中,利用在线教室软件自带的教学工具,调动学生积极性并充分运用学生课堂所学知识及课前了解的相关资料,解决本节课的重要问题;课

后,平台自动生成课堂视频回看链接,选择性地重组资源,形成一系列的数据分析并报告整理,最终完成学习目标的评价。

策略三

巧用在线教室软件平台自带的教学资源。1.注重板书的样式,使用平板电脑或外链接手写板,实现和黑板板书无差别;2.增加多样灵活互动,利用诸如共享文档编辑,实现同步地书写想法,在学生彼此交流的交互多样化中下功夫。

策略四

增加激励性评价、及时性评价的模式。线上线下融合教学不是单向的,是双向的,甚至是多元多向的。鼓励学生发言,引导学生发言,点名学生发言,抽选学生发言,用分小组讨论的方式划分时空,教师真正意义上走进每一个直播间就是每一个独立的商议室。关注学生的即时性评价,关注学生学习任务的评价属性和方面,善用平台奖励皇冠等一系列功能。

四、结语

通过对线上线下融合教学模式及在线教室软件的分析,可以得出以下结论:线上线下融合教学模式具有时空弹性、互动畅通、资源共享和数据追踪等优势,但其实也存在技术问题、学生自律问题和教师管理问题等挑战;同时在线教室软件作为在线教学的工具,具有视频直播质量高、课程资源共享和学生参与度高等优势,也存在依赖技术和教师课堂把控管理能力等不足。因此,我们需要更好地整合各种资源、提供多种方式的课程服务、强调有效沟通和实现学生数据统计,来优化教学课堂模式。线上线下融合教育的发展前景是非常乐观的,笔者认为我们要积极拥抱这个新的学习方式,利用新技术实现更高效、更优质的教育服务。

参考文献:

[1] 周琦.基于 Classin 的线上"读写融合"路径新探[J].教学管理与教育研究,2023(06):123-125.

[2] 竺屹.发挥 Classin 平台优势　优化线上课堂教学——以"全等三角形的应用——'筝形'初探"为例[J].初中数学教与学,2023(05):1-3+22.

[3] 王东生.基于 ClassIn 构建网络课堂新形态[J].基础教育论坛,2022(35):49-50.

[4] 何佳琳,胡昕.线上线下融合模式的教学创新与实践[J].现代教育技术,2019,29(1):18-25.

作业诊断：助力小学生跨越解决问题障碍

舟山市定海区舟山第一小学　周　莹

解决问题是培养学生应用意识、创新意识和实践能力的重要途径。按照通常的理解，问题需要有情境、目标和障碍三个要素，障碍是阻碍问题解决者从已知信息达到问题目标的因素。当下，多数教师对问题障碍的分析依赖于经验，缺乏科学的手段，教学干预依赖于多讲多练，缺乏科学的路径，在不同程度上加重了学生的课业负担。本文以人教版三年级上册《用列表法解决问题》（见图 1）为例，阐述基于作业诊断数据跨越解决问题学习障碍的实践过程。

图 1　《用列表法解决问题》教学例题

一、设计作业，实施诊断

问题本身的复杂程度和学生主体的经验、知识、能力等因素均是学生解决问题障碍的影响因素。研究者采用编制认知诊断测试问题的基本步骤，设计学生的学前和学后诊断作业，以确定学生解决某一典型问题的障碍。

（一）文献研读，确定诊断目标

诊断目标的确定是作业能否有效发挥诊断功能的核心环节，也是一线教师的短板。为了规避这一问题，教师应充分研读课程标准、教科书、教学指导用书以及公开发表的相关文献，利用教学目标层次分析的方法，从核心素养内涵、学业表现逐层分解，再一步步回溯，给出从认知起点到达成目标的详细过程。

人教版三年级上册《用列表解决问题》（见图 1）的结构是在"每份数×份数＋每份数×份数＝总数"基本数量关系中，给出两个每份数、一个总数共 3 个有效信息和一个"刚好"的限制条件,使问题具有一定的开放性和探索性。编排目的在于"让学生经历解决简单实际问题的过程,学会用列表的方法整理、分析问题,进而解决问题,设计各种实施方案"。

解决问题的过程大致可以分为 4 个步骤(见图 2):1.列表梳理相关信息,将问题中的图文信息转化成表格结构。2.假设法确定枚举的"起点"。如,假设只有一辆大车,每次运送 3 吨,9 吨煤至少需要 3 次才能运完,这里的大车运 3 次就是枚举的起点。3.枚举列出所有可能方案。从"起点"开始,逐次减少(增加)运送次数,并推算另一辆车需要运送的次数。4.检验问题限制条件,确定方案。

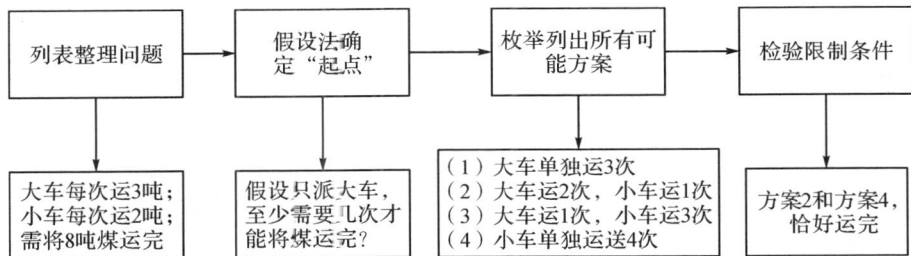

图 2　列表解决问题基本步骤

从知识结构上看,"总量=分量+分量""总数=每份数×份数"两个基本数量关系的运用和"乘、除"两种运算的计算能力是能够解决问题的关键影响因素。从解决问题的过程来看,提取关键信息,用列表法表征问题是影响分析和解决问题的重要因素。因此《用列表法解决问题》的学前诊断,分为"运算能力""分析问题能力"两个维度,"乘除法计算""解决问题""问题表征"3 项一级指标,结合教材的编排结构设置"表内乘法"等 7 项二级指标(见表 1)。

表 1　列表解决问题诊断框架

维度	一级指标	二级指标	编号
运算能力	乘除法计算	表内乘法	A1
		表内除法(含有余数)	A2
		两积求和	A3
分析问题能力	解决问题	已知总数与每份数,求份数(不能整除)	B1
		已知总数与每份数,求份数(双重结构,剩余再按指定每份数再分)	B2
		已知两积之和与其中 3 个因子,求另一个因子(整除)	B3
	问题表征	表格整理问题和提取信息	C

（二）目标指导，设计诊断作业

在目标指导下编制的每个问题是诊断学生学习障碍的工具，每个问题中至少包含一个诊断指标，为避免"偶然"，每个认知指标至少被检测 3 次。《用列表法解决问题》的诊断问题包含 3 个部分，第一部分为基本运算部分，每项指标 5 题共 15 道口算题目；第二部分为解决问题，每个指标项设置 3 种情境问题，共 9 个问题；第三部分为问题表征，包含 4 个问题用以诊断学生表格整理、提取信息的能力以及综合运用能力。问题均来源于人教版教材，其中第三部分在原有问题的基础上增加表格整理的要求（见表 2）。

表 2　"列表解决问题"诊断作业设计

编号	问题示例	评价标准
A1	$8\times3=$　$5\times7=$　$3\times9=$　$6\times6=$	正确率 60% 以上对应指标合格；A2 评价乘除法之间的关系和求余数的方法；A3 评价乘加混合的运算顺序
A2	$24\div8=$　$35\div7=$　$28\div9=$　$38\div6=$	
A3	$2\times2+1\times4=$　$2\times1+3\times3=$　$2\times1+(\quad)\times2=8$	
B1	22 个学生去划船，每条船最多坐 4 人，他们至少要租多少条船？	评价解决问题的方法，忽略计算错误；同一评价指标设置 3 种不同现实情境，在一种情境下能够解决，即可认定为合格
B2	32 个苹果，每 7 个装一大盘，剩下的每 2 个装一小盘，至少需要几个大盘，几个小盘？	
B3	妈妈买了香蕉（5 元/千克）和荔枝（8 元/千克）两种水果，一共花了 26 元，妈妈说："我买了 2 千克香蕉。"，你知道妈妈买了几千克荔枝吗？（问题以图文形式呈现）	
C	学校食堂买来 5 筐大白菜、3 筐萝卜，每筐萝卜 9 千克，每筐大白菜 7 千克，白菜和萝卜一共多少千克？ 根据上面问题信息，填写下表。 <table><tr><td>蔬菜种类</td><td>筐数</td><td>每筐数量</td></tr><tr><td>大白菜</td><td>（　）筐</td><td>（　）千克</td></tr><tr><td>萝卜</td><td>（　）筐</td><td>（　）千克</td></tr></table>	信息整理，按组赋分，得分率达 60% 以上为合格

需要注意的是，诊断问题数量因诊断目标的要求会有一定的差异，少则一两题，多至几十个。教师需根据学生的年龄特点综合考虑作业时长、难度、形式等关键要素，重组诊断问题形成作业。列表解决问题的诊断作业共设计 13 个生活真实情境解决问题，考虑三年级学生的年龄特点，将诊断问题拆分成 2 次独立作业，每次平均作业时长控制在 20 分钟左右。

二、分析数据，探寻障碍

（一）诊断数据分析

对 2 个自然班共 87 名学生采用纸笔检测的形式进行诊断，通过"极课数据"平台收集数据，使用 SPSS 22 分析相关数据。测试后得到检测问卷克隆巴赫系数值为 0.820，内部一致较高。各维度指标总体掌握情况见表 3。

表 3　用列表法设计方案解决问题知识结构诊断情况统计

编号	掌握率	主要问题	错例
A1	98.30%	乘法口诀未掌握	$5 \times 7 = 38$
A2	90.40%	只求得部分商，未计算余数	$38 \div 6 = 6$
A3	86.80%	按照从左往右的顺序计算	$2 \times 2 + 1 \times 4 = 24$
B1	83.70%	份数未加"1"或加了"余数"	$22 \div 4 = 5$（条）……2 人 答：至少需要 5 条船
B2	90.7%	信息提取错误；问题目标不清晰只求剩余未再分	$32 \div 7 = 4$（盘）……4（个） 答：需要 4 个大盘，4 个小盘
B3	69.70%	问题结构不清，目标不明	$(26 - 2) \div 8 = 3$（元）
C	88.40%	信息关键属性不清楚，每份数和总数混淆	略

从整体上看，运算能力掌握情况较为理想，表内乘法未掌握的学生约占到 1.7%；有余数除法计算算法未掌握的学生占比约为 9.6%；两积求和运算顺序未掌握的学生约为 13.2%。除法解决问题部分有 16.3% 的学生在"已知总数与每份数，求份数（不能整除）"的结构问题中，不能结合现实情境合理处理余数；有 9.3% 的学生在"已知总数与每份数，求份数（双重结构，剩余在按指定每份数再分）"结构问题中，剩余部分未再分；有 30.3% 不能正确解决"已知两积之和与其中三个因子，求另一个因子（整除）"结构问题；11.6% 的学生不能准确地用"表格整理问题和提取信息"。

（二）学习障碍分析

1. 规则、关键词等强信号的影响

人教版教材在二年级下册混合运算单元第一次编排了四则混合运算的内容，但因数域和数据范围的限制，含有两级运算的试题多以"乘除在左，加减在右"的形式出现，导致部分学生逐渐忽略原有运算顺序，强化了"从左往右"算的规则。受规则强信号的干扰，当学生看到"$2 \times 2 + 1 \times 4$"时不假思索直接按"从左往右"的顺序

计算。关键词的错误理解,导致学生忽视问题目标。在面对"22 个学生去划船,每条船最多坐 4 人,他们至少要租多少条船?"时,部分学生把"至少"等同于"最少",认为 5 条船是最少了,不能比 5 条船再少了,而忽略了不能上船的"2 人"。

2.不同生活情境的影响

为诊断学生在三类不同情境问题的信息提取水平,在相同结构下,设计了"购物""生产""游玩"三类情境。诊断结果显示,情境也是影响解决问题障碍的因素之一,从易到难分别对应"游玩""购物""生产"生活情境。经过访谈发现,学生的生活经验和个人兴趣均在情境成为障碍原因。与购物问题相比,学生更愿意去研究"游玩项目",学生普遍感觉购物信息中"千克"为单位的售价不够真实,对生产劳动的问题更是不感兴趣。

3.解决问题步骤缺失的影响

解决问题一般包括"表征问题、选择策略、执行计划、反思结果"4 个步骤。在追踪访谈中发现,面对"B2""B3"2 项指标的诊断问题,大部分有错误的学生在执行教师"想办法验证一下结果"的要求后,能够迅速调整结果,正确解决问题。由此可见,"反思结果"步骤的缺失也是学生解决问题的障碍之一。

4.问题本身复杂程度的影响

问题复杂程度,一般包括运算步骤数、问题隐含条件数及数据计算 3 个方面。"已知两积之和与其中三个因子,求另一个因子"的问题解决需要三步运算,当对象为生活事实时,其中一个或两个因子会成为隐藏信息,如鸡兔同笼问题中鸡和兔的腿数。对于三年级学生来说,三步运算和生活事实信息均是造成问题不能顺利解决的主要阻碍。

三、系统干预,跨越障碍

(一)立足儿童视角　创设问题情境

学习情境兼具启发学生思考、激发学习兴趣的双重功能。教材中呈现了"运煤""付款""租船"3 种实际生活情境,基于前期诊断,教师选择学生最感兴趣的"租船"情境,结合春游的生活背景,以儿童公园为场域,以图文的形式呈现"电动船游玩时间 20 分钟,小型船每条 50 元,最多坐 4 人;大型船每条 60 元,最多坐 6 人。有 28 名学生打算去玩电动船,每条船都要坐满,可以怎么租船?"的真实问题。改编问题与教材的例题相比,增加了多余信息,但因学生感兴趣且符合生活实际,代入感很强,学生很快便将自己置于情境之中,跨越了信息提取的障碍,将注意力聚焦于数量关系的分析上。

（二）生生互动交流　制订解决计划

"租船"问题中,只租大船是一步表内除法解决的问题,只租小船是有余数除法解决的问题,这两类问题都是二年级的学习内容,学生有丰富的操作经验和思维经验。从前期诊断来看,仅有 16.3% 的学生忽略余数不能正确解决问题,教学中可以放手让学生独立思考、交流,补偿"余数"处理的问题障碍,使学生明确"考虑租船条数时,需先保证 28 名学生都能上船",进而确定枚举的起点。"大船、小船各租多少条?"是学生要探索的新问题,因只有乘坐人数的限制,没有总条数的限制,使得问题具有开放性。为了找全可行方案,表格成为呈现有序枚举思考过程的有力工具。在教师引导下,生生互动逐渐完善解决问题的计划:1.只租一种船,要保证所有人都上船至少要租船条数。2.两种船都租,大小船分别租用的条数。3.可行方案较多,采用有序枚举的方法,用表格整理思考过程。4.结合限制条件,反思问题。

（三）建构问题模型　突破认知难点

"已知两积之和与其中三个因子,求另一个因子"的问题是学生解决租船方案的主要障碍,需教师适当提供支架,帮助学生跨越障碍。在解决"28 人乘船,租了 2 条大船（6 人/条）,还需租几条小船"的问题时,应充分反馈学生各种解决问题的方法,引导学生用符号表征问题,提炼"2×6+（　　）×4＝28"模型。最后,通过师生、生生的互动交流,将只租一种船与两种船都租的解决方式建立联系,使学生意识到所有租船方案都可以用"（　　）×6+（　　）×4＝28"来表征,将问题结构化,跨越问题复杂性的障碍（见表4）。

（四）增加表格内容　引导反思结果

计算能力直接影响问题的解决,对于结果的反思能有效检验解决问题的过程。三年级学生解决问题时缺少结果反思的步骤,教师需要通过"这样租船能坐多少人? 所有人都能上船吗?"等问题,不断引导学生对既定方案进行反思,进而指导学生在表格中增加校验列反思结果的可行性。

表 4　租船方案列表

方案	大船条数	小船条数	乘坐人数（不小于 28）
1	7	0	4×7=28
2	6	1	(6)×6+(1)×4=30

　　基于诊断的干预教学取得了良好的效果。在三年级上册《用列表法解决问题》教学后,比较实践班与对照班:首次教学后,实践班的学生的得分率为82.6%,对照班学生的得分率为71.2%,实践班比对照班得分率高11.4%。期末数学素养评估中实践班和对照班得分均值分别为 3.012 和 2.398,使用SPSS25 进行独立样本 T 检验,P 值 0.736 大于 0.05,方差齐,Sig(双尾)=0.011小于 0.05(显著水平),2 个班级得分情况差异显著。

参考文献:

　　[1] 郜舒竹.鸡兔同笼问题中的辩证思维[J].课程・教材・教法,2019,39(09):88-93.

增趣·交互·提质:交互式数学课堂
让孩子们"动"起来

舟山市定海区南海实验小学　朱思远

《义务教育数学课程标准(2022年版)》明确指出:"合理利用现代信息技术,提供丰富的学习资源,设计生动的教学活动,促进数学教学方式方法的变革。在实际问题解决中,创设合理的信息化学习环境,提升学生的探究热情,开阔学生的视野,激发学生的想象力,提升学生的信息素养。"在信息技术迅猛发展的今天,教育教学方式也受其影响发生着改变。教师们的辅助课件由PPT课件到初级的白板课件再到现今更为方便的交互式白板课件,无不体现信息科技与教学的发展与进步。而今交互式白板作为新教育教学形势下的现代教育技术装备,运用到小学数学课堂中,不仅有助于教师设计生动的教学情境活动,使学生在情境增趣中,兴趣"动"起来;而且为学生的学习探究提供了丰富的资源,使学生在探究交互中,身心"动"起来;更能利用其多样的练习模板及题库设计习题,使学生在练习提质中,思维"动"起来。总之,交互式白板应用于小学数学课堂,提升学生的学习兴趣,丰富学生的学习资源,变化习题的形式层次,使得小学数学课堂增趣交互提质,让数学课堂"动"起来,让孩子们"动"起来。

一、情境增趣中,兴趣"动"起来

布鲁纳说,学习的最好刺激乃是对所学材料的兴趣。交互式白板进入数学课堂,为学生们带来了新鲜的学习气氛,鲜艳的色彩、动听的声音以及多变的图像,有利于刺激学生的多种感官,创设各种新奇的教学情境,以其新颖、趣味及丰富性吸引学生的注意力,唤起他们的学习兴趣,促使学生们发挥学习主动性与积极性。作为数学教师应该从自己学科的角度来研究如何使用交互式白板促进自己的学科教学,把交互式白板的应用技术合理地融入小学数学学科教学,就像使用黑板、粉笔一样自然、流畅,使原本抽象的数学知识更加形象化、生活化、趣味化,使学生喜欢这门学科,让学生的学习兴趣"动"起来。

（一）融合生活情境，体验增趣

利用交互式白板插入各类的资源，可以为数学教学创设一个接近学生生活的炫丽情境，带学生进入一个轻松愉悦的学习环境，在生活情境中提升学生的学习体验，提升学习兴趣，从而使得学生乐于学习与探索。

例如，学习人教版一年级下册的《找规律》时，用丰富的色彩和图形，创设"拆盲盒"的情境（见图1），然后教师利用交互式白板的拖动功能，逐步拖动出"盲盒"里的"装饰品"气球与星星（见图2），学生在逐一的猜测中感受规律、观察规律、发现规律、小结规律、理解规律。这样的情境充满神秘感，引发学生的好奇心与探究欲望。学生在猜测与肯定中洋溢着笑容，兴趣盎然。

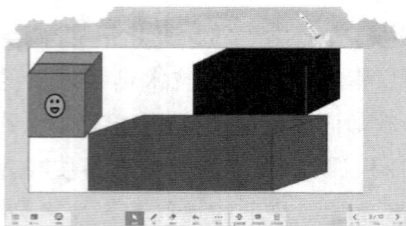

图1　创设"拆盲盒"情境　　　　　　图2　拖动"饰品"

（二）融合媒体情境，感官增趣

在交互式课件中融合一些多媒体元素，如动画、视频、图像、声音等，创设多媒体情境，牢牢抓住学生的眼球，吸引学生的注意力，从各个感官中增添学习兴趣，助力原本枯燥的数学课堂学习。

例如，学习人教版二年级下册《年月日》一课时，在交互式课件中插入一个有关于《年月日》基本描述的小视频（见图3），从生活常识出发介绍年月日的基本关系，从视觉、听觉方面激发学生的学习兴趣，点燃学生的学习热情。在后面的"巧记大小月"中，课件插入一个"拳头"图片（见图4），引导孩子学习和记忆大小月。"拳头"图片的直观生动，可直接吸引学生模仿学习的兴趣。在课的最后可插入一个知识梳理视频（见图5），帮助学生一起梳理本节课的知识点，形成一个知识系统，加深知识印象。

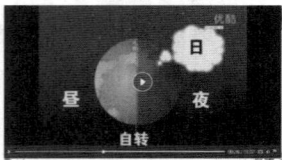

图3　《年月日》小视频　　　图4　"拳头"图片　　　图5　《年月日》梳理小视频

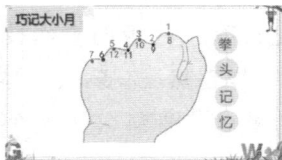

（三）融合活动情境，探索增趣

《义务教育数学课程标准（2022年版）》指出"学生的学习应是一个主动的过程，认真听讲、独立思考、动手实践、自主探索、合作交流等是学习数学的重要方式"。因此在交互式课件的设计中融入丰富的活动情境，吸引学生积极地在活动中动手实践，自主探索，合作交流，从而"获得数学的基本活动经验"，是促进学生全面发展的有效学习方式。

例如，学习人教版六年级上册《圆的面积计算》一课时，教师可以利用交互式课件，创设一个探究活动情境，引入课题。如教师出示情境图，请学生观察情境图寻找信息并提问。预设："马儿的活动的范围（草地面积）最大是多少呢？"学生经过交流发现：（1）马儿吃草的最大范围是个圆形。（2）对马儿走过的圆形面积进行计算。于是，就可以引入"计算圆的面积"这个概念与探究活动。教师可以先渗透学生化曲为直的思路，接着利用交互式课件进行动态演示一二，分成4等分、8等分、16等分、32等分，逐步化圆为方，接下来可以请学生在对比迁移中思考探索，引导学生想象圆平分并拼组后越来越接近平行四边形或者长方形（见图6）。根据长方形的面积计算公式，开展探索推导圆面积计算公式的活动。在整个启发与探索活动中，将交互式课件与活动情境融合，让学生在一步步的演示中学会发现，在铺垫中数形结合探索，有利于学生对几何知识的理解、构建与迁移。

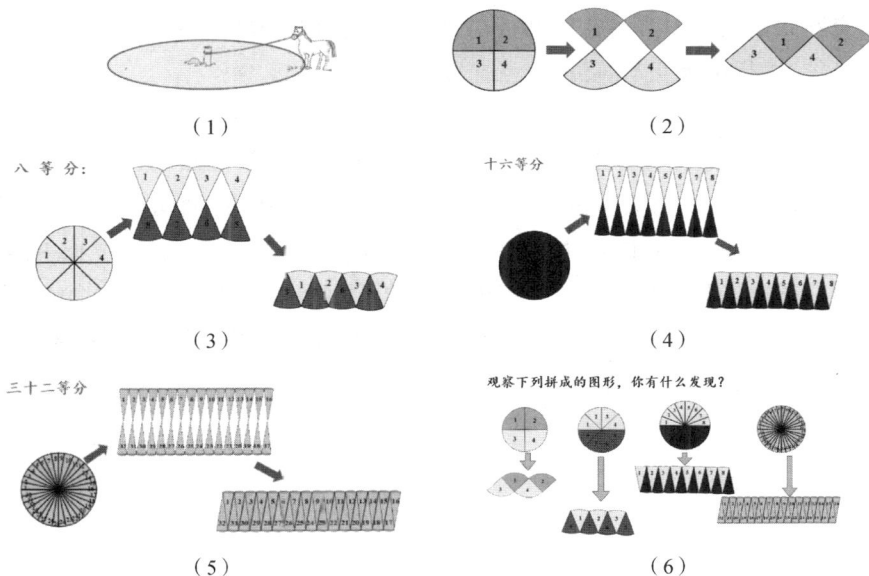

图6　《圆的面积计算》课件截图

利用交互式白板的多种功能来创设情境,不仅使学生乐于其中,思于其中,得于其中,而且能够让学生在不知不觉中唤醒原有认知,衔接最近发展区,提高学生的注意力,充分调动学生的好奇心,以探求新的知识。

二、探究交互中,身心"动"起来

《义务教育数学课程标准(2022年版)》强调"重视数学结果的形成过程,处理好过程与结果的关系;重视数学内容的直观表述,处理好直观与抽象的关系"。因此,在教学中,利用交互式白板笔、移动、拍照及学科工具等功能进行辅助教学,让学生经历知识的形成过程,知其然还知其所以然,生生交互、师生交互、生板交互,让学生通过与白板的交互活动,身心一起"动"起来,白板的动态特征与交互作用以及独特的课堂生成更能发挥学生的创新能力、创造意识,促成学生深度学习,理解学习内容。

(一)利用数学画板,直观交互

数学家华罗庚曾说,数缺形时少直观,形少数时难入微;数形结合百般好,隔离分家万事休。从而提出了学习数学的数形结合思想。尤其是学习几何与图形知识时,更加离不开直观的图形辅助。也正如古代教育家荀况所说,闻之而不见,虽博必谬。在学习中要做到闻之且见之才能广博而不出错。尤其小学数学学习,孩子们初步学习几何知识,需看见过对应的几何图形才能逐步建立几何概念。交互式白板中内含的几何画板功能,不仅使得几何学习直观化,还能让学生动手操作,进行生板互动,促进交互探究。

例如,学习人教版二年级上册《角的初步认识》一课时,由于角的大小与什么有关对于二年级的学生来说比较抽象。为突破这一教学难点,教师运用交互式白板"学科工具"中的"数学画板"(见图7),备课时找到《角的初步认识》的数学画板(见图8)提前插入课件中。课中第一层次探究直观展示数学画板中的角,将角的一条边,围绕顶点转动,动态展示角的张开合拢对角的大小的影响。学生也可以上台操作,初步体会角的大小。在动态直观展示中形成角张开合拢变大变小的初步印象,促进学生的知识理解。

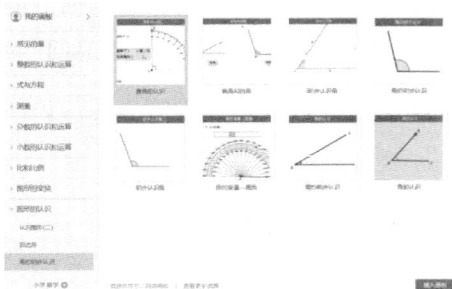

图 7　学科工具中的"数学画板"

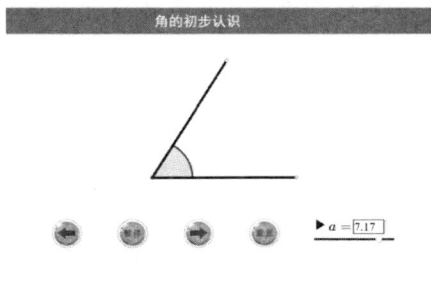

图 8　《角的初步认识》数学画板

（二）利用书写移动，深度交互

交互式白板中最基本的书写与移动功能，虽然简单，但确实是交互式白板相较于 PPT 课件的最基本最大的交互优势功能，解决了师生在学习探究中不能灵活地移动资源并板书反馈的问题，使得课件上的学习材料不再死板固定。这两大功能，极大地满足了师生在教师原有的学习资源上进行探究与创作，促进了师生深度交互探究。

例如，《角的初步认识》这一课的学习探究进入第二层次——比较角的大小，运用白板的移动操作，让两个角重合一条边，比较角的大小，观察角的大小与角张开的大小有关。第三层次是画角，通过让学生用"笔"的功能在白板上画比目标角大和小的角，让学生再次感受角的大小与角张开的大小有关，与角边的长短无关。如此层层递进交互，给予学生"动"手，"动"脑深度探究、创造与学习。注重知识与方法的层次性和多样性，逐步加深学生对角的大小的认识，突破难点。

（三）利用拍照展示，创造交互

知识的再创造让知识在学生头脑中建构得生动且深刻。从新课标中解读可知，创新意识不仅是学生核心素养发展中的一项，其培养也是现代数学教育教学的基本任务之一。学生在探究学习中，将知识再创造的作品等书写下来，继而通过手机拍照上传，全班都可以直观地看到并进行分享、反馈、交流、评价，如此交互，促进师生创新意识的发展。因此除了书写与移动这两个基本交互功能外，拍照展示是教师们应用交互式课件进行师生交互的另一重要功能，是优于以往 PPT 课件的另一重要的优势所在。

例如，学习三年级上册《分数的初步认识》一课，教师布置学习任务，让学生以 $\frac{1}{4}$ 为例，用动手折纸涂色的方式或画图的方式，或课前制作表示出 $\frac{1}{4}$，探究理解分数的意义。生成 $\frac{1}{4}$ 的"作品"，可以利用手机交互式与电脑交互式相连接，现场拍照将学生的作品上传到课件屏幕(见图9),让学生上台讲一讲他所创造的分数,在学生的分享交流中,以学生的作品为学习材料,通过观察,最后追问"为什么都能表示$\frac{1}{4}$",找到分数意义的共性,让学生对分数的意义有深入的认识与理解,并促进学生创新意识的培养。

图9 《分数的初步认识》中创造

交互式白板与数学教学的融合促进了教与学模式的改变,点燃了学生思维的火花,放飞了学生创新的翅膀,让学生在课堂的探究交互中,身心舞"动",突破教学重难点。

三、练习提质中,思维"动"起来

《义务教育数学课程标准(2022年版)》指出"注重数学知识与方法的层次性和多样性"。课堂练习的设计应当具有多样性、层次性和高效性。不光在导入中可以利用交互式白板创设有趣的情境,也可以在练习中设计各种有趣的情境,让练习变得富有趣味、有层次、多样化,从而让学生在积极的情绪中进行"思维体操",让学生的思维"动"起来,有效提升学习质量,发展学生数学思维。

(一)应用课堂活动,多样练习

运用交互式软件中的"课堂活动"中的"趣味分类""超级分类"模块进行元素的分类,如角的分类、三角形的分类、四边形的判断等,可以让学生依次上台来分一分,犹如游戏一般,妙趣横生,寓教于乐。这样适用于数学课堂的"课堂活动"还有"选词填空""知识配对""判断对错""趣味选择"等(见图10),教师可以选用适合所教课的内容及练习巩固的要点,适当地应用"课堂模块"分层设计练习情境,转变练习的方式增添趣味性,让数学课堂"动"起来。

例如,在复习平面图形的知识时,需要对平面图形进行分类练习,就可以利用交互式课件的"超级分类"模块,制作关于平面图形的分类练习(见图11),请学生上台移动分类,让学生在动手移动中巩固知识并现场反馈。

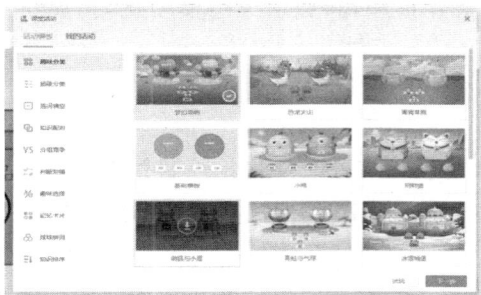

图 10 交互式白板的"课堂活动"模块

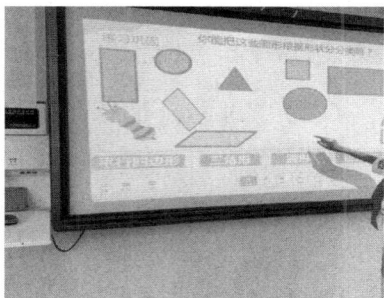

图 11 平面图形分类练习

（二）应用简单操作，分层练习

《关于进一步减轻义务教育阶段学生作业负担和校外培训负担的意见》指出，让每一个有差异的个体都能够接受到相应的教育，也就是要求教师在教学中关注到学生的个体差异，让不同层次的孩子都能受到相应的教育，注重分层教学与分层作业。因此，在课堂的练习落实中，也要做好分层练习设计。借助交互式软件的简单功能操作，进行分层次练习设计，使不同层次的学生都有所练习提升。

图 12 搭配出两位数

图 13 三个合影搭配

图 14 搭配走法

例如，在学习二年级上册《数学广角——搭配（一）》时，设计练习一，"想一想：用这三张卡片能摆出几个两位数？"（见图 12）先利用移动和"克隆"功能，对数字进行一一移动复制，固定首位有序搭配。学生在移动过程中，积极思考，下面的学生看到台上的学生动态操作，生成教学动态资源，注意力集中观察，从而突破有序思考搭配的教学重点。然后提升练习难度，设计练习二，"给三个小伙伴排成一排合影，有多少种排法？"（见图 13）让学生利用移动和截图功能，挑战三个位置的搭配，在截图的观察中，再次巩固"固定首位"法和交换法的有序搭配方法，突破教学难点。最后设计练习三，"从聪明屋到美术室再到照相馆，一共有几种走法？"（见图 14）引导学生用"笔"的功能画走法，更方便学生进行师生互动以及生生互动和及时反馈，刻画课堂生成。最后用"擦除蒙层"的方式展示数学模型,吸引学生关注模型,将数学思想模型化,拓展学生眼界,发散学生思维。

(三)应用拍照反馈,高效练习

布鲁姆的"掌握学习"理论认为,及时反馈与及时强化是控制教学的有效手段。交互式白板的交互功能就使得课堂的及时反馈清楚、直观、取材于学生,是交互式白板成为教学助手的极大优势。

例如,在学习人教版六年级上册《分数乘分数》一课时,学生在练习中较难理解分数乘分数,教师可以在练习中让学生通过折一折、画一画,用阴影部分表示"$\frac{1}{2} \times \frac{3}{5}$"(见图15),拍照上传展示学生作品并请学生交流讲解反馈,然后在白板课件中动态直观展示"$\frac{1}{2} \times \frac{3}{5}$",从而渗透数形结合思想,并且利用学生的直观感受,激发学生的积极性与主动性,有利于思维的发展。再者,在练习反馈中,及时捕捉学生出现的错误,拍照上传,让学生上台进行及时的交流反馈(见图16),纠正错误。全班学生清楚地直面"错题",注意力高度集中,在错题的分析讲解和纠正下,高效纠错,从而突破学习难点。

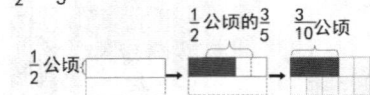

图15 《分数乘分数》动态展示　　图16 《分数乘分数》的练习中纠错反馈

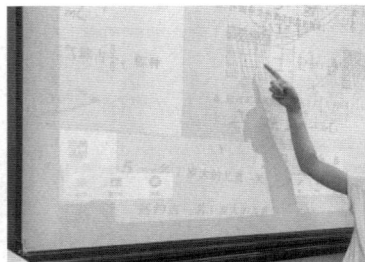

交互式白板中最简单基础的笔的画写、移动、擦除蒙层、拍照传屏以及"课堂活动"等功能,在其他教学软件中确实较难实现,或是不能实现的,这种简单的交互性操作,带给学生极大的学习兴趣、学习动力和思考动力,在数学课堂上达到提质赋能的作用。尤其对低段学生来说,上讲台用移动课件材料,将静态的课件由学生动态地生成,是件非常有意思的事。由此有了"交互式"的数学课堂在情境增趣中,兴趣"动"起来;在探究交互中,身心"动"起来;在练习提质中,思维"动"起来。"交互式"让数学课堂"动"起来。

参考文献：

［1］中华人民共和国教育部.义务教育数学课程标准（2022年版）［S］.北京：北京师范大学出版社,2022.

［2］上官治国.利用希沃白板构建数学智慧课堂［J］.读写算,2020(06):18.

［3］孙成俊.巧用希沃电子白板　优化数学课堂教学［J］.数学学习与研究,2020(02):84.

［4］余莉.深度备课,结合希沃白板5将数学课讲清楚［J］.中学课程辅导（教师通讯）,2020(04):48.

［5］韦宏亮,彭英.希沃易课堂在农村小学中高段数学课堂中的应用［J］.安徽教育科研,2023(10):117-118.

［6］张球峰.运用希沃电子白板,优化数学课堂教学［J］.安徽教育科研,2023(07):83-85.

［7］宋芳.巧借希沃白板,构造精彩小学数学课堂［J］.当代家庭教育,2023(04):100-102.

［8］韩东.巧用希沃白板,打造智趣课堂［J］.数学之友,2023,37(03):87-89.

基于深度学习的小学英语故事教学实践

舟山市嵊泗县枸杞乡小学　邱晓炯

《义务教育英语课程标准（2022 年版）》（以下简称新课标）与以往相比，强化了课程育人导向。新课标强调，着力发展学生核心素养，强化课程综合性和实践性，推动育人方式的变革。

小学英语故事教学多以生动有趣的故事为载体，将语言知识和情感价值融汇于故事的情境中，通过不同的教学方法帮助学生理解故事，学习故事中的语言知识，提高综合语言运用能力。PEP 版英语教材中，每个单元的 C 部分是 story time，这一板块的内容主要以一对好友 Zoom 和 Zip 为主人公，基于单元主题围绕日常生活场景编写的故事，是教材结构的有机组成部分。以生动有趣的故事为载体，将语言知识和情感价值融汇于故事的情境中，通过不同的教学方法帮助学生理解故事，学习故事中的语言知识，提高综合语言运用能力。

虽然故事板块的内容一般短而精湛、幽默风趣，深受学生们喜欢，但教学中也存在不少问题：1. 教学设计浅层化，忽视故事蕴含的情感目标和对情感价值的挖掘。2. 教学过程模式化，缺乏语篇意识，忽视学生高阶思维的发展。3. 教学活动表演化，忽视学生思辨、感悟和应用能力的培养。基于这些问题，教师就"不能只停留在对教材表面的结论或说明的表述上，而要进一步深入进去，挖掘和解释这些表面结论和说明产生与形成的思维过程，并在教学中引导学生的思维深入到知识的发现或再发现的过程中去"。在新课标引领下，教师在设计故事教学活动时，要梳理语篇故事中的主题意义，探索英语故事的教育价值，从而实现学科育人，促进学生生命的成长。

所谓深度学习，是指以学生学习为中心，在教师引领下，学生围绕着具有挑战性的学习主题，全身心积极参与、体验成功、获得发展的有意义的学习过程（刘月霞、郭华，2018）。在小学英语故事教学中开展深度学习，不仅需要培养学生语言学习能力，凸显攀登和挑战性，使学生的情感、经验、思维深度卷入其中，获得深度体验；还应关注学生的智慧启发、情感渗透、英语核心素养提升，改善思维方式，提升关键能力，提升学生知识迁移和解决问题的能力。下面以笔者执教的 PEP 版《义务教育教科书　英语（三年级起点）四年级　下册》第三单元 story time 为例进行阐述。

一、立体分析，深度定位

对学情的立体分析，就是了解学生已有的语言知识和经验，确定故事教学的学习目标，深度定位学生所要达到的语言综合运用目标和英语核心素养培养目标，为学生的已知和未知之间搭建贯通的桥梁。四年级下册第三单元的单元主题是 weather，story time 呈现的是：在大连的 Zip 感冒了，Zoom 去大连看望 Zip。但 Zoom 把天气预报中的大理听成了大连，所以等 Zoom 到了大连也感冒了。本板块所涉及的主要语言目标都跟天气有关，其中句型 "What's the weather like in … ？It's …" 以及有关天气的单词或词组都是第三单元 A、B 部分学过的旧知。句型 "Tomorrow will be … in …""It'll be … tomorrow in …""I have a cold""Bless you!" 以及单词 "terrible" 是新的语言点。从深度学习角度出发，笔者设定了以下教学目标：

（一）语言知识与能力目标

1. 基础性目标：学生理解会说新单词 "tomorrow，terrible" 以及新句型 "I have a cold. Bless you. Tomorrow will be … in … It'll be … tomorrow in …" 并能运用句型来描述第二天的天气。

2. 发展性目标：基于单元主题，从天气的状态、身体感受、日常活动入手，通过听、说、读、看、写等形式帮助学生习得语言，学会用英语描述相关天气。

（二）思维发展目标

帮助学生从所学文本中提炼关于描述天气的关键词，有效地提高分析问题、归纳信息和组织观点的能力。并通过观察、想象、推理等方式，训练发散性思维和逻辑思维能力。

（三）情感态度目标

通过故事学习使学生知道中国地域宽广，各地气候各不相同，同时让学生懂得朋友间要相互关爱以及做事情要细心的道理。

二、精准导入，深度交流

选择精确的导入方式和内容也是上好英语故事课的关键，教师要考虑学生的兴趣点、语言水平和认知水平，选择适合且为学生喜欢的导入方式和内容，激活学生的知识储备，紧扣故事主题，帮助学生进入故事情境，为进一步的故事学习奠定基础。在故事教学中，很多教师考虑到学生语言知识储备不足，留给学生自主表达交流的机会比较少,这样就抑制了学生的语言和思维的发展。教师应打破不敢放手的顾虑,结合学生现实生活和语言水平,围绕故事情境,以真实的交流语境,激发学生交流表达的欲望,对交流表达内容的设计要有针对性,要有深度,调动学生表达的主动性。

教学片段1

热身环节,教师和学生一起唱歌曲 Weather(视频中不出现歌名),选择这首课外歌曲的原因不仅是节奏欢快,而是歌词包含了本单元的主要语言知识点和相关拓展,动画形式又是学生喜欢的,这样在通过学唱歌曲复现单元知识的基础上又激发了学生的学习热情。歌词节选:

How's the weather? How's the weather today? Is it sunny? Is it rainy? Is it windy? Is it snowy? It's sunny. Let's go outside. Sunny, sunny, sunny, sunny.

......

唱之前,教师先给学生布置任务:"What's the name of the song?"跟着视频唱完后,学生给出了各不相同的答案:

S1:Is it sunny?

S2:Sunny, rainy, windy, cloudy.

S3:Weather.

导入环节运用视听活动的形式,不应是单纯地为了活跃气氛或者复习旧知,而应让学生带着有助于思维发展的任务进行,这样才能提高学生在视听时的专注度和还能深度激活学生的思维。

在学生唱完 Weather 这首歌后,教师用"What weather has lots of fun in your eyes?"这个带着生活气息有深度的问题引发学生思考,并通过图片和句型提示,鼓励他们运用已学知识积极进行真实的自主交流表达,引导学生有思维地表达、有深度地表达。

S1:I like windy days. It's cool. I can fly a kite. It's funny.

S2:I like snowy days. It's white. I can make a snowman. It's lovely.

S3:...

在学生回答的过程中,教师要对学生的各种回答进行评价和鼓励。当有学生说"I like sunny day. I can swim outside"时,教师抓住这个衔接点,在 PPT 上出现 Zip,并说:"Be careful. It's really hot. Drink some water."这样不仅使情境衔接非常自然,使学生自然快速地进入故事情境,也为后面学生的输出环节提供了丰富和真实的语言支架。(见图 1)

图 1

三、挖掘资源，深层导学

很多英语故事只呈现故事的主要内容，缺乏故事背景的介绍，这就需要教师深度解读、分析、运用、整合教材资源。对于教材资源，不能只关注教学内容的目标语言和知识点，忽视教材编排的细节和关联。PEP 版教材整体性较强，课本大量的图、文内容都有机组合，各课时之间有较强的承接性，很多插图中传递着丰富的与教学内容相关的信息。教师通过对教材资源的深度挖掘，让学生能根据故事内容和画面，通过观察、联想、思考与判断产生自己的想法，激活思维，促进学生的语言表达，深度感悟故事。

教学片段 2

在课前布置本课的听读任务后，有个学生问：为什么 Zip 会在大连？于是笔者仔细翻阅了教材，在四年级下册第三单元 A 部分 Let's play 里找到了有关联的资源，从 Let's play 的图片中我们可以看出 Zip 和她的妈妈在一个寒冷的地方。为了使故事情境完整和真实，课上教师先出示 Zip 说的话：Can I make a snowman? 并告诉学生 Zip 去了大连。此时学生问：为什么 Zip 会在大连？教师 PPT 出示 Zip 的妈妈给 Zip 打电话的内容，学生知道了 Zip 去大连看妈妈，这样不仅 Zip 在大连变得合情合理，也把故事中将要出现的语言知识渗透在真实的交流语境中。（见图 2）

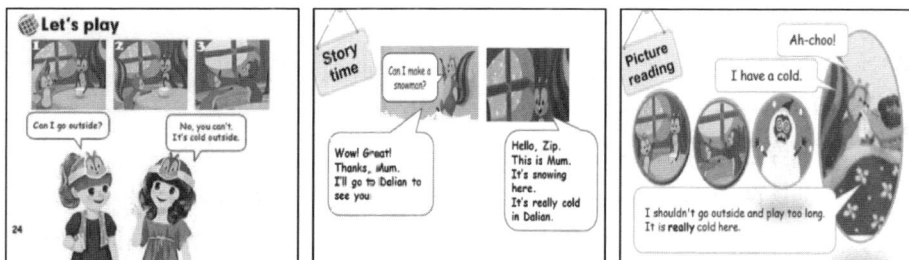

图 2

在学生模仿 Zip 和她妈妈的对话之后,教师出示一张中国地图,让学生直观感知大连的地理位置,并简单介绍气候特点,把地理知识学习渗透于英语教学中。教师和学生之间有如下教学对话:

T:Can Zip go outside?

S:No,she can't.

T:Why?

S:Because it's cold in Dalian.

接着 PPT 出现 Zip 打着喷嚏和 Zoom 通话:I shouldn't go outside and play too long. It's really cold here. I have a cold. 让学生通过图片和语境去区别句子中 cold 的不同含义,学生很容易就区分出来了。

之后,教师问:Look at the pictures. Can you guess? What are Zoom and Zip talking about?

S1:Hello! How are you?

S2:Where are you?

S3:Is it cold in Dalian?

S4:...

在教师的深层思维导学下,学生通过图片猜测和语言支架,结合两人小组活动,角色模仿等形式,促进了他们观察能力、推理能力和理解能力的发展。

四、逆向解读,深化思维

在故事教学中,很多教师会按照故事发展顺序顺向解读,这样的教学方式使学生产生了思维定式。有时根据故事内容,合理调整解读的顺序,运用逆向解读的方式,更能激发学生思维品质的提升,深化思维发展。

教学片段 3

在这个环节,教师选择出示故事结尾的第五、六张图片,教师问:

T:Look,where is Zoom?

S:Zoom is in Dalian.

T:How is Zoom?

S:...(学生从图片中感受到 Zoom 感冒了)

通过对这两幅图的解读,学生知道了故事的结尾。接着 PPT 出示 Zoom 和 Zip 的对话,学生先根据图片猜测 terrible 的意思,然后在两个人同时打喷嚏的时候,Zoom 说"Bless you."再让学生猜是什么意思,学生沉浸在故事情境中所以很容易选出正确答案,教师可把西方国家在打喷嚏时会用的一些交际用语告诉学生,提升学生的文化意识。

而后,教师问:"Why is Zip in Dalian?"学生们回答说:"因为 Zoom 和 Zip 是好朋友,Zip 生病了,所以 Zoom 要去看望她。"学生在学习的过程中感受到朋友间要相互关爱,教师又问:"How did Zoom get a cold?"学生对故事探究的火花一下就被点亮了,这样教师就可以顺势进入下一环节的教学。

五、问题引领,主动思辨

在故事学习中,教师应针对教学重点和难点,以问题为驱动,引导学生通过猜测、想象等方式深入思考故事,帮助学生掌握语言知识和技能,培养创造性思维。教师可借助故事内容,为学生搭建思维支架,通过反问、追问等方式引领学生由浅入深地探究问题,打开主动思辨的空间。

教学片段 4

教师让学生带着"How did Zoom get a cold?"的疑问观察图片,学生发现 Zoom 在整理行李而电视正在播放天气预报,然后 Zoom 在机场淋雨挨冻。于是教师又问,你们还想知道什么? 学生说 Zoom 为什么会淋雨挨冻? 教师播放录音,让学生听录音找答案,并把故事内容补充完整。接着,教师对着淋雨的 Zoom 说:"Be careful. It's cold here."学生在感同身受地齐声说道:"Be careful. Zoom! It's cold here."朋友间要相互关心的情感自然洋溢在课堂上。教师问:"How did Zoom get a cold?"学生们异口同声地回答,因为 Zoom 粗心,听天气预报把大理听成了大连,所以感冒了。这时,教师提醒学生不要像 Zoom 一样粗心,平时做事或者学习都要细心。

接着教师追问:"Do you like Zoom? Why or why not? How is Zoom in your eyes?"引导学生进行深度思辨,学生们的回答精彩纷呈:

S1:I like Zoom. Because he is friendly.

S2:Yes, I do. Zoom is a good friend. Zoom is lovely.

S3:No, I don't. Zoom is a careless boy.

S4:...(见图 3)

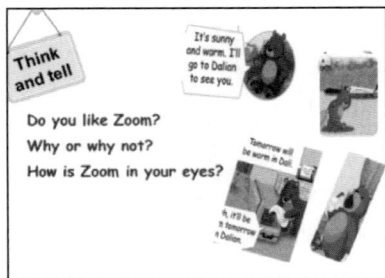

图 3

教师用开放性的问题引导学生跳出固有的思维模式,从多角度分享自己的感悟与思考。在讨论、思辨环节,培养学生多方向、多层次、多视角地看待问题和发表见解的能力。学生的思维变得丰富和深刻,在求异与创新中得到滋养与发展。

六、挖掘内涵,深度感悟

英语故事除了有丰富、生活化的语言,还蕴含着深刻的道理。教师在关注故事的情感价值,挖掘故事中的育人点时,通过语言支架、情感线索为学生搭建的语言实践的机会,从而让学生体悟其中的情感价值。

教学片段 5

在学生故事演绎后,教师布置为故事取个能概括主旨的题目任务,学生可以根据教师给的选项选择,也可以自己想个题目。

T:Which topic do you like? Why do you think so?

S1:I like "Dalian? Dali?"

S2:I like "Good friends."

S3:I like "Warm or cold?"

S4:...

教师给的这几个题目都是围绕故事主题,且能表现不同的情感感悟。在学生说故事题目时,教师引导他们表达选择这个题目的理由。通过给故事取题目,将故事人物的情感理解融入学生的内心世界,学生在不断思考和表达中逐步领悟到正确的人生观和价值观,找到了他们认同的情感内涵,对故事的感悟也得到了升华。

基于深度学习的小学英语故事教学,以主题为切入点,以语篇为载体,将育人目标融合在主题、语境、语篇和语用之间,多角度、多方面建构起与主题相关的结构化知识,通过引导学生学习方式的变革,以及对文本内容的主动探究、主动建构、深层理解和灵活运用,是落实英语核心素养发展的有效途径,能促进学生语言能力和学习能力的发展,也能促进学生思维品质和文化意识的提升,帮助学生形成积极向上的价值观,促进学生深入探究,确保核心素养的有效落实。

参考文献:

[1]中华人民共和国教育部.义务教育英语课程标准(2022年版)[S].北京:北京师范大学出版社,2022.

[2]刘月霞,郭华.深度学习:走向核心素养(理论普及读本)[M].北京:教育科学出版社,2018.

[3]黄蓓.故事板块的课型分析及实践思考[J].中小学外语教学(小学篇),2015,38(02):28-33.

[4]李建东.指向深度学习的小学英语故事教学[J].中小学外语教学(小学篇),2019,42(05):23-28.

[5]杨清.课堂深度学习:内涵、过程和策略[J].当代教育科学,2018(09):66-71.

例谈小学英语试题命制的改进与优化

舟山市定海区檀枫小学 陈 蔚

试题命制是教师必备的基础能力之一。科学合理的试题既能检测学生的学习掌握情况,又能通过测试结果的反馈引导教师反思教学,探索提高课堂效率的方法,在不断促进教与学改变中提高教学能力。因此,试卷的命制研究在一定程度上能引领和推动教学的变革。然而在现实中,由于缺乏对试题命制相关理论的学习,笔者也发现不少教师习惯把来源不同的各种练习进行简单复制和粘贴,"修补"成一份试卷。笔者对此类试卷的命题问题进行整理并归类如下。

一、小学英语试题命制常见问题

(一)试卷形式缺乏针对性

为形成一份完整的"拼凑型"试卷,教师关注的是题目的比分设置,不重视试卷结构和形式的针对性,甚至造成了试卷上的大比分题目与需要检测的核心内容互相脱节的情况。所有的试卷都被剪辑得像综合试卷,未能从不同年级、不同基础学生的学情角度去考虑命题。采用的试卷形式单一或语法测试化,也缺乏趣味性和可读性。

(二)试卷内容缺乏创新性

语言学习是为了及时了解人类的进步和文化的传承,试题命制与检测的过程也要体现社会的进步与先进文化的传播。然而一些拼凑试卷的试题,特别是阅读内容所用的材料十分陈旧,已跟不上时代的步伐,导致试题的时代性和新颖性不足,或者因为直接选用国外原版资源而使阅读难度大幅提升,这些都脱离了学生所熟悉的生活和语言能力,既无法检测学生真实的学习能力,也无法让学生丰富学习体验,在感受中外文化差异中坚定文化自信。这显然偏离了课程标准的要求。

(三)试卷编制缺乏语用性

学生在课堂上学习到的语言知识要转化为自身的语用能力,他们要在一定的语境中运用所学语言完成相应任务,理解和掌握基本的语用知识和技能,从而发展语用能力并提升思维能力。但很多拼凑型试卷的题目是脱离真实语境设计的,纯粹为了检测语言点而生搬硬套,甚至为了凑足备选答案,出现了形式不准确的选项,对学生造成错误的干扰。有些题目的设置思维含量低,学生仅需找试题对应的"信息点"就可以完成,只能停留在对句子显性层面的理解。一些书写题的设置只关注考查学生看图识词和规范书写的能力,缺乏具体语境的创设,题目显得空洞而乏味,使学生语用能力和学科核心素养的培养成为空谈。

显然,这些低质量试卷由于缺乏理念的支撑和科学的命制,不能全面地检测学生的英语学业水平和学习能力。《义务教育英语课程标准(2022年版)》(以下简称《新课标》)指出,英语课程要培养学生的语言能力、文化意识、思维品质和学习能力等方面的核心素养。因此作为反映各年段学生完成相应课程阶段性学习后的学业质量评价卷,要既能检验他们的语言学习知识点掌握情况,又能如实反映他们核心素养的发展水平,同时又为教师改进后续教学提供一定依据,不断引导学生提高学习成效和增强核心素养,促进他们全面、健康而有个性地发展。教师在试题命制时,要以核心素养考查为目标,探索在评价测试中引导学生形成正确的价值观念、必备品格和学习能力,发展和提升他们的学科核心素养。

二、基于核心素养考查的小学英语命题原则

(一)以生为"基",坚持适切性

适切性指的是命题要以核心素养发展为纲,符合各年段学生的实际水平。评价要帮助教师了解学生知识掌握和能力发展的水平,因此试题的命制要结合学生的实际学习情况,体现核心素养中英语素养方面的要求。三、四年级的试题应以基础性、理解性知识考查为主,目的是提升学生的英语语言和技能水平;五、六年级的学生有了一定的语言基础,对他们的考查则可以应用能力为主。

例如三、四年级可以设置"听录音,选单词"的题型,目的是检测学生对单词的掌握情况,引导他们在平时学习中关注单词的音形义结合,不断形成正确的英语学习策略。而五、六年级则应改为"听录音,圈图片或连线"的题型,要求提升为考查学生理解语言意义的能力,引导他们不断发展核心素养要求的语言能力。

(二)以境为"实",遵循真实性

真实性就是命题要遵循真语境和真典型原则。真语境是指语言测试要与学生的真实生活情境相联系,让学生积极投入真实和有效的任务,在解决有价值的问题过程中展现能力水平。真典型是指测试内容和题型的命制要以检测学生的核心素养能力为目标,结合各年级学习内容的重难点和语言使用的真实语境,选

择有典型性和实用性的内容,实现以评促教,明确学生对语言的掌握情况和运用水平。

例如在单词检测方面,教师应结合语言形式和语言意义,设计一些能考查学生运用语言来理解、分析和表达意义的题目,可以把对"panda"一词的检测放在如下句型中:It is big and cute. It is black and white. It can climb. It likes eating bamboo. This house is for a _____. 这样的题目既能检测学生对单词的掌握(认读并选择动物单词),又实现了对语言能力的考查(阅读句子后选词填空)。

(三)以本为"凭",贯彻综合性

综合性原则要贯穿于试题内容、能力分测以及材料选择中。试题内容要体现"基础为主,运用为重,突出能力"的考查,融合学科的基础性、综合性和应用性知识,真实反映学生的综合语用能力。语言能力包括理解和表达能力,因此基于不同年段学生的语言发展,命题要体现分年级和层次测评语用能力。从低年级侧重听、说能力的测评发展到高年级全面考查含听说理解能力和含读写表达能力的语用水平,全面实现对语用能力的输入和输出技能性考查。要实现对英语学科核心素养的测评,选择合适的材料就是命题的重中之重。测试材料既要有显性信息,也要具备一定的隐藏信息,在显性和隐性信息中渗透学科核心素养的测评意图,也要自然融入中国传统文化的相关内容,让学生在用英语进行交际交流同时,坚定文化自信。

三、四年级阅读检测的文本不宜过长,内容要和学生的实际生活有联系,设置的读后任务要以考查他们的理解和判断能力为主;而五、六年级阅读检测的文本内容要更广泛,可以扩大到对中外文化习俗和差异的介绍等,包含一定的生词并精心分散在文本各处,尝试让学生用一定的阅读策略进行猜测,同时读后任务也提升为对学生信息整合和概括能力的考查。

三、指向核心素养考查的小学英语命题策略优化

一份完整的学业评价卷应该融语言知识检测和语用能力及素养发展水平的考查为一体,能综合评价学生的英语学习,这就需要我们教师认真研究、积极探索和实践学科命题和核心素养结合的渠道,在审题、制题的过程中,关注核心素养考查,重视命题细节,整合并优化试题内容。

(一)设置真实情境,聚焦语言能力测评

核心素养下的英语考试命题应从知识立意转向素养立意。《新课标》中的主题包括人与自我、人与社会、人与自然三大范畴,其中小学英语的各类子主题内

容都是和个人、家庭、社区及学校生活相关。为此教师要让学生运用所学知识，在一定的语境中针对和上述内容相关的任务，进行理性思考并提出解决问题的办法，从中考查他们的能力。所以出卷者在试题命制时，要摒弃枯燥、孤立的知识点考查，应考虑学生的做题兴趣和能力，让他们在熟悉、真实的生活情境中运用知识，带着愉悦情感去展现他们的语用能力。

1. 案例 1

Wu Binbin 在 Penpalworld 的交友网站中认识了新笔友 Ken。请听音帮助他记录 Ken 的一些信息，将正确答案写在横线上。

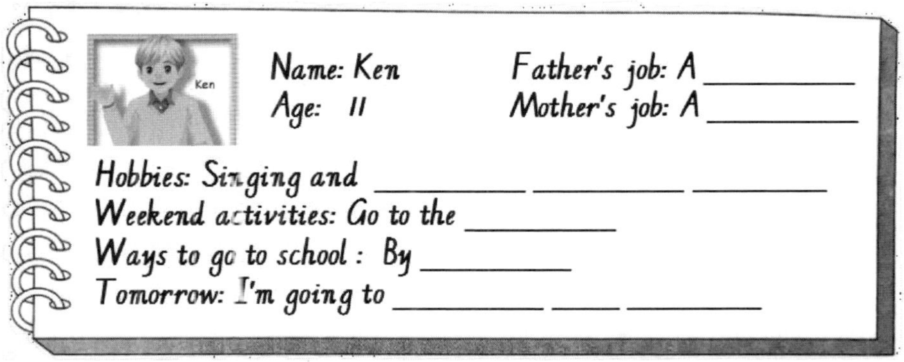

图 1

命题说明：

学习和理解外语是在一定语境中进行的，学生只有在不断实践和运用中才能提升语言能力。因此教师在命制试题时，要结合学生的生活实际和相关的知识点，创设真实、生活化的情境，将情境化为解决实际问题的载体，考查他们在深入探究中运用语言能力的水平。

本试题设置的是真实的生活情境——认识 Wu Binbin 的笔友 Ken，在填写 Ken 有关年龄、爱好、父母职业、出行方式和周末活动等的基本信息中，将本册教材 1—5 单元零散的核心知识点进行整合。借助特定的情景，考查学生听短文获取、记录和归纳关键信息的能力，侧重检测他们听、记语言的输入能力。

2. 案例 2

小学生涯即将结束，请从家人、朋友、老师等一位你认为比较重要的人物做介绍，具体见以下思维导图：(评分标准：①所写内容真实，多方面描述。②句型丰富、正确，错 2 个以内不扣分。)

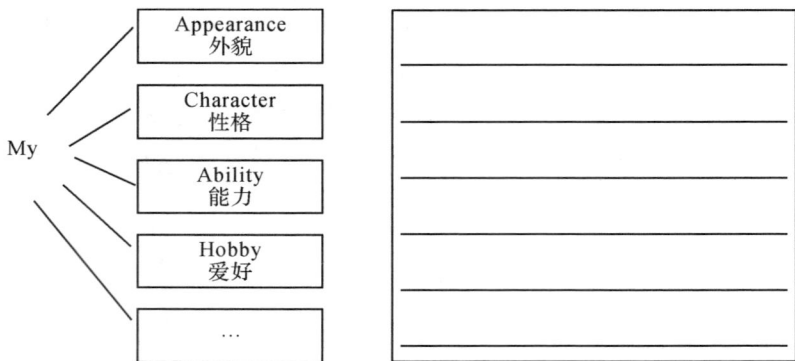

图 2

命题说明：

小学英语评价的形式要体现多样性和可选择性。因此教师命制试题时要根据课程目标，基于学生的实际情况和情感需求，设计一些开放性的题目，让他们自主选择表达自己内心的真情实感，实现"我手写我情"，鼓励个性化的输出。

六年级的孩子已经有了一定的词汇量，也有了用英语描述周围人物和事物及发表观点和意见等方面的能力。本题的内容描写让学生自己选择介绍家人、同学和教师中的任何一位，在一定的选择空间里给予他们选择权，同时用思维导图的方式提供语言支架，帮助他们进行自主、真实地表达。这种基于学生的语言水平和思维能力设计的题目，能正确评价学生的英语学习水平，展现生动、形象又个性化的语言输出表达。

（二）整合多元资源，彰显学习能力培养

英语工具性和人文性的统一决定了学生需要将它学以致用。语言学习的内容要源于生活，目的是能在真实生活中自如运用，实现交流，因此检测和提升学生听、说、读、写的能力和实际运用语言的能力是教师进行评价的主要目标。加德纳的"智能本位评价"理论告诉我们，每个人都有着语言、逻辑—数理、空间、运动、音乐、人际交往、内省和自然观察八种主要智能方面，为多维度考查学生的学习能力，教师就要结合各种资源扩展学生学习评估的内容，将所学的知识与实际语用紧密联系起来，通过设置一定的情景化任务来测评学生的表现和发展潜能，从而能全面展现他们的英语学习能力，并在测评中不断引导和促进他们自我学习能力的提升。所以教师命制试题时要立足学生的生活经验，联系当前热点问题，灵活整合和重组不同学科资源，设计多样化的形式和内容，提升他们的学习兴趣、学习效率，激发他们的英语学习潜能，鼓励他们在运用英语解决实际问题中，不断加深对英语学习的认识。

1.案例1

请阅读杭州第 19 届亚运会发布的志愿者招募海报,完成信息填写。

Welcome to join us!

19th Asian Games
Hangzhou 2022

Hello, everyone! Hangzhou Asian Games **(杭州亚运会)** is coming!
Its theme is"Heart to Heart, @Future". Do you want to be a volunteer?
Come and join us!

　　We need different people to do different jobs.We are looking for some volunteers **(志愿者)** to guide players from September 23rd to October 8th. The volunteers must be over 18 years old. They can't get any money. If you are good at English and can work well with others, please join us! You can get a toy mascot **(吉祥物)** for free!

　　If you like to join us or want to know more about us, please send me an email at HZAsian Games2023@mofcom.cn before June 30th, 2023.

19th Asian Games

Theme:_____

Where:_____

When:_____

Who:volunteers to guide players

What:good at English, _____

How:send an email @ _____

图 3

命题说明:

　　学生的学习能力是不能直接检测的,因为它是贯穿在整个英语学习过程中且不断变化的,但教师可以选择一些能够侧面检验或提升学生学习能力的内容融入对应练习中,作为一种导向,拓宽他们的学习渠道,提升他们的学科核心素养。当代学生处于信息时代,能随时接收,也乐于了解各种热点话题,教师可以引导他们发现、理解生活和英语的密切关系,并运用策略进行自主学习,勤于反思,不断优化自主学习的能力。

　　本题考查学生通过阅读非连续性文本获取主要信息,利用补全思维导图的形式,渗透了阅读要有目的,根据问题,采用一定的阅读方法去获取需要的信息,增强阅读效率的意识。学生在完成此任务时,要整体分析语篇内容,并挖掘思维导图所示内容和语篇之间的关联,从整体上把握题目内容。这就是一种阅读策略的运用。要引导学生学会建构所学知识,将所学知识用于解决生活中的实际问题,提高学生学以致用的能力。另外本题以真实的杭州第19届亚运会志愿者招募为情境,让学生开拓视野,关注社会实事,拓宽学用途径,发展学生解决问题的能力,为终身学习奠基,促进学生的自我发展。

2.案例2

生活中我们会碰到各种变化,今天我们一起来读一读 Caterpillar 的变身奇遇吧。读短文,完成以下两个任务。

One day, a caterpillar was on a leaf. Then a hungry bird came and saw the caterpillar.

The bird:I will ear you.

The caterpillar:No! No! I am too little.

The bird:Yes, you are too little.

The caterpillar:Well, you can go there and find something to eat.

The bird:Thank you, my friend. I hope to see you again next time.

The caterpillar:I must eat this leaf and get big.

(The caterpillar ate and ate every day. A month later, the bird came to the same tree)

The bird:Oh, I met a caterpillar here. How is he now? Caterpillar. Come here!

(The bird looked for the caterpillar. No caterpillar! She looked on the tree. No caterpillar! Then she looked under the tree. No caterpillar! The bird was not happy)

The bird:Some out, caterpillar. I cannot see you!

(Just then, a beautiful butterfly came out)

The caterpillar:Hello, my friend!

The bird:Hi, who are you?

The caterpillar:Haha, I am your *acquaintance*. Before _____, but now _____.

The bird:Wow!

Task A. Read and judge. 阅读短文,判断,正确写"**T**",错误写"**F**"。

(　)①The story is about a hungry bird and a big caterpillar.

(　)②The bird didn't eat the caterpillar because it was not yummy.

(　)③In the story, the caterpillar became a butterfly after a month.

(　)④I am your acquaintance. Here "acquaintance" means 老熟人,老朋友.

Task B. Read it again and write. 完成句子。

The butterfly：Before _____ , but now _____ .

命题说明：

英语学习强调真实语境的创设,也要注重语言内容的趣味性和语言表达的地道性。同样教师在试题命制时,要选择一些结构正确,主题鲜明和逻辑有序的文本,还要关注内容是否贴近小学生的真实生活,测试形式是否有趣味性。语篇内容可以借鉴或引入原版材料,例如让学生阅读一些教材中比较少见的科普性文章,设计利于相关词汇、语法等语言知识检测的任务形式,引导他们在提取语篇信息完成任务中了解到一定的科学知识,实现在考查学生技能的同时,又能激发他们的学习兴趣和积极性,鼓励他们爱读和乐读配套英文课外读物,可谓一举两得。

以上文本是改编自《多维阅读第3级》的《聪明的毛毛虫》的故事,内容浅显、生动。任务的设置既达到检测本单元有关"changes"语言知识的目的,又让学生在阅读语篇中了解到有关毛毛虫生长进化过程的科普知识,同时唤起他们阅读各类英语原版读物的兴趣,鼓励学生去选择和坚持课后阅读,充分体现《新课标》提出的教学评价作用。这种地道的文本内容和命题设置能引发学生分享和探讨问题的兴趣,有利于培养其英语思维、激发其探究兴趣与提升其自主学习能力,促进其人文素养和健康人格的形成。

(三)关注命题层次,融入思维品质提升

评价者要依据课程目标、课程内容和学业质量标准三个维度,构建命题框架。其中的课程目标维度就是要求教师能够全面考查包括思维品质在内的学生核心素养。因此在试题命制时,教师应基于各年段学生的学习情况,对照《新课标》的具体学习目标,分析所学的内容,尝试提炼核心话题,接着再选择相应的测评形式和题型,按照布鲁姆的理解—分析—评价逐级认知领域设置测试项目,考查学生在完成层级任务中表现出来的判断、整合、概括等思维能力,不断引导和促进他们的思维发展。

1.案例1

下图是一家餐厅的菜单,请仔细阅读,认真完成以下两项任务：

图 4

命题说明：

Task 1. Read and write. 为迎接假期，本餐厅推出了新品，将他们写在菜单正确的位置上。

iced Coke ￥12   fish and chips ￥17

Task 2. Read and judge. 认真阅读并打（√）或错（×）。

（   ）①The phone number of the canteen is 13505802166.

（   ）②You must pay ￥105 for beef and iced Coke.

（   ）③You can't eat noodles in this restaurant.

（   ）④You can order take-out food（订外卖）at 7：00 am.

总体而言，小学生学习的词汇量是有限的，他们需要借助图片等非语言手段来阅读和理解文本内容：他们可以借助图片推测词义、读故事中参考配图理解意义、根据图片提示选用适当句型回答等。因此图片在小学考试命题中要有一定量的比例，发挥学生观察的技能并利用孩子擅长的具体形象思维进行分析、判断、推理等思维活动，吸引他们的答题兴趣和参与热情，进而认真、专注地完成测试评价。

本题的任务 1 把餐厅新品归类并填到菜单正确位置，是需要学生读懂菜单文字内容和分类方式,考查他们的归纳推理能力。此任务要求学生在观察和读文中学会分析和比较,知道 Coke 应和 tea 同类,属于饮料范畴,而 fish and chips 是一种英式小吃,应和 cake 同类。任务 2 的读后判断对错是要学生认真读图,在以图片形式展现的信息内容中推断出此餐厅的电话、食物和出售方式及外卖配送时间。两个任务都融合了非语言形式理解和思维培养,需要学生根据不同模态的语篇内容获取必要信息,进行科学的推测,从而完成任务考查。以上的任务有助于学生展示思维过程,在不断思考中发现知识间的内在联系,提升核心素养。

　　2. 案例 2

Read and choose. 阅读下面的招聘信息,选择正确答案。

Babysitter（临时照顾幼儿者）Wanted

　　Do you like children? Do you have free time in the afternoon? We need a babysitter for our son. He is five years old. Hours are 3:00 pm to 6:00 pm from Monday to Friday. Sometimes you have to work on the weekend. Pay（薪水）is $10 each hour.

　　For the job, you will: *Watch our son/Read to him/Play with him*

　　You will work at our house. We live in Fourth Road, near Huaxing Clothes Store.

　　Please call Mr. Wang at 010-58899333.

图 5

（　　）① _____ is not a part of the job.

　　　A. Cooking for the child　　B. Working at the child's house

　　　C. Taking care of the child　　D. Reading books to the child

（　　）② The babysitter must _____.

　　　A. drive a car to work

　　　B. go to the clothes store to work

　　　C. work five days a week as usual

　　　D. work every Saturday and Sunday

（　　）③ Which of the following is true? _____

　　　A. The child is less than（不足）ten years old.

　　　B. The babysitter must be a young woman.

      C. The babysitter must work six hours a day.

      D. The babysitter can get more pay on weekends.

(   )④ The best babysitter for the job _____.

      A. can get ＄10 every day   B. is busy on Wednesday afternoon

      C. needn't read story-books   D. like playing with children

命题说明：

    学会分析是培养学生正确思维的关键要素，因此在进行小学英语试卷的命制时，我们要减少单纯记忆、死记硬背的考查内容，增加能考查学生分析和解决问题能力的内容，引导学生围绕主要议题和核心内容，从不同角度、不同情形和不同条件进行多维分析，结合自己原有的知识体系再做出科学的推断与决策。

    本题四道阅读题不是显性、直接询问有关语篇内容的事实性问题，而是需要认真思考、分析关键信息的推理性问题。因此学生在读懂语篇后，还要根据问题经过信息处理和具体分析，才能找到答案。如此命题兼顾了对学生阅读分析理解能力及逻辑思维能力的考查。

    3. 案例3

Read and write. 认真阅读并完成相关任务。

I am Jack. I like ice cream very much, so I am a bit fat. Some students nickname me Pig. What can I do?	I am Lucy. I live in the village with my grandma. Now I have to go to school in the city. I miss my grandma very much. What can I do?
I am Mark. I am not good at maths. I work very hard, but I always get a low mark. What can I do?	I am Alice. I like dolls very much. I have many nice dolls at home, but my younger sister always takes them out and loses some of them. What can I do?

图 6

Task 1 Write and say. 写下他们的心情。

How do they feel?	
Jack is _____.	Lucy is _____.
Mack _____.	Alice _____.

图 7

Task 2 Think a write 作为这些同学的好朋友,你该怎样安慰他们? 写下你想对他们说的话。

Dear Jack	Dear Lucy
Dear Mark	Dear Alice

图 8

命题说明:

学生的思维是随着年龄的变化而逐步发展的。为对不同阶段的学生进行正确分层思维训练和评价,我们在英语试题命制中要设置考查各类思维能力的内容,对五、六年级的学生则有必要加大对创新思维等高阶思维的考查比例,增加一些探究性、开放性的试题来培养求异思维,并鼓励和激发学生围绕话题优化思维品质,体现灵活性而又独创的创新思维能力。

本题源于学生的真实生活,设置的两个任务需要学生根据文本信息,围绕话题 Feelings 认真思考,具体分析各主人公的问题,结合自身经历,才能分别为他们写上有针对性、切合需求的有效建议。此题没有固定统一的答案,考查的是学生对同一问题的独特见解和个性化的表达能力,输出的内容应该是真实而富有创造力且多元化的。

(四)选择意义文本,深化文化意识培育

语言学习与文化培养是融为一体,相互依存的。教师在教学中要引导学生在学习语言内容时,也要结合教材内容进行中外文化对比,学会在鉴赏异国文化中感悟自己对本国文化的热爱情怀。同样,我们在试题命制中也要有意识地将中国传统文化渗透在命题中,在检测学生的语言和思维能力的同时,引导他们不断感知和加深对优秀传统文化的认识。将语言知识技能和多样文化知识结合在一起评价,既能增加测评内容的厚度与底蕴,又可以达成《新课标》中核心素养中有关文化知识的要求:涵养家国情怀,树立文化自信,形成正确的价值观和良好的品格。

1. 案例 1

Read and choose. 请从春联中选择相应句子,补全两人对话。

Chen Jie: Hello, Oliver! Welcome to my home.

Oliver: Thank you! _____▲_____

Chen Jie: Wow, they're so beautiful. Thanks. Today is the New Year's Eve. We are eating Jiaozi and noodles. _____▲_____

Oliver: I'd like some Jiaozi. Hmm, yummy.

Chen Jie: _____▲_____ They are yummy, too. Eating noodles means good luck.

Oliver: Yes, please.

(Twenty minutes passed)

Chen Jie: _____▲_____

Oliver: Great! _____▲_____

> A. I like Chinese New Year.
>
> B. Would you like some noodle?
>
> C. What would you like?
>
> D. The flowers are for you.
>
> E. Let's put up the couplets (春联).

图 9

命题说明:

小学英语 PEP 版教材涉及了很多中国传统节日,例如介绍了中秋节、端午节等,这些都是应该让学生了解和传承的优秀传统文化。教师在编制试卷时,也要立足教材的语言知识学习,适当拓展有关文化背景的知识点,将语言与文化内容有机融在试题文本,同步检测语言知识和文化知识。

本题围绕春节这一文化习俗,介绍了大年夜吃饺子、面条和贴春联的传统习俗,用补充对话的形式将本册教材中关于问答饮食喜好的知识点与文化元素结合在一起,在丰厚文本内容的同时,考查学生对相关语言和文化知识的理解,帮助他们充分掌握有关春节文化习俗的英文表达。

2. 案例 2

Think and write. 请你向新朋友 Pedro 介绍一下我们丰富多彩的春节 (Spring Festival)文化习俗,可以选用右边的单词写话,最少三句。

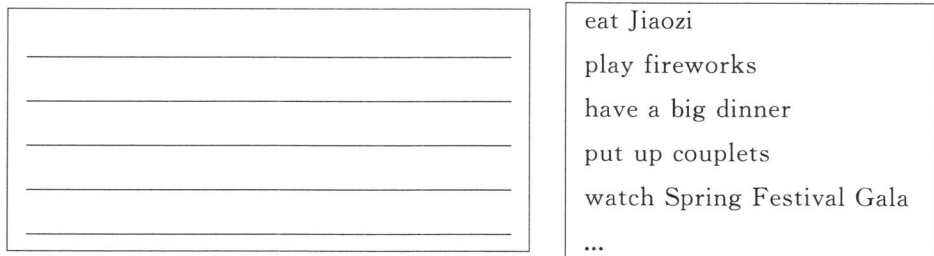

| | eat Jiaozi |
| play fireworks |
| have a big dinner |
| put up couplets |
| watch Spring Festival Gala |
| ... |

图 10

命题说明：

在实际教学中，教师要依据教材内容，整合多样资源，把文化知识融于英语学习中，引导学生同步发展语用能力和思维品质，坚定文化自信。而在命题测试时，教师也要设计一些说或写任务来考查学生关于传统文化的理解和表达能力，在夯实语言能力的同时增加文化底蕴的累积。

本题基于五下第三、四单元的核心语言知识，考查学生能否运用已有知识和经验，迁移应用所学语言介绍春节习俗，尝试用书面表达的形式传承和弘扬中国文化，展示跨文化交流的能力，在感悟优秀文化过程中坚定文化自信。

总之，英语学科核心素养的四个要素是互相融合并互动发展的。教师在素养卷命制时，要以发展核心素养为纲，具体结合不同年段孩子的心理特点和认知水平，检测含听说理解能力和含读写表达能力的语用水平，全面实现对语用能力的输入和输出技能性考查，真实评价学生的英语核心素养发展水平，同时发挥评价对教学的导向和反拨作用，以便教师优化课后的教与学，使教学评价真正反哺教学，实现教、学、评的统一。

参考文献：

[1] 中华人民共和国教育部.义务教育英语课程标准(2022年版)[S].北京:北京师范大学出版社,2022.

[2] 程晓棠.义务教育英语课程标准(2022年版)课例式解读　小学英语[M].北京:教育科学出版社,2022.

[3] 陈益娇.2022.素养立意视阈下的小学英语试题命制实践[J].小学教学设计,2022(15);52-56.

[4] 刘美芳.素养立意视域下的小学英语非连续性阅读文本命题探索[J].小学教学设计,2021(21):64-67.

[5] 杨靓.素养立意视域下的小学英语测试命题探索[J].中小学外语教学(小学篇),2021,44(02);59-65.

双减:作业巧进课堂三部曲

——以教科版小学科学四年级教材为例

舟山市普陀区沈家门小学　洪燕娜

随着国家义务教育阶段"双减政策"的正式落地,各中小学校积极探索有效的减负措施,我区教研室领导深入各校,对"减负"工作的落实与开展进行相关指导促使减负工作真正落到实处。作为一名一线的科学教师,向课堂教学要质量,那就要转变自己的教学理念,认真钻研教材,结合"减负"优化教学设计。笔者认为,作业作为检测学生学习效果的一种重要方法,帮助学生巩固知识的同时又能发现其不足,其作用不容忽视。

现在学生使用的省编配套练习《科学课堂作业本》,其内容主要分为三大板块,即"活动记录、课堂练习、科学拓展",目的在于让科学教师能够在课堂中有效地运用,给学生提供一个理解知识、巩固内化、拓展运用的过程。以往,部分课堂作业一般放在一节课授课快结束时安排时间让学生完成,时间比较仓促,质量难以保证,让作业进课堂,做到当堂作业当堂清,是减负的有效措施之一。笔者就以教科版小学科学四年级的教材为例,来谈谈自己如何巧妙科学地将科学课堂作业有机地融入教学环节中,互为补充,密切联系,帮助学生及时理解巩固知识,发展科学思维的几点做法。

一、聚焦知识联系,唱好课前一部曲

科学是一门以探究为主,培养学生各方面素养的学科。一段精彩的导入,可以紧紧抓住学生的注意力,引发学习兴趣,激发求知欲望,使学生自觉产生对新知识的迫切需要。为了促进学生在课堂上有效开展探究活动,聚焦新旧知识的联系,设计科学合理的课堂导入性作业是件很有意义的事。

(一)创设情境,前置作业地展示

新课程教学理念提倡以生为本,前置作业是教师根据新授教学内容预先设计好的针对性比较强的探究性问题,然后以作业的形式提前进行布置,学生根据自己知识经验先进行自主探究,为新知的学习做好准备。前置作业的完成过程能有效培养学生的自学能力,学生由被动学习转为主动探索,激发了对新课知识的探索热情。

四年级的学生已经了解了食物是人类赖以生存的必要条件,要想满足身体对营养的需求,就需要摄入各种各样的食物,关于食物虽然学生有过很多体验,但是涉及饮食健康,认识还是不够全面。教学四上呼吸与消化单元消化部分的《营养要均衡》,"设计一日食谱"就是教师布置的前置作业。上课之始创设情境:"最佳食谱评选赛",学生纷纷展示自己设计的一日食谱,通过之前学过的《食物的营养》一课,学生已获知每一种食物中都有自己不同的营养成分,也认识到了营养全面合理的重要性,凭借各自经验以及收集的一日食谱的相关资料,针对不同食谱,同学间相互交流评价,发现其不足。如何才能使自己从食物中获取全面合理的营养?最佳的一日食谱该怎样设计?一旦学生在脑海里产生这样想法,自然就会产生探究的动力。此时教师就要抓住探究时机,抓住新旧知识的连接点,给学生以启发引导,诱发学生主动求知欲,复习旧知的同时又为讲授新课创造了有利的条件。

(二)预设问题,探究作业地导出

问题是开展思维活动的起点。新课标指出,要倡导设计学生喜欢的科学活动,激发科学学习的内在动机,保护他们的好奇心,颇具挑战性的作业更容易激发孩子动手去探究的好奇心。"电"是学生生活中熟悉的一种能量。四下电路单元第 3 课《简易电路》新授前,先来一场全班一起点亮小灯泡的比赛,竞争好胜是学生的一大心理特点,能激发学生的兴趣,引导学生积极地思考。复习"电路"这一科学概念的同时,也发现部分学生只用手不借助其他工具来点亮小灯泡,一不小心没按住,小灯泡就不会亮,有没有办法能更方便地固定电池和小灯泡呢?试着联系我们教室的照明装置,比比谁能最有效地设计出一套简易电路?联系旧知积极挑战新授课的探究性作业,孩子们带着一种竞争的心态,探究有动力,学习有活力。

(三)选择时机,课堂空白作业引入

所谓的课堂空白作业就是指没有完成的课堂作业,学生对老师在课堂上所教授的内容,是否听懂了,掌握得如何,新授前作为复习型的课堂空白练习,它的出现既是检验学生学习效果的有效途径之一,也是教师及时对学生查漏补缺的一种有效方式。为了使学生一开始就有一个比较明确的学习目标,正确的思维方式,根据教学需要教师可以有选择地留下前一节科学课的部分空白作业题,然后在后一节新授前悄然而入,激发学习探究的目的性,未尝不是一件有意义的尝试。

四上科学声音单元第 5 课《声音的强与弱》

听鼓辨音游戏：教师敲鼓，学生做动作，听到鼓声强的时候，上举手臂，当听到鼓声弱的时候，平举手臂。

师：声音有强有弱，那么时强时弱的鼓声是怎么传到你们的小耳朵里呢？结合这张图学生先完成再说一说。（教师随机利用 PPT 出示第 4 课《我们是怎样听到声音的》《科学课堂作业本》中的一道课堂练习思考，组织学生完成再交流）（见图 1）

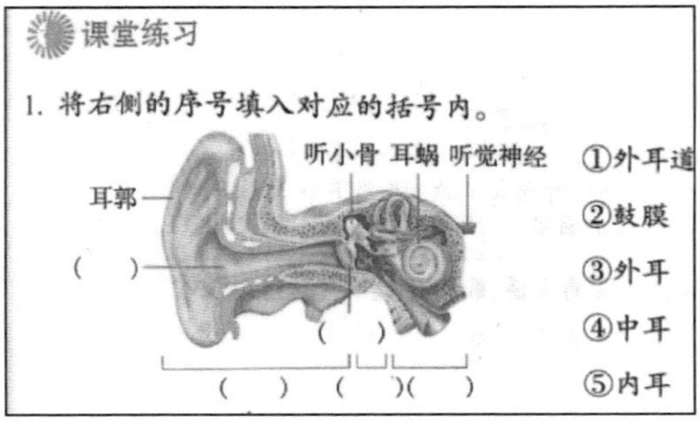

图 1　课堂练习

师：声音在鼓膜的振动下一步步传到我们的大脑，从而感知到它的强弱。声音的强弱是怎么一回事呢？（适时出示第 5 课的课题）

设计意图：通过有目的地完成前一课的空白练习从而引出新课的教学内容，此操作抓住了新旧知识的连接点，使新与旧之间相互呼应，互为因果，既是对前一课科学知识的巩固，又作为新课引入的一种有效方式，启迪思维，承上启下，把学生的求知主动性适时诱发出来，充分唤醒了他们的前概念，符合学生的知识水平，帮助学生更好地理解、完成本课要学习参与的探究活动，凸显了作业的有效性。

二、引导科学思维，唱好课中一部曲

（一）巧于探究中，解决教学重点

科学素养的核心是探究，科学探究不只是为了得出一个科学结论，更重要的是为学生提供探究的经历与过程，并将此经历与过程真实地记录下来。为此，活动记录作为课堂上的一种科学探究学习的重要方法，对学生而言，通过收集、处理、记录信息在呈现学习过程的同时锻炼了思维能力。对教师而言，通过学生活动记录上反馈的各种信息，及时地了解学生的思维发展程度及思考过程。

如四下《凤仙花开花了》本课的活动记录要求学生在探究活动中,观察并解剖一朵油菜花,把观察结果用简图和文字记录在表中,完成记录作业的同时使探究活动更具实效,恰如其分地解决教学重点。

四下科学植物的生长变化单元第 5 课《凤仙花开花了》

教师为每个学生提供一朵油菜花,一把镊子,放大镜等材料。

初步观察:油菜花是由哪几部分组成的。

(播放解剖操作视频)解剖油菜花,再次观察。

(教师随机利用 PPT 出示《科学课堂作业本》中活动记录表)

思考:油菜花有几部分组成,每一部分由什么特点? 可能有什么作用?

交流反馈,呈现活动记录(见图 2)。

活动记录

1. 观察并解剖一朵油菜花,把观察结果用简图和文字记录在下表中。

主要部分	数量	特征
花萼	4	绿色　清香　萼片上无叶脉
花瓣	4	黄色　清香　两两相对成十字形
雄蕊	6	四长两短　黄色　清香　顶端大,底端小
雌蕊	1	绿色　清香　顶端小,底端大

图 2　学生的活动记录

设计意图:小学科学教育的目的就是培养学生的科学素养,科学素养的核心是探究,科学探究不只是为了得出一个科学结论,更重要的是为学生提供探究的经历与过程。把各部分课堂作业适时地穿插在相应的探究活动中,活动与作业的结合,降低学习难度的同时及时了解学生检测对知识掌握的程度,同时帮助学生通过解剖解决了本课"认识完全花的组成"这一教学重点,探究中得收获,触动中引思考,发挥学生的主观能动性,有效地发挥了作业进课堂的积极作用。

(二)巧于体验时,突破教学难点

《义务教育小学科学课程标准》指出,教师要重视学生科学思维的培养,让学生动手和动脑相结合,从而培养学生的思维能力,形成科学思维的习惯。小学生天生就具有好奇心和求知欲,他们的空间想象能力的发展和形成是建立在观察、感知、操作、体验等基础上,特别是中低段学生,实际观察和实践体验是发展空间能力的必备环节。通过利用辅助的实验材料来观察体验呼吸器官系统工作的过程,从而一步一步夯实自己的观点,以完成相关课堂作业,在此体验式作业的过程中,充分发挥了学生的主体作用,培养了独立思考分析问题的能力,有效助力于难点的突破。

四上科学呼吸与消化单元第1课《感受我们的呼吸》

师:这呼吸器官是怎么协同工作的呢? 这是个人体呼吸模拟器,气球是扁的,你有什么办法让气球鼓起来?

学生第一次自主活动。

(1)师:你发现了几种让气球鼓起来的方法? 指名上台展示。

生:往管子里吹。

生:按、拉气球膜。

师:气球一鼓一扁靠的就是这个膜。我们人体中也有个作用相同的膜叫膈肌。

(2)师:刚才这两种方法都能让气球鼓起来,哪一种方法与我们真实的呼吸过程更接近呢?(指名上台演示并讲解,分别模拟了气管、支气管、肺、胸腔)

师:这些呼吸器官究竟是怎样协同完成一次呼吸呢? 让我们再次借助这个装置,仔细观察吸气时的状态和呼气时状态有什么不同。讨论并完成课堂练习。(教师随机利用PPT出示科学课堂作业本中的题目,见图3)

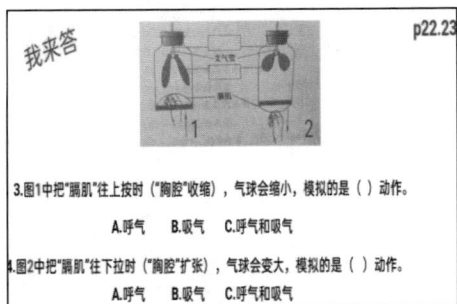

图3　课堂练习

学生第二次活动,并完成作业。

设计意图:"理解人体的各个呼吸器官是怎样在协同工作的"是本课的一个教学难点,借助"人体呼吸模拟器"这个实验装置,先组织学生开展自由体验活动,在体验中掌握如何让气球鼓起来的方法,然后探讨装置各部分模拟的是人体的哪些呼吸器官,在学生充分体验及进行模拟实验后,紧接着进行第二次活动,边体验边完成课堂作业，巩固了体验获得的知识与技能，加深了对“协同工作”的认知，对“呼吸”这一概念形成了更准确、丰富的认识。

三、立足问题解决，唱好课后一部曲

科学课的学习非常重视学生的“学以致用”，引导学生把在课堂中收获到的知识，及时地应用到生活中，从而解释生活中的科学现象，在不断探究与实践中，再次获得对科学知识的体验，以培养良好的科学素养。

科学阅读作为一种课后教学资源的手段之一，安排在《科学课堂作业本》中能帮助学生在最短的时间内通读尽可能多的印刷（文字或图片）资料，可以及时地帮助学生解决课堂探究活动中无法解决的问题，提供现阶段所需要的更多的知识信息。

四上科学声音单元第 3 课《声音是怎样传播的》

师：通过之前的实验我们知道声音可以在空气、水以及桌子等物体中传播，是不是传播的速度都一样？（预设：不一样）

想不想知道声音在哪种材料中传播的速度最快呢？（教师随机利用 PPT 出示《科学课堂作业本》中的题目，见图 4）

科学阅读

阅读下面的资料，回答问题。

物质名称	氧气	空气（25℃）	水（常温）	煤油（25℃）	冰	铜	铝	铁
声音传播速度（米/秒）	316	346	1450	1324	3160	3750	5000	5200

（1）从上表中，我们可以发现声音在（　　）材料中传播的速度最快。

A. 铜　　B. 铝　　C. 铁

（2）分析上表信息，我们可以推测声音在（　　）中传播的速度快。

A. 气体　　B. 液体　　C. 固体

图 4　科学阅读

学生完成并交流。

设计意图：《科学课堂作业本》中的“科学阅读”，是对科学课外知识的介绍，是课堂教学内容的补充、延伸与深化。当学生知道了声音可以在三态中传播后，教师接下来就问：传播的速度都一样吗？一石激起千层浪，寻找答案的急迫性就这样被激起，通过阅读《科学课堂作业本》中的资料后，才知道原来声音在不同材料中传播的速度是不一样的。教学中随机渗透这类作业，可以很好地为课堂教学所用，既拓展了学生的知识面，收获了科学知识，同时促成学生高效地科学学习，促进科学素养的提升，提高了孩子们的科学学习兴趣。

学习是为了更好地运用于生活，解决问题，更能培养学生的创造力发展个性，课后实践学习是科学教学的又一个具有重要意义的有机组成部分，为此课本中安排了很多的教学内容需要学生课后去继续探究。

四上科学声音单元第 8 课《制作我的小乐器》

师：刚才我们一起动手制作了吸管乐器，还演奏《欢乐颂》，太棒了！生活中还有许多材料可以制成各种各样的小乐器，看一看这些都是其他同学制作的小乐器（图片视频展示）。让我们也做一做其他类型的小乐器吧！（教师随机利用PPT 出示《科学课堂作业本》中的题目："制作橡皮筋琴"）

设计意图：课后鼓励学生根据《科学课堂作业本》中的实践拓展内容自己尝试着动手自制橡皮筋琴，既是对本课拓展活动的延续，同时通过此活动可以再次巩固并全面检测学生对声音的认识，丰富对声音的理解，激发创造才能，体会创造乐趣，原来生活中处处有科学。

又如四下科学"植物的生长变化"这块内容，着重指向学生运用各种观察方法（看、闻、借助工具等）获知凤仙花的整个生长变化特点。因为有些科学过程、变化等现象往往是转瞬即逝，而有些却需要相当长的时间，对孩子们来说很难细致全面地观察到。在种植凤仙花的过程中，学生在家里采用拍照、视频等形式，对凤仙花的每个细微变化进行了记录（见图 5），利用课后几分钟进行代表性的成果展现，互相学习，互相评价，增强了孩子分享与交流的合作精神，大大提高了课堂教学的实效性。

图 5　学生在家拍摄的发芽的凤仙花

学生是课堂的主人，双减政策下，越来越多的教师行走在追求轻负高质的科学课堂教学的路上。实践证明，一堂课中，伴随着学生的各项学习体验活动，将《科学课堂作业本》中的题目与各个环节的教学活动有机结合分层介入，大大提高了作业的完成率和正确率。（见图 6）

■ 作业巧进课堂前学生比例（单位%）　　■ 作业巧进课堂后学生比例（单位%）

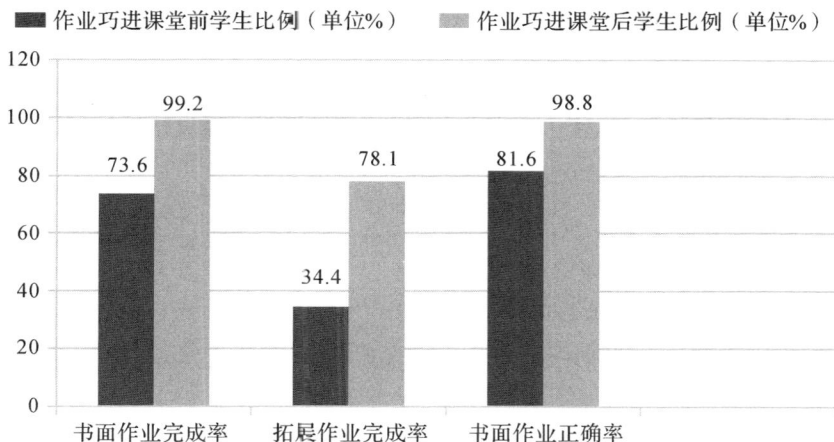

图6　本校四年级段学生（总人数440人）科学课堂作业进课堂情况

　　学生在进行探究活动和知识学习的同时,不但能及时完成《科学课堂作业本》,使课后作业负担得到了大幅度减轻,同时也使课堂效果有了明显提高。"作业进课堂"一定程度上确实做到了"减负",当然要取得更高效的课堂教学效果,笔者还需继续努力!

参考文献:

　　[1]中华人民共和国教育部.义务教育科学课程标准(2022年版)[S].北京:北京师范大学出版社,2022.

　　[2]廖丽芳.教师设计好作业指南[M].长春:东北师范大学出版社,2010.

　　[3]马燕婷,胡靓瑛.核心素养导向的作业设计[M].上海:华东师范大学出版社,2021.

　　[4]张丰.从问题到建议——□小学教育研究行动指南[M].北京:教育科学出版社,2013.

　　[5]方臻,夏雪梅.作业设计:基于学生心理机制的学习反馈[M].北京:教育科学出版社,2014.

思维导图在小学科学核心概念建构中的应用

舟山市定海区舟山第一小学　严梦旦

随着基础教育改革的不断推进,提升学生的核心素养成为众多教育学者关注的目标。《义务教育科学课程标准(2022年版)》(以下简称新课标)以"聚焦核心概念,精选课程内容"的课程理念,倡导"少而精"的原则,设计开展相应的学习活动。然而当前小学生的学习特点是善于发散思维但逻辑性较差,在科学学习的过程中普遍存在概念不清、知识点联系混乱、实验设计薄弱、综合分析能力不足等问题,学生在脑海中建构系统化知识网络的科学思维能力落后,导致无法全面地思考、分析和解决问题。

思维导图是一种有效表达发散性思维的图形思维工具。它以图文并茂的特点,综合运用图像、线条、短语搭建知识网络,使学生建立新旧知识实质性的联系,直观呈现学生思维的过程,能有效提高学生的综合应用能力和学习效率,实现有意义学习。

一、思维导图在核心概念建构中的应用价值

思维导图作为一种可视化的学习工具,可以清晰地表达出学生的思维发展与广度,帮助教师了解学生的思维过程,协助学生搭建核心概念建构的脉络,同时,以此作为评价学生课前课后学习增量的一种重要途径。

(一)着力发展学生的科学思维

新课标在学生科学核心素养内涵中重点提炼了科学思维目标,主要包括模型建构、推理论证、创新思维等方式,形成对客观事物的本质属性、内在规律及相互关系的认识。小学科学的课程内容设置了13个核心概念,其中天文学和地球科学等分支的内容是抽象的、宏观的、学生无法直接观察到的。由于部分学生形象思维和空间想象能力薄弱,单靠教师的讲解难以激发学生的学习兴趣。针对这个问题,通过建立模型图的方式,形成可视化的思维导图,可以让学生获得更直观的知识结构,突破视域限制的难点。

思维导图能将零散的知识,以较为简单的图文形式转化成具有逻辑性的知识体系,可以让学生快速厘清知识的脉络,其过程蕴含着思维过程,需要学生基

于科学事实与证据,运用归纳概括、模型建构、演绎推理、分析判断等方面能力。同时思维导图的开放性可以激发学生对相关知识进行延伸的欲望,使学生在学习过程中不断迸发创新思维。

（二）推动创新教师的教学模式

在常规的练习课或复习课中,教师的教学方式基本是简单的答案校对,面对"满堂灌"的教学模式,学生和教师往往都感到枯燥乏味,没有新意,学生的学习积极性大打折扣,教师的教学效果不佳成了普遍现象。学生的学习接受能力是有限的,面对复习练习中抽象多变但概念相似的知识点,学生很难有效地辨认与区分,造成概念混乱,难以准确应用的局面。教师可以采用绘制思维导图的形式有效地解决这一问题。

运用思维导图进行练习课或复习课教学,学生可以图文并茂地体现知识间的关系,并将这些逻辑关系可视化、直观化、立体化,使"看不见、摸不着"的抽象的、内在的东西形象地展示出来,便于记忆和理解。同时,学生可以用不同的颜色或标记分辨与区分相似的概念,提高对科学概念的认识与辨析,促进科学思维的发展。思维导图可以帮助学生把厚书变薄,也可以帮助学生把薄书变厚,从而把握知识的内在脉络,在学生的头脑中形成网络体系,培养学生的分析与综合能力。

（三）促进教—学—评一体化评价体系

在核心概念梳理中,思维导图就是对相关知识的整体概括。在课前知识预习时,学生可以先将自己理解的新知内容通过思维导图的方式进行整理预设,能有效锻炼学生阅读、分析和概括的能力,提升自身探索与解决问题的能力,教师则可以通过学生绘制的思维导图了解学生对某一知识内容的自习情况,并掌握学生学习的起点和难点,帮助教师及时有效地调整教学方法。在课堂教学中,教师利用思维导图呈现课堂新知的脉络,能帮助学生快速抓住知识核心,同时也为学生绘制思维导图做参考与提示。在课后的知识复习与整理中,学生可以在原有思维导图的基础上进行知识精华的提炼,这个过程也是学生对自己阅读和学习过程的反思与总结,学生能在绘制思维导图的过程中发现自己对某一知识的掌握仍存在一定的问题,从而有针对性地查漏补缺,提高科学教学的质量。

二、思维导图在核心概念建构中的应用原则

思维导图作为一种思维具化的表达方式,对抽象知识、相似概念的梳理、整合与概念建构效果较为突出,将其作为学生建构科学核心概念的重要手段,必须遵循以下三点原则,才能确保思维导图发挥其本质作用:

（一）层次化引导原则

思维导图的方法是由英国教育家托尼·巴赞（Tony Buzan Tonibazan）在他的著作《思维导图：放射性思维》中提出来的。他将思维导图定义为一种具有放射性的思维表达方式，他认为人类的思维可以对接受或储备的信息加以优化组合，在这一过程中利用图形的绘制，将学习中一些比较抽象、冗杂的知识点，通过图形的形式加以优化、精炼，从而增强对知识点的理解与记忆，这是打开学习者大脑潜能的方式之一。托尼·巴赞认为思维导图有四个基本的要素：1.知识的重点清晰地集中在主干图形上。2.内容目标作为分支从主干向四周发散。3.分支由关键的图式符号或者相关具体关键词构成。重点案例也可以分支形式延伸表现出来，附在较高层次的分支上。4.各分支形成一个连接的分叉结构。因此思维导图在表现形式上是树状的分层结构。

（二）从局部到整体原则

在学生基本了解思维导图的绘制方式，明白思维导图与知识体系如何联系之后，教师可以让学生从较为简单的课内知识点开始练习绘制思维导图。思维导图主要以分支的形式来呈现各个知识点之间的联系。小学科学的知识是由一个个小的知识点交织形成的，不同的单元有各自的知识构架方式。因此，在小学科学的课堂教学中运用思维导图开展单元整体教学时，教师需要基于从局部到整体的原则，让学生先根据课堂所学内容绘制不同小节的局部思维导图。到了单元整合复习的阶段，教师再引导学生将各个局部思维导图整合为多层级、多分支的思维导图。

（三）学生主观能动性原则

在应用思维导图创新小学科学概念教学的过程中，教师必须明白思维导图的创作主体是学生，呈现学生的自我思考过程，激发学生运用思维导图的主观能动性。区别于传统知识复习资料条目式的大纲罗列，思维导图的绘制元素更多元化，包括图形、线条、色彩等组成元素。根据学生思维发展的不同，学生能绘制出极具个人特色的思维导图，呈现其思维过程与发展特点，学生对其中包含的知识网络将更印象深刻并理解内化。所以教师在授课时，可以利用多媒体展示多种思维导图范例，吸引学生的绘制兴趣，提高学生的主观能动性。

三、思维导图在核心概念建构中的应用路径

所谓思维导图，就是在学习、思考、对话过程中帮助人们对头脑中产生的发散思维不断整合、提炼，达到知识总结、整合、重构的逻辑梳理目的。这对学生学

习新知识、建构新概念、理解新内容具有重要意义。从学生课前前概念的调查到课中师生、生生形成了多元互动、交流促思的教与学再到课后知识体系的完善纽化,思维导图可以作为实现教—学—评一体化的重要手段,促进学生核心素养的提升。

（一）前概念调查研究,建立自我认识

学生在学习某个科学概念之前,往往对这个概念已经有了一定的认识与了解,特别是身边经常接触的事物。有专家认为:"教师和课程材料没有考虑学生的前概念的情况下,教学是无效的。"教师要从学生的前概念出发,有效地将新概念与学生的前概念建立内在联系,转变和深化学生的思维结构或概念体系,激发学生的认识冲突,这是培养学生科学思维深刻性的良好途径。通常我们利用问卷调查法和访谈法了解的学生前概念,但是制订问卷和访谈问题的答案收集往往需要耗费大量的精力和时间,而且问题的开放性的把握对调查结果影响较大,甚至可能产生片面的结论。而思维导图能够用简要的图文比较直观地呈现学生对某一概念或某一事物的基础认知情况,与以往的了解学生前概念的访谈法、问卷法相比,思维导图有着不可替代的优势,它比访谈法更具广泛性,比问卷法更具开放性。

教师在课前可以提前布置任务,要求学生进行课本教材的预习,并用思维导图的方式绘制出对新概念的认识,引导学生从熟悉的生活情景中自我判断对新概念的原有认知,通过发散思维提出对新概念的兴趣问题,从而激活学生学习的主动性,让学生带着问题进入课堂,为科学探究的实践过程做好前期有意义的问题铺垫。此外,这也是后期评价学生课堂学习效率的对比图,以此为基础,让学生逐步学会新旧知识的整合与知识体系建构。例如五年级下册生物与环境单元复习中,通过前测任务,学生绘制的思维导图知识点过少,他们对于思维导图要写些什么不甚明白,且有些知识点混淆在一起,无法分辨,漏洞频出（见图 1）。

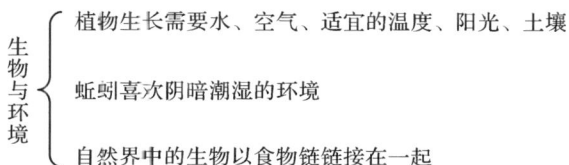

图 1 五年级下册生物与环境单元学生前测思维导图

(二)问题导向启发,激发活跃思维

通过课前学生前概念的调查,教师可以集中了解班级学生不同层次的学习基础,从而确认大多数学生对新概念学习的起点。与学生原有的杂乱的、浅显的认识不同,科学核心概念更具象性、概括性,在教学时教师不仅要帮助学生发现概念的表层特征,更要引导他们挖掘科学概念的核心内容,这就要求激发学生的思维活跃性,用探究问题引导学生全身心投入新概念的学习环境中。在这一过程中,教师以问题为导向,通过课堂小实验激发学生对内心疑惑与问题解决的探索欲望,使学生能够积极主动地参与问题思考、问题分析、问题解决和概念建构的教学活动中(见图2)。

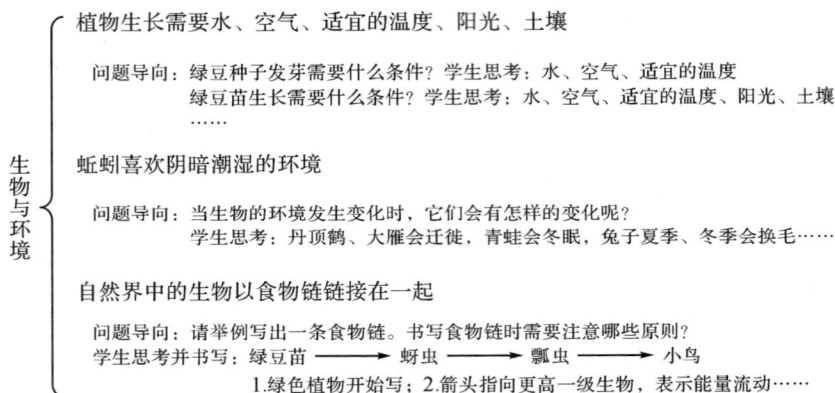

植物生长需要水、空气、适宜的温度、阳光、土壤

问题导向:绿豆种子发芽需要什么条件? 学生思考:水、空气、适宜的温度
绿豆苗生长需要什么条件? 学生思考:水、空气、适宜的温度、阳光、土壤
……

生物与环境

蚯蚓喜欢阴暗潮湿的环境

问题导向:当生物的环境发生变化时,它们会有怎样的变化呢?
学生思考:丹顶鹤、大雁会迁徙,青蛙会冬眠,兔子夏季、冬季会换毛……

自然界中的生物以食物链链接在一起

问题导向:请举例写出一条食物链。书写食物链时需要注意哪些原则?
学生思考并书写:绿豆苗 ——→ 蚜虫 ——→ 瓢虫 ——→ 小鸟
1.绿色植物开始写;2.箭头指向更高一级生物,表示能量流动……

图 2 教师引导学生厘清思维逻辑,完善思维导图

此时,教师开始作为一个学生概念梳理的协助者,需要用优美的、结构化的板书形式示范思维导图的形成绘制过程,吸引与激发学生产生想画思维导图的欲望。先以前期掌握的学生学习起点用板书的形式图文结合绘制基础知识框架,让学生通过组内讨论充实思维导图各分支的延伸内容,助力于学生进一步厘清概念结构,对学科内容展开全面的探索,相互促进,从而进一步提高自身的学习效率和思维能力,为后续思维导图建构奠定了清晰的思路基础。同时,板书的内容作为学生的课堂笔记,可为学生后期思维导图的个性化绘制提供一定的参考价值(见图3)。

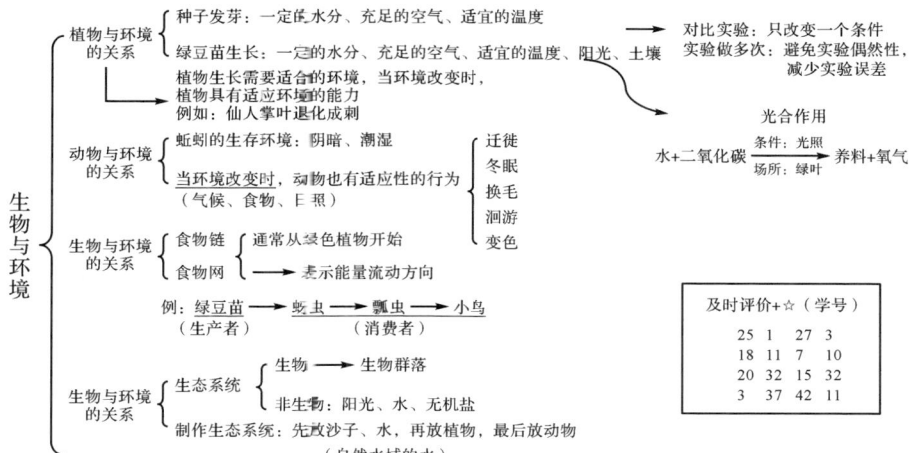

图 3　教师思维导图板书

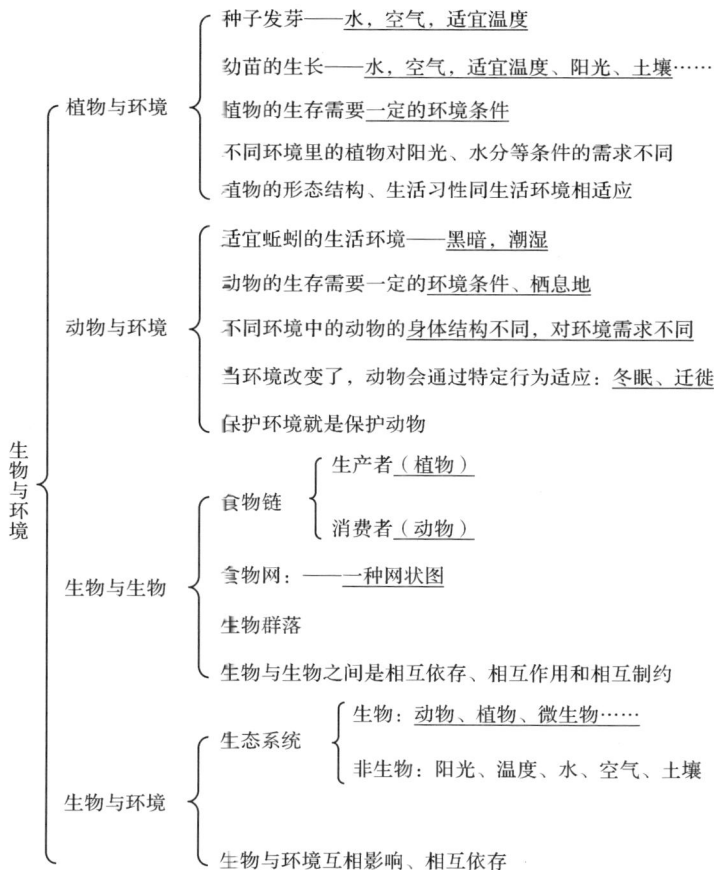

生物与环境
- 植物与环境的关系
  - 种子发芽：一定水分、充足的空气、适宜的温度
  - 绿豆苗生长：一定的水分、充足的空气、适宜的温度、阳光、土壤
  - 植物生长需要适合的环境，当环境改变时，植物具有适应环境的能力　例如：仙人掌叶退化成刺
- 动物与环境的关系
  - 蚯蚓的生存环境：阴暗、潮湿
  - 当环境改变时，动物也有适应性的行为（气候、食物、日照）→ 迁徙、冬眠、换毛、洄游、变色
- 生物与环境的关系
  - 食物链、食物网
    - 通常从绿色植物开始
    - 表示能量流动方向
  - 例：绿豆苗（生产者）→ 蚜虫 → 瓢虫 → 小鸟（消费者）
- 生物与环境的关系
  - 生态系统
    - 生物 → 生物群落
    - 非生物：阳光、水、无机盐
  - 制作生态系统：先放沙子、水，再放植物，最后放动物（自然水域的水）

- 对比实验：只改变一个条件
- 实验做多次：避免实验偶然性，减少实验误差

光合作用
条件：光照
场所：绿叶
水 + 二氧化碳 → 养料 + 氧气

及时评价 + ☆（学号）

25	1	27	3
18	11	7	10
20	32	15	32
3	37	42	11

图 4　学生个性化思维导图

生物与环境
- 植物与环境
  - 种子发芽——水，空气，适宜温度
  - 幼苗的生长——水，空气，适宜温度、阳光、土壤……
  - 植物的生存需要一定的环境条件
  - 不同环境里的植物对阳光、水分等条件的需求不同
  - 植物的形态结构、生活习性同生活环境相适应
- 动物与环境
  - 适宜蚯蚓的生活环境——黑暗，潮湿
  - 动物的生存需要一定的环境条件、栖息地
  - 不同环境中的动物的身体结构不同，对环境需求不同
  - 当环境改变了，动物会通过特定行为适应：冬眠、迁徙
  - 保护环境就是保护动物
- 生物与生物
  - 食物链
    - 生产者（植物）
    - 消费者（动物）
  - 食物网：——一种网状图
  - 生物群落
  - 生物与生物之间是相互依存、相互作用和相互制约
- 生物与环境
  - 生态系统
    - 生物：动物、植物、微生物……
    - 非生物：阳光、温度、水、空气、土壤
  - 生物与环境互相影响、相互依存

(三)个性化导图重现,展现概念建构成果

在完成前概念调查研究、问题引导思维建构两个环节后,学生对每一课时的内容已经形成了较为完整的科学概念知识框架,在单元整体复习阶段,教师要鼓励学生绘制单元知识概念思维导图。鼓励学生充分运用多种色彩、不同绘制方式如树状图、气泡图、流程图、多重流程图等突出概念主题,帮助他们顺利地完成思维导图绘制任务,呈现科学思维成果。这一环节重点在于头脑思维的具象化呈现,为保证班级学生都能够顺利完成思维导图绘制作业,教师首先应给予学生个人思考的空间与时间,使得每个学生都尽力思考,然后创设小组交流情景,鼓励学生将自己的概念思维导图用语言的方式描述出来并进行交流互补,随后带领学生进行思维导图自主绘制活动,鼓励学生用自己擅长的方式进行绘制,创造性地形成自己的成果,同时教师要重点关注有困难的学生,为其提供针对性指导,确保班级所有学生都能够顺利完成概念建构任务(见图4)。

完成的思维导图可以直观地呈现学生对知识点之间相互联系与区别的掌握情况,作为单元知识的系统概念图,有助于让学生快速回忆和记忆相关知识信息,理解并掌握知识,从而加速学习过程。通过与前概念调查时的思维导图相比,可以充分展示学生思维发展和概念建构的过程,进一步体现学生学习新概念的深度与效率,同时完成学生学习情况的自评。此外,学生之间也可以进行交流阅览,互相探讨知识网络的异同,取长补短,完成互评。最后,教师作为思维导图绘制的评价者,需要精确地对单元知识的重难点进行前期思维导图评价标准图的确定与绘制,以此为标准,评价学生思维导图的主体框架,并进行有效的指导,让学生的思维导图更加完善,同时,对学生个性化的脉络拓展,进行及时的评价、鼓励与反馈(见表1)。

表1 思维导图教—学—评量化表

评价	知识点概括完善(1*)	能与同伴相互交流差异性(1*)	重难点不同记号标识(2*)	事例举例或问题解决(2*)	总体评价(共6*)
自评					
小组间互评					
教师评价					

总而言之,基于思维导图的科学课堂,能激活学生的思维,充分发挥学生学习主动性,帮助学生厘清单元中的概念,使概念的学习可视化、层级化、逻辑化、整体化,最终实现学生认知能力与思维能力的发展。在课堂教学中,能让学生带

着问题去学习,以问题为导向,一步步将学生零散的知识概念绘制成一张有条理、有逻辑的思维导图,实现思维导图导入效果最佳、科学概念建构完整流畅的教学目的。

参考文献:

[1] 中华人民共和国教育部.义务教育科学课程标准(2022年版)[S].北京:北京师范大学出版集团,2022,2-3.

[2] 王惠来.奥苏伯尔的有意义学习理论对教学的指导意义[J].天津师范大学学报(社会科学版),2011(02):67-70.

[3] 时焰.基于发展科学思维的深度学习实践策略[J].中学生物教学,2022(30):35-38.

[4] 黄鹭达,张玲娇.有效应用思维导图提升小学生建构科学概念的思维品质[J].华夏教师,2018(10):72-73.

[5] 董博清,彭前程.核心素养视域下科学思维的内涵及其实现路径[J].课程.教材.教法,2019,39(04):84-90.

"脱'印'而出":美育实践课程开发新视角及其多元教学创新

舟山市定海区定海小学　李　莉

当下新课改正在稳步推进,美育实践课程的首要任务就是对孩子的思想、创造力进行激发以及引导,而这也与孩子喜欢幻想、创造有着密不可分的关系。让学生成为课堂中学习探究的主人,这是课程改革的目标,也是打造人性化课堂的基本要素之一。我们教师要抓住一切有利的契机来激发学生对美育类实践课的兴趣、提升学生的综合素养。我校《脱"印"而出》美育实践课程的开发对学生来说有着重要意义,同时有利于丰富当前小学美术课堂教学内容。本文尝试围绕我校开发的儿童《脱"印"而出》独幅版画美育实践课程展开研究,并提出一些具体的教学方法,以供同行们参考并一起探讨。

一、开发《脱"印"而出》独幅版画美育实践课程的意义

新课程改革的纲要已明确指出,学校应精心设计美育实践活动来培养孩子的美育核心素养。新课改背景下的美育实践活动强调学生的自由发展,小学阶段是一个孩子们从对身边的事物产生好奇心到逐步动手进行创造的过渡时期,学校需要德智体美劳教育的全面发展,因此美育是不可或缺的一面,而传统的版画教学原本就是中小学美育的重要组成部分。在各种艺术风格、艺术形式以及艺术思潮百花齐放的今天,各类艺术形式之间的融合应该会是一个不可避免的趋势,传统的版画艺术原本就是综合性很强的一个艺术门类,在这门传统而又古老的复合艺术形式下,我们学校的《脱"印"而出》美育实践课程被赋予了新的教育意义。

（一）有助于学生智力潜能的开发

美国当代著名美术教育家维克多·罗恩菲德和英国著名的艺术评论家、教育家赫伯特·里德强调,美育能促进儿童的生长和发展。实践证明要重视孩子创作的过程,要顺应孩子的自然发展,美育确实可以促进孩子智力的开发和情感态度价值观的形成。

　　我们学校开发的《脱"印"而出》美育实践课程是一门自创、独特的绘画艺术与印痕艺术相结合的趣味性综合课程，在多方面都可以找到两者之间的交融点和生命力。我们保留传统版画"印痕性""间接性"的特点，探索在特殊底板——有机玻璃上，用水性材料创作，融合水彩粉画与版画的技术手段，根据喷水的多少形成不同的画面效果，同时引导学生利用纸与版配合的精确度，以及在版画机压印过程中用力不均等因素，使得作品具有"偶然性"与"不确定性"，呈现的作品既具有视觉上的观赏性，还具有各种不同的肌理，有种神秘化的艺术氛围和意境，让作品更有孩子的温度。整个创作过程如游戏般激起学生的兴趣，使学生在创作过程中获得乐趣，既能强化孩子们的形象思维能力也能训练逻辑思维能力。在创作过程中形成的特殊的艺术效果，在激发起孩子好奇心的同时还能不间断地培养学生的辩证思维能力。

　　（二）有助于情感、态度、价值观的形成

　　从儿童发展的心理学角度来分析，小学阶段的孩子处于世界观、人生观、价值观的形成时期。在实践创作中蕴含有学生的思想活动，我们可以通过学生作品上的色彩、空间构成来解读他们的兴趣喜好、特长和心理状况。我校的《脱"印"而出》美育实践课程，学生可以在创作过程中感受版画与水彩独特的水色融渗变化结合，体验课程带来的独特美术活动乐趣，从而获得对学习持久的兴趣。在提高和锻炼孩子的美术技能的同时，形成最基本的美育核心素养。同时在实践的过程中，它还有着实验性的特征，对培养孩子们的感知能力、创造性思维、形象思维、艺术修养 完善人格以及情感、态度、价值观的形成都有着显著作用。

　　我校的《脱"印"而出》美育实践课程作为一种教育的工具，以培养富有创造力而又身心健康的学生为目标，让孩子们用感官去体验和感受我们的生活，在实践操作的过程中获得乐趣得到成长，同时也为实现美育、培养有创造力的人才打好了坚实的基础，也培养出了更多的德智体美劳全面发展的孩子。

二、实施《脱"印"而出》美育实践课程教学的具体方法

　　（一）追根溯源，了解独幅版画

　　对孩子们而言，独幅版画是一个全新的领域，他们对这种新型课程感觉十分陌生，所以教师要想激发学生学习这门课程的兴趣，首先要带领学生认识独幅版画。笔者的做法是从独幅版画的起源开始介绍，告诉学生独幅版画虽然是一个特殊版种，但是也有着悠久的历史，早在日本浮世绘初期就初现端倪，例如浮世

绘创始人菱川师宣的作品,画面采用了绘木质版画的艺术形式,先用木刻的方法印出线条,再用颜料上色,这一技法虽和我校融合水彩粉画和版画的技术手段和艺术特点这一特色实质上有所差别,但都做到了去复数性特点的体现。

再如我们中国的天津杨柳青木版年画,作为中国传统的民间木版年画的典型代表之一,制作的方法也不是单纯地运用版画的技法,而是在木板套印之后结合手工彩绘上色,木刻的线条结合手工彩绘的晕染技术,使年画跳出工艺感,更具艺术气息。从一定意义上讲,它们都可称为版画唯一性的版种独幅版画。

在课堂上运用多媒体为孩子们呈现前人制作的版画作品,这样的教学方式声图并茂、动静结合,学生们看得津津有味。笔者再提问他们愿不愿意尝试制作这样的版画,孩子们不约而同地回答愿意。他们对接下来的教学活动充满了期待。

(二)循序渐进,适宜投放材料

刚刚学习和接触课程的学生对制作材料有一个从浅到深的认识,正如艾斯纳指出的那样:"不管学习什么领域的活动,都不可能在一节课中就能掌握复杂的知识与技能。"所以教师要结合学生的现实情况,为他们提供难度适中的制作材料,要符合学生的"最近发展区",否则会引发他们的畏难情绪。教师对制作难易程度做出合理的安排。普通的版画有着多种多样的制作材料,包括木板、纸板、KT 板等。在材料运用上,我们一改传统的木板、KT 板或吹塑纸板,而是选用有机玻璃板材,此板材的透明可视给我们的特色创作带来了宝贵的财富,同时在颜料的选择上,为了便于清洗、长时间放置不干硬与便于修改,我们主要采用水彩粉画颜料。同时,水彩粉画本身也是一门简便、艺术性强的画种,它可以方便学生造型,较轻松地画出富有情趣的色彩和线条,适合小学生身心发展的特点,学生可以在版画与水彩粉画的水色的融渗变化结合中,体验本课程带来的独特实践乐趣,获得对美育学习的持久兴趣,同时可以锻炼和提高学生的美术技能,形成基本的美育素养。

(三)大胆尝试,激发创作兴趣

当孩子们已经初步认识了独幅版画后,教师让他们自己动手制作实践,他们会感到一些不自信,因为这对他们来说是一个全新的领域,这时候,教师就要灵活运用教学方法,帮助学生树立自信心。教师首先要为学生做好榜样示范作用,为学生示范制作实践过程和技巧,使学生初步建立感性认识,激发他们动手操作的欲望。如,初次实施创作实践,老师以海洋主题"鱼"为题,先让学生用素描纸做底稿,用铅笔在上面尽可能大地构图画出一条鱼,也可有适当的海水等作为环境装饰,然后再盖上有机玻璃板,用水性颜料上色,用刷子刷大面积背景色,再用喷壶喷水,最后将绘制的有机玻璃底板上盖印一张与底板大小相同的水印版画纸,通过版画机滚动受力,立刻出现了物体、色彩与水之间的一种独特效果,里面的不确定及偶然性如魔力一般.使得孩子们个个被其吸引,都争着跃跃欲试,这时老师也可以鼓励孩子们用学到的方法绘制小尺寸的鱼,甚至可以压印在大鱼的周围。学生都开始动手并非常认真地去做,最终的作品呈现精彩纷呈,造型、色彩、肌理都前所未有地为孩子们往后的创作树立了很大的信心。

另外,考虑到我们学校课堂一节课只有 35 分钟的实际情况,教师还可以安排学生以小组为单位,来完成独幅版画的制作。21 世纪是一个提倡合作的时代。让学生在小组合作中共同完成实践,可以让他们培养团结合作精神,这对他们的未来成长大有裨益。我在开展教学实践时,有意识地引导学生进行合作刷大面积背景、合作铺纸、合作摇版画机等让他们一起压印,学生们感受到集体的力量。记得有一次,我让学生以四人为小组创作实践,同时为他们介绍了著名画家陈德,并尝试通过《绿色金库》这件作品变体地将内容画在底稿上,并用黑颜料勾线再上色刷底,孩子们分工合作,创作过程非常和谐。他们还一起合作调制出了黄、绿等色彩,按照色块对色与水的饱和度进行调整。在调整过程中,每个学生都在小组中发表意见,述说自己的想法,思考应该如何将色彩调制得更好看,之后小组成员为底板喷水,并合作摇动版画机压印,最终的作品都各有特色非常成功,孩子们在合作实践的过程中,不仅体验到了独幅版画制作线条组合的魅力,也体会到了小组合作的乐趣。

(四)多元展示,满足创作欲望

美国社会心理学家马斯洛提出过需求层次理论,认为每个人都有生理、安全、尊重、自我实现等需求。小学生年纪尚浅,他们渴望得到别人的认可与赞扬,所以教师展示他们的作品显得尤为必要而迫切。毫无疑问,小学生在面对自己的美育实践作品时,一般有着强烈的驱动力量,学会构建用美术语言来表达自己的方式和方法。多元化地展示实践作品,往往能给孩子带来无言的快乐,因为每个小学生都很渴望在大家面前展示自己的作品,得到别人的认可与肯定,从而体验到美育学习的趣味性。我校目前已经开展多种形式的校内、校外、区市级师生作品展览,加强宣传的同时,也对学生进行鼓励。

我还在学校内部对学生进行奖励,为他们颁发"实践小明星""创意实践达人"等奖状,大大激发了他们的成就感。目前,我国正在提倡赏识教育,对小学生的表扬与肯定是一种非常积极的教育手段,可以使孩子找到归属感,以饱满的热情投入美育实践创作过程中。教师要全面看待小学生的发展,用得当的语言表扬孩子,激发他们的自信心。毋庸置疑,教师的肯定与认可,可以成为开发小学生智慧的金钥匙。

三、实施《脱"印"而出》美育实践课程教学的效果

我校通过将《脱"印"而出》美育实践课程引入课堂,为学生提供了动手操作的机会,消除了平时绘画能力不好或者对绘画没有兴趣的学生的担忧,激发了他们强烈的学习兴趣。在创作过程中,他们不再想"我可不可以?""我行不行?"等问题,而是非常乐意地参加到教学活动中,情绪高涨地创作实践。他们在教师的引导下发挥想象力,创作了静物篇、海洋篇、风景篇、人物篇等作品,每个学生都参与其中,最大程度地调动了他们学习制作和参与的热情。

总而言之,独幅版画制作技巧相对简单,趣味性极强,学生容易掌握,也容易看到效果,他们在创作过程中有自己的自由与想法,甚至还有学生后期添加沙子、树叶、布等工具来辅助增加肌理效果,把其当综合绘画来创作。我们教师应该实现寓教于乐,为学生提供自由探索的空间,让学生摆脱传统教学带来的种种约束,让他们在放松愉悦的教学氛围中开启思维,锻炼动手能力,为日后发展奠定更好的基础。我校将会继续推广这一美育实践课程的教学,为学生的未来创设更好的条件。

参考文献:

[1] 曾丽娴.让乡土文化资源走进小学美术课堂——以建瓯乡土文化资源在小学版画教学中的运用为例[J].山西青年,2016(14):208.

[2] 王利琼.四联小学版画教学校本教材的开发研究[J].成功(教育),2011(21):32-33.

[3] 丁佳.内蒙古民族文化背景下中小学版画教学新策略[J].现代装饰(理论),2015(03):262.

[4] 张海燕.浅谈如何优化小学版画教学[J].新课程(上),2015(11):117.

基于 UbD 理论的整本书阅读学习任务群设计与实施

——以统编版七年级上册名著《西游记》为例

舟山市第一初级中学　金　玲

早在 1941 年,叶圣陶先生在《论中学国文课程标准的改订》中就对"读整本的书"作了专门论述,明确提出'把整本书作为主体,把单篇短章作辅佐"的主张。所谓"整本书阅读",是在相对集中的时间里,以完整的一本书为阅读单位,以更接近生活阅读的学习情境组织阅读活动、综合运用多种阅读形式完成学习要求,从而使学生扩大阅读量,培养阅读能力,进行达到知识重构,学会自主阅读的目的。而学习任务群则是以生活为主导,以学习主题为引领,以学习任务为载体,整合学习内容、情境、方法和资源等要素的学习样式。两者皆指向生活化、情境化、综合化、结构化,其对立面均为碎片化阅读和单纯以获取知识为主的学习。正因为如此,把学习任务群作为整本书阅读的承载样态是有理论依据的,是符合新课标精神的。

相较于单篇文章,整本书阅读中的学习任务群设计更为庞大冗杂,更具体系性和统整性。它不再是学科知识的逐点解析和学科技能逐项训练的简单线性排练,抑或大量讲解分析的教学模式,而是以学习主题引领下的联想阅读和结构化阅读,以达到深度阅读为最终目的的学习形态。但是笔者调查发现,目前整本书阅读中学习任务群的设计缺乏统整的体系,任务群之间的逻辑关联混乱,具体实施路径不明确,缺乏有效的评价量表等。针对以上问题,笔者基于 UbD 理论(Understanding by Design)探索整本书阅读的教学实施路径。

一、确立框架,构建设计思路

UbD 理论是美国课程专家威金斯和麦克泰格在《追求理解的教学设计》一书中提出的教学设计模式——"逆向设计(Backward Design)"。先确定学习的预期结果,再明确用哪些证据去证明预期结果的达成,最后设计教学活动。UbD 理论以学生的"学"为课程设计的起点,是以终为始,从学习结果开始的逆向思考,与基于课程标准和核心素养的教学理念是相符的。

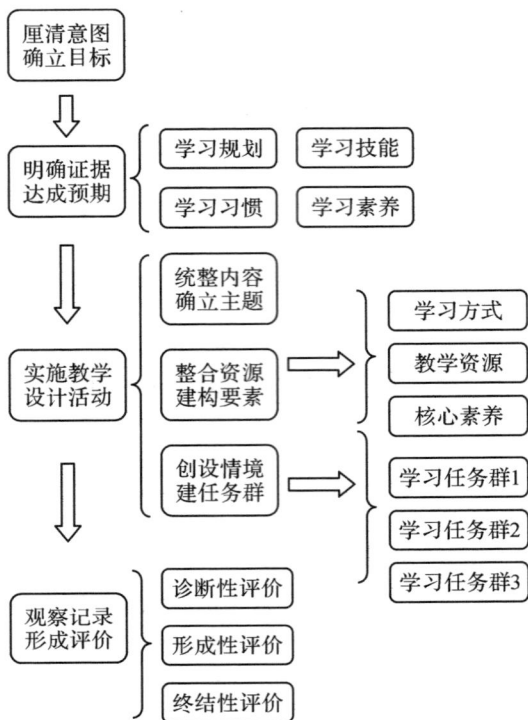

图 1　基于 UbD 理论的整本书阅读学习任务群构建思路

　　以《西游记》为例探讨学习任务群在整本书阅读中的构建流程。基于 UbD 理论的教学理念，从最终的学习目标开始来设计系列学习任务群（见图 1）。首先立足于部编版参考教材和课本内容，厘清整本书的文本资源和教学意图，透彻把握整本书阅读教学的方向和重点，确立教学目标。统编版七上语文书《西游记》导读部分明确提出教学的要点是了解神魔小说的特点、感受引人入胜的故事情节、体会栩栩如生的人物形象、理解积极向上的小说主旨、掌握精读和跳读的阅读方法，这四个教学意图就是教学目标和教学重点，需要在教学过程中全面覆盖、有机渗透。接着确立验证预期成效的证据，如通过学习规划、学习技能、学习习惯、学习素养等要素评价学生是否达成学习预期。接着设计学习任务群，设计时需确立学习任务群主题。主题的择取需贴合名著的文本特质、围绕传达的思想主旨，考虑学生的思域范围，综合教材对《西游记》主旨的界定："这部小说也许更像是一个励志故事：人生就要有所追求，为了实现理想而披荆斩棘，不畏惧任何艰难险阻，以超强的韧劲和斗志战胜一切困难，直至到达胜利的终点。"因此笔者将学习任务群主题确立为"大话悟空，解密'心猿'"。通过厘清意图、确立目标，明确证据、达成预期，统整内容、确立主题，为后续的学习任务群活动设计和考查评价打下基石。

二、整合资源，构建任务群要素

确定主题后，需整合各类教学资源、学习方式、核心素养，以建构对应的学习任务群要素，具体见表1。即学习任务群在设计之初需考虑从哪些层面可以验证学生达成预期效果，进而在设计时统整这些要素，彰显素养立意。

表1　《西游记》学习任务群整合要素

整合角度	具体内容			
教学资源	统编教材导读部分	影视歌曲资源	名家著作评点	形成关联意义的名著读本
学习方式	阅读与欣赏	表达与交流	梳理与探究	
学习方式	1.能根据阅读兴趣、需求和目的进行自主阅读 2.能欣赏《西游记》前后关联的情节、栩栩如生的形象、真切传神的语言	1.能串联悟空的人生轨迹，说出其在不同阶段所经历的事件 2.能畅谈悟空在前后阶段的形象变化，并能从自己的角度进行提炼概括和分析	1.能基于对整部名著的理解探究悟空形象变化的原因 2.能从悟空的转变和名号的变化中探究《西游记》的主旨 3.能联系《红星照耀中国》《海底两万里》《简·爱》《钢铁是怎样炼成的》等相关名著加深理解，读出自己的主题和见解	
核心素养	语言建构与运用	思维发展与提升	审美鉴赏与创造	文化传承与理解
核心素养	能运用相关语言要素组织语言，进行表达交流	能精读思考、对比析读、联读探究、进行深度挖掘，多维思考	能自我发现、创新探究，做到读写有机结合	能理解主旨，汲取营养，增强文化自信，并能联系自身获得启示

学习任务群的设计应能彰显从阅读与欣赏—表达与交流—梳理与探究的学习路径，也应能融合语言、思维、审美、文化各个维度的考察，让学生在体现综合性的任务群模式中提升语文核心素养。

三、分类实施，建构学习序列

整本书阅读中学习任务群的目标达成需要至少一个学期乃至更长的时间，因此需要进行分学程设计。从设计的实施性看，需考虑学情、教材、课型和名著本身的特点。以《西游记》为例，落实学习任务群在不同课型和学程中的连续性和差异性。

（一）分课型

在整本书导读体系中，因目标定位差异，会形成不同功能的课堂类型，因此学习任务群的设计首先应考虑到课堂类型的差异。如课前导读课重在"以导促读",重在培养兴趣、读出方法、督促计划,课中研读课重在读出策略、读出多维、读出深度,课后创读课重在读出个性、读出态度、读出能力。在课内导读阶段,教师应激发学生对《西游记》的阅读兴趣,制定阅读计划,通过精读和跳读的阅读方法对《西游记》中的精彩情节和鲜活人物有大体的认知和概念。在课中研读阶段,重点通过理解"心猿"转变把握西游主旨、辩证看待神魔形象、获取成功启示为己所用。在课后创读阶段,重在联系生活实际进行创新运用,因此通过"设计西游场馆"学习任务群,让学生将名著与实际相结合,在真实情境中解决问题。笔者认为教师在教学过程中,可以依据学生需求和阅读进度,进行课堂类型的选择,从而设计对应的学习任务群,最大程度地实现"导读"功能。

（二）分学程

不同学程之间体现序列化和梯次性特点。如第一学程学习任务群的主要目标是了解故事情节和主要人物形象,停留在了解表层。第二学程的主要目标是把握悟空形象和转变,理解西游主旨,在第一学程的基础上进一步对核心人物进行品析探究,深入挖掘。第三学程的目标辩证把握其他人物特点,并能有自己的见解和思考,这是在第二学程的基础上,引导学生运用已有的学习策略对周边人物进行窥探审视、辩证思考。第四学程目标获取成功启示,彰显文化自信则是引导学生站在整部西游的立场上。统整名著,关照自身,感受团结合作和智慧策略带来的经验和启示。第五学程目标联系生活实际,进行设计和创新运用,更是跳出名著本身,注重与生活的融通。五个学程的安排在教学目标的统摄下呈梯次配置,螺旋上升（见表2）。

表2 《西游记》分课型、分学程学习任务群

课型	学程	目标	任务群设计
课前导读	第一学程	了解《西游记》的故事情节和主要人物形象	1.制订"西游"阅读规划表和进程表,分享阅读方法 2.绘制"西游"取经路线图 3."西游"故事会讲演 4."西游"神魔评点大会
课中研读	第二学程	把握悟空的形象和转变,理解成长主旨	1.悟空人生解说大会 2.一词析变·"心猿"成长 3.悟空名号探究 4.小诗接龙书启示
	第三学程	辩证把握其他人物的形象特点,并能有自己的见解和思考	1.多维探究:如此八戒 2.辩论会:令我又爱又恨的唐僧 3."神佛中的人性弱点"读书报告会 4."西游"颁奖大会

续　表

课型	学程	目标	任务群设计
课中研读	第四学程	深入体会《西游记》主旨，萃取成功启示，彰显文化自信	1."最该感谢的妖怪"交流会 2.团结合作秘籍(联系《红星照耀中国》《海底两万里》) 3.智慧攻略养成手册 4."西游"成功经验微本制作
课后创读	第五学程	联系生活实际，进行设计和创新运用	1."西游"场馆门票和海报制作 2."西游"场馆命名 3."西游"场馆形象大使招募 4."西游"场馆游戏设施安排

当然，一个任务群与其他任务群之间存在多种联系的可能性，比如第二学程中探究"心猿"转变时可能会和第四学程中的"智慧攻略养成手册"形成交叉关系，第一学程中的"评点大会"也可能会和第三学程中的"如此八戒""令我又爱又恨的唐僧"形成交互，因此完全用线性逻辑描述学程之间的关系并非完全合适，需要借助"非线性，超链接"的网络思维来理解它们的关系，建构多维学习序列。

四、创设任务，形成关联子链

基于整合要素设计学习任务群，以驱动任务为核心，分设子任务，这些任务之间形成富有逻辑关系的子任务链。例如在《西游记》中，以"大话悟空，解密'心猿'——理解'心猿'成长之路"为学习任务群，分设五个子任务(见表3)。子任务一通过漫谈悟空导入新课，激发学生对阅读西游的兴趣，并通过串联人生轨迹、填写空白名号，以图文并茂的任务形式解说悟空人生，让学生对悟空的人生经历和名号由来有基本的认识。子任务二通过出示和"心猿"相关的章回体目录、吴承恩的相关资料、"心猿"的成语内涵、名家解说等，通过讨论会的形式让学生理解"心猿"的源起和内涵。子任务三通过精选文段、对比阅读，引导学生认识心猿从桀骜不驯、简单粗暴到成熟理智的转变，在小组合作、一词析变的学习任务中给予他们更为广阔的表达空间。子任务四通过出示"是谁拿走了悟空的紧箍"这一探究任务激发学生头脑风暴，让其在辩论质疑中逐步体认结果的共性点，即紧箍是应心猿而生，是心猿的外化表现，当悟空能做到从心所欲不逾矩时，紧箍便失去了存在的必要。由此自然地引导学生从"行者"和"斗战胜佛"中去挖掘"以行修心、以行定心"和"战胜心魔、战胜自我"的主旨，让其从更深层次的角度理解名著主旨。子任务五通过小诗接龙的形式引导学生观照自身，获得启示，从名著中汲取优秀文化和精神养料，同时也彰显了读写结合的素养立意。

表3 《西游记》学习任务群设计

驱动任务	大话悟空,解密"心猿"——理解"心猿"成长之路	
任务群	任务形式	子任务
子任务一:大话悟空,梳理轨迹	悟空人生解说会	1.结合图文信息,按照时间顺序将悟空的人生轨迹串联起来 2.在缺失的空格里填入悟空的称号 3.解说悟空的人生
子任务二:巧借回目,理解心猿	我见"心猿"讨论会	1.研读章回体目录,探讨"心猿"之意 2."心猿意马"成语内涵理解 3.补充理解道家对"心猿"的评说 4.了解吴承恩的身世经历
子任务三:精读文本,领悟成长	一词析变	1.自读文本,赏析文段:《八卦炉中逃大圣,五行山下定心猿》《尸魔三戏唐三藏,圣僧恨逐美猴王》 2.对比阅读,寻找转变:《唐三藏路阻火焰山,孙行者一调芭蕉扇》《牛魔王罢战赴华筵,孙行者二调芭蕉扇》《猪八戒助力败魔王,孙行者三调芭蕉扇》《真行者落伽山诉苦,假猴王水帘洞誊文》 3.小组合作,一词析变:一人用关键词提炼"心猿"之变,书写在黑板,一人结合情节阐明理由
子任务四:利用名号,探究主旨	名号辩论会	1.头脑风暴:是谁取走了悟空的紧箍? 2."行者"和"斗战胜佛"的内涵是什么?
子任务五:小诗接龙,书写启示	诗歌接龙	小组合作:"心猿"的成长带给我们哪些人生启示?以小组为单位,提炼一个角度,合成《致悟空》的小诗

五个子任务由浅入深,由读至写,层层递进,以任务为导向,以项目为载体,最终指向核心任务的解决,形成了具有内在逻辑关联、提升语文素养的任务群,让学生在学习任务群的实践中成为主动的阅读者、积极的分享者和有创意的表达者。

五、设置量表,评思教学过程

基于任务群的整本书教学实施路径是否正确,学习任务设置是否恰当,学生的学习效果如何,这需要实践的检验。因此以新课标中的语文素养为依据,设置有效的评价量表(见表4),有助于诊断教师的教学设计、评价学生的学习状况。

表 4　《西游记》整本书阅读学习任务群考察评价量表

考察层面	具体指标	评价方式	评价星级
学习规划	能根据自身阅读能力制订阅读计划,并能按照计划完成实施		★★★★★
学习技能	掌握跳读、精读等名著阅读的多种策略,能基于名著的文本特质和具体的阅读需求选择不同的阅读策略,能将自主阅读与教师导读相结合,从而建构整本书阅读的方法和经验,培养自主阅读的技巧和能力		★★★★★
学习习惯	1. 在自主阅读中通过对关键情节和关键词句的批注摘抄品析人物形象,形成自己的理解 2. 在合作学习中形成自主探究的学习模式,能条理清晰、有理有据地表达观点、倾听他人观点,并择取精华进行提炼总结 3. 能对名著中的内容进行深度挖掘或质疑批判或学习吸收,养成辩证思考的习惯		★★★★★
学习素养	1. 能联系多本名著形成意义关联,构建学习主题,从孤立走向联结,具备拓展思维 2. 能联系生活实际进行创新运用,解决实际生活问题		★★★★★

以《西游记》教学为例,从四个维度设置评价量表。如"子任务三:精读文本,领悟成长"这一学习任务考察的是学生的学习技能、学习习惯和学习素养。通过评价量表可以评价学生在"自读文本,赏析文段"中是否做到了能运用精读策略品析文字,赏析人物形象,在"对比阅读,寻找转变"中是否做到了深度挖掘、对比联读,在"小组合作,一词析变"中是否做到了合作探究、倾听他人、提炼总结。在践行学习任务群的过程中,对于学生而言,应用评价量表有利于其明确阅读目标,根据评价指标评估反思自己的学习效果,有效考察其能力和核心素养是否达到预期目标。对于教师而言,有助于其充分利用评价数据,评价、诊断、反思教学设计和教学过程。

针对当前整本书阅读学习任务群教学面临的挑战,笔者提出了相对系统的构建思路和实施路径。基于 UbD 理论整理任务群构建思路、整合各类资源、彰显任务群要素、分课型分学程实施、形成关联子链、设置评价量表,以期学生自主建构整本书阅读的体系,强化自主合作探究的能力,增长思维能力,在实践性、综合性的活动中提升阅读兴趣、掌握阅读方法,提升语文核心素养。综上所述,笔者认为这或许能为基于学习任务群的整本书阅读实施路径提供借鉴意义,但仍需开展更为深入的教学实践,并结合实际案例验证不断进行修整。

参考文献：

[1]［美］格兰特·威金斯,［美］杰伊·麦克泰格.《追求理解的教学设计(第二版)》[M].上海:华东师范大学,2017.

[2]黄厚江.让学习任务群走进课堂[J].语文建设,2020(11):31-35.

[3]谭晓云,余志萍.学习任务群教学转向下的初中"整本书阅读"教学[J].云南教育(中学教师),2022(Z2):17-19.

[4]郑桂华.学程设计与学习时序建设:任务群教学的突破口[J].中国教育学刊,2020(02):59-64.

写作支架：初中语文作文教学载体探究

舟山市定海区第七中学　虞盈盈

初中语文统编教材注重写作教学的阶段性和系统化学习，并且给每个单元的写作板块都明确指出了学习重点，这就给教师的写作教学指明了方向，摆脱了以往写作教学时没有教学目标的困境。但是，我们还需要搭建一座有助于落实本单元写作教学目标的桥梁，作为初中语文作文教学的有效载体来实施作文教学。

在当前教育教学"减负、增效、提质"的背景下，一线教师应该积极思考和改进低效的作文教学方式，注重培养学生的语文核心素养，因此进行高质量的作文写作教学设计，构建切实可行的作文教学支架，成为我们推进教学改革、创建智慧课堂的重要途径。

"支架教学"是一种基于维果茨基建构主义理论和"最近发展区"理论的概念框架，旨在帮助学习者建立一个更加全面、更加深入的知识认知体系。当我们设置了写作的教学支架后，就可以有方法地去指导学生的写作训练，做到既有目标又有途径，这样既能有效地落实"双减"政策对学生写作学习上的要求，减少学生写作上的作业时间，同时提高学生的语文核心素养能力。

写作支架需要把目标单元的写作知识和技巧进行梳理、归类、整合，进而搭建学习框架，创建作文教学载体，帮助学生顺利"过桥"。在初中语文写作教学中主要可以运用知识支架、策略支架、范例支架进行有效的作文教学。下面，本文将以九年级写作单元的《议论要言之有据》和《学习改写》两节写作课为例，对基于"支架教学"的初中作文教学载体设计进行实践探究。

一、搭建"知识支架"，让作文教学目标可视化呈现

统编初中语文教材对语文作文教学提出了明确要求，每个写作单元都有作文指导。在《议论要言之有据》第三单元的写作指导部分，我们提出了三点建议：首先，在选择材料时，应该确保它们的准确性和可靠性；其次，在选择材料时，应该确保它们与我们的观点相一致；最后，为了提高文章的说服力，我们应该注重材料的多样性。这三点是议论文写作的教学目标，但实践起来还需要教师搭建切实可行的思维路径，即知识支架，才能使其更好被学生理解和接受。

为此,笔者为"议论要言之有据"这一教学目标寻找了支架性的知识内容,即论据有以下几个分类:

1.事实论据是一种客观的、准确的、可靠的、可信赖的证明,它可以通过具体的案例、精确的结论、丰富的经验等来支撑。

2.道理论据是一种有力的证据,它可以帮助我们更好地阐明一个问题或观点,无论它是正确的还是错误的。它可以源于古代文献、经典著作、权威言论、自然科学的原理、定律、公式等,以及其他可以支撑这一观点的资料。

我们把这两个知识进行可视化处理,可使写作过程呈现更为清晰(见图1)。

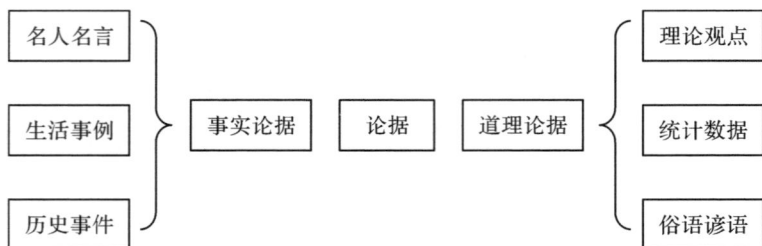

图1 "论据写作"教学支架

借助于这个知识支架,我们就对教材中论据这个知识点有了更进一步的了解和掌握。在具体的教学环节中,我们可以通过对学生学过的课文为例作为对该知识支架的讲解。如把《敬业与乐业》和《论教养》这两篇课文进行论据的分类,通过多次练习,就能让学生扎实掌握论据这一知识点,为后面教学环节的继续展开打下基础。

同理,九年级上册第六单元《学习改写》的改写形式有三种:改变文体;改变语体;改变叙述角度。这三点对学生的学习方向和目标有一定的指导,但是缺乏一个具体可操作的教学路径,为此我们可搭建类似的知识支架(见图2)。

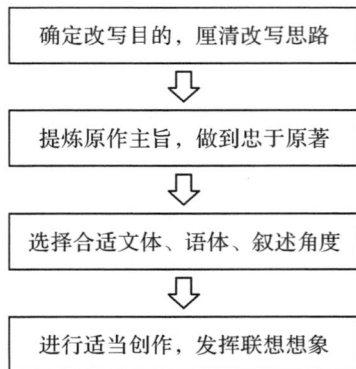

确定改写目的,厘清改写思路

⬇

提炼原作主旨,做到忠于原著

⬇

选择合适文体、语体、叙述角度

⬇

进行适当创作,发挥联想想象

图2 "学习改写"写作思路支架

如上图所示,我们将《学习改写》的知识目标转化为四个教学环节,分别通过提炼原作主旨、确定改写目的、选择合适文体、进行适当创作等方式实现改写教学的指导。知识支架的搭建,把原本抽象的知识概念转化为具体清晰的思维路径,在提高课堂效率的过程中实现了对学生学业压力的消减。

值得注意的是,教师在具体教学的过程中,应指导学生对不同的文体特点选择不同的支架策略。比如当把一首诗歌进行改写时,应侧重于运用联想和想象的支架策略,充分调动学生的想象力把原本凝练的诗歌进行画面描绘,同时又能保证原有意境的意味。当把一篇较长的小说进行改写时,就要侧重于提炼其原作的主旨,在不改变其创作灵魂的基础上,可以根据作品效果进行适当再创作,对部分情节进行简化,对能体现主旨的情节进行渲染强调,设计相应的细节刻画这都是可取的。

二、搭建"策略支架",使作文教学过程环环相扣

写作策略是指学习者如何通过精心挑选、精心组织、精心构思的文章内容,以及如何有效地组织和表达自己的想法和观点,来达到自己的目的。如果教师能在课堂上呈现典型而易于模仿的写作策略支架,无疑能让学生对写作过程有更明确的思维路径呈现,从而提高其核心素养能力。

在九年级上册第三单元的《议论要言之有据》中,我们提到了议论不仅仅是表达自己的观点,还需要使用能够证明自己观点的材料。对于刚开始接触议论文写作的初三学生来说,最重要的是要学会如何选择合适的论证材料。根据"议论文写作如何做到言之有据"《敬业与乐业》《论教养》《精神的三间小屋》等课文的丰富而精准的论据,我们可以构建一个更加完善的写作教学策略框架,以更好地培养学生的写作能力。

通过策略支架,我们可以帮助学生思考写作的意图和方法,并在课堂上与老师交流,共同构建适合他们的思维模式,从而培养他们更高级的思维能力。在该策略支架的指引下,首先我们回顾学过的课文《敬业与乐业》,让学生找出文中的各处论据,并通过师生对话引导学生对论据进行分类整理,并明确其选取论据的注意点,形成如下思维路径(见图3)。

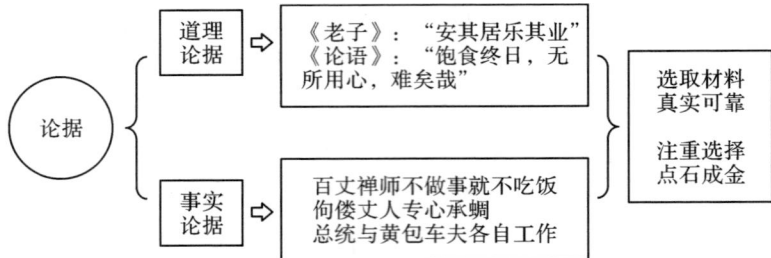

图3 "议论要言之有据"教学支架

在该思维路径的形成过程中,要注意引导学生通过对该次写作思维的启发,让学生提炼出一般性的议论文写作策略支架(见图4)。

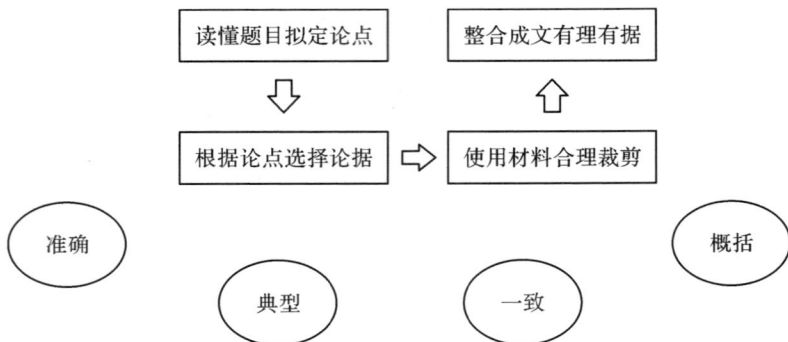

图4 议论文写作支架

在如上写作策略支架的指引下,学生都能沿着其思维路径完成议论文的写作,而且整个教学环节是清晰完整而又易于模仿的:

第一步,从该次写作的论题出发确定一个合适的中心论点,该论点应当能正确体现题目所表达的观点,做到态度明确,立场鲜明,语言简洁。要注意论点应紧紧围绕论题展开,但又有自己的独到见解。

第二步,应该牢牢把握核心观点,仔细挑选合适的证据,无论是客观的事实,或者主观的观念,都应该符合相应的标准,并且能够反映出它们的真正内涵。同时,应该注意,证据与观点应该有着内在的联系,而不能仅仅停留于表面的形式。

第三步,选择好论据后注意合理裁剪,叙述事实论据时简明扼要,重点突出中心论点,切忌如叙事般繁琐详尽,最后整合成文,使议论文有理有据。要注意的是,论据的展开应和论点、议论过程紧密衔接,而非通篇都是论据的堆叠铺叙,议论文最重要的还是能显现出个性化解读。

在使用该策略支架时值得注意的是,初三学生在面临议论文写作时普遍存在缺乏论据的问题。教师在具体教学过程中,要提醒学生养成平时积累素材并及时对素材进行分类管理的习惯,这样才能在议论文写作时真正做到旁征博引,言之有据。

三、搭建"范例支架",使写作教学评价标准清晰明确

在写作教学过程中,教师教授给学生写作的知识和方法路径后,也需让学生明确优秀的作文好在何处。因此,我们需要建构一定的范例支架,搭建起知识学习和习作训练之间的攀爬路径,在呈现优秀范例的同时,对其在知识和方法上进行细则分析,让学生能够明确优秀作文的评价标准,进而在自己写作时能够目的明确,从而提高写作质量,也让教师的后续教学有据可依。

当我们开始讲授《议论要言之有据》这一课程的第三个部分,学生通过对两个基本框架的理解,清楚知道了哪些内容需要依靠论证展开议论,以及应该怎样去运用这些内容。因此,我们可以通过提供一个具体的案例来帮助他们进一步提高写作能力,并且给出一个更加具体的评估标准(见图 5)。

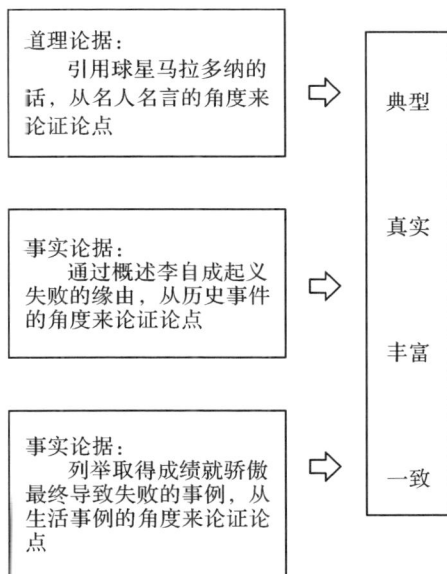

图 5　"议论要言之有据"评价标准

《义务教育语文课程标准(2022 年版)》提出"义务教育语文课程评价要有利于促进学生学习,改进教师教学",并且强调过程性评价,"课堂教学评价是过程性评价的主渠道……教师应设计评价量表、告知评价标准,引导学生合理使用评价工具,形成评价结果……借助评价引导学生反思学习过程……引导学生内化评价标准、把握评价尺度,在评价中学会评价"。

通过构建一个具体的范例框架,可以更清晰地帮助学生明确优秀作文的评估标准,重点是将文本与写作技巧和策略结合起来。如图 5 所示,我们选择了重点的片段进行训练,并提供了相关的指导,这样学生就可以清楚地知道写作训练的目标和要求,从而实现思维的转变。

同理,九年级上册第六单元《学习改写》可以构建如下图所示的范例支架(见图 6)。

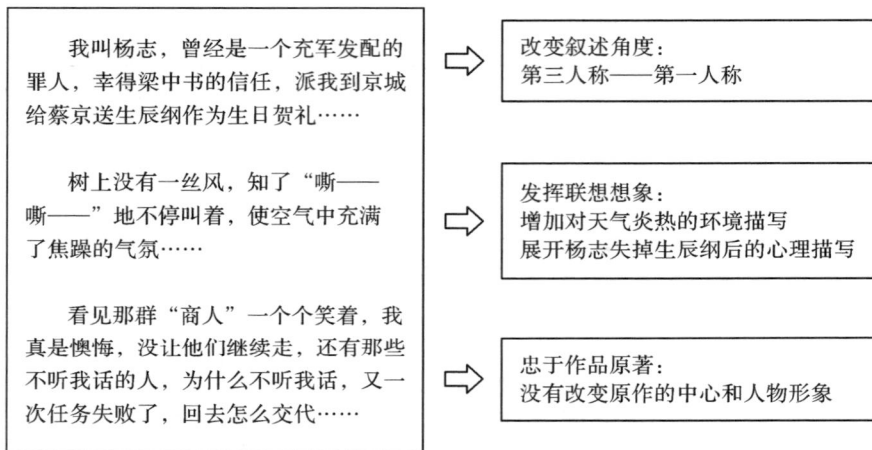

我叫杨志,曾经是一个充军发配的罪人,幸得梁中书的信任,派我到京城给蔡京送生辰纲作为生日贺礼……　⇒　改变叙述角度:
第三人称——第一人称

树上没有一丝风,知了"嘶——嘶——"地不停叫着,使空气中充满了焦躁的气氛……　⇒　发挥联想想象:
增加对天气炎热的环境描写
展开杨志失掉生辰纲后的心理描写

看见那群"商人"一个个笑着,我真是懊悔,没让他们继续走,还有那些不听我话的人,为什么不听我话,又一次任务失败了,回去怎么交代……　⇒　忠于作品原著:
没有改变原作的中心和人物形象

图 6 "学习改写"范例支架

通过这样可视化思维路径的构建,在该范例支架的帮助下,学生对即将要训练的写作就有了更为明确的知识方法指导。他们对如何呈现一篇优秀改写文章,将不仅仅停留在理念的堆砌上,更会有直观可感的评价标准。

基于"支架教学"的初中写作教学设计,是对开展高效语文写作课堂的落实与深化。综上所述,构建语文写作支架应注意以下三点:

第一,尊重学生的个体差异性,以生为本,从写作内容的选择,写作目标的设定,到写作知识和策略的建构,都要从学生主体出发,要根据当前学生的学情加以变通和删选。

第二,为了让学生更容易理解和掌握概念性和抽象性的知识,我们应该使用直观、清晰的图表和其他形式来展示,比如本文提出的可视化路径图。

第三,构建范例支架时,所选的文章要有代表性和典型性,要让学生能清楚地明白如上知识和策略要点是如何在范例中呈现出来的,还要有举一反三的推广价值,注重引导学生进行相似思维的拓展。

总之,统编教材初中语文作文教学一直语文学习的重点和难点,初中语文教师应多在教学设计上强化支架意识,构建合适的作文教学载体,并在实施过程中重视每位学生的独特性。教师积极构建多种类型的学习支架,坚持普遍适应的原则,让写作课堂教学变得高效起来,精减学生的课后写作学习时间,为他们提供有效的写作指南,将思维训练、表达能力等融入写作教学中,激发学生的学习兴趣,提升学生的写作能力和思维发散、聚焦的能力,让语文核心素养落地。

参考文献:

[1] 叶黎明.支架:走向专业的写作知识教学[J].语文学习,2018(04):56-61.

[2] 马利云.写作教学支架的设计与运用[J].课程教材教学研究(中教研究),2017(23):17-19.

[3] 方建兰,汪潮."双减"政策下语文作业的设计趋势[J].语文建设,2021(22):4-9.

[4] 金戈.基于交际语境写作理念　搭建学生写作应用支架——"支架式"写作教学的研究[J].教学月刊(语文教学),2019(11):34-36.

[5] 谢燕萍.搭建支架:指向关键问题解决的交际语境写作教学策略——以教学"抓住事物的特征"为例[J].语文教学通讯,2023(2):77-80.

GarageBand：数字化赋能校园电声乐队建设

舟山市普陀区武岭中学　江少燕

一、引言

在数字化时代,科技对教育领域的影响日益显著。音乐教育作为培养学生综合能力和审美素养的重要组成部分,同样受到数字化赋能的深刻影响。在现代教育中,数字化技术对教学和学习的影响日益显著。在中小学音乐教育中,电声乐队作为一种具有创新性的教学形态,为学生提供了更广阔的音乐创作和表演空间。然而,传统的校园电声乐队训练存在一些挑战和限制。学生可能面临乐器演奏技巧不足、合奏协作困难等问题。同时,传统的训练过程可能缺乏实时的反馈和评估机制,学生的创作和表演能力发展受到一定的制约。

在这一背景下,GarageBand 作为一款功能强大的数字音乐创作软件,为校园电声乐队训练提供了全新的教学实践与探究的机会。GarageBand 集成了多种音乐乐器、效果器和音频工具,使学生能够通过虚拟界面演奏和录制音乐,创作和编辑自己的音乐作品。它还提供了多轨录音和混音功能,使学生能够在实践中进行合奏和演奏技巧的提升。

本研究将探讨如何利用数字化赋能,以及 GarageBand 等数字化工具的应用,来优化校园电声乐队的建设与训练,提高音乐教育的效果和质量。具体目标包括:1. 分析数字化赋能在校园电声乐队建设与训练中的优势和价值。2. 研究 GarageBand 在乐队训练中的应用策略和教学实践。3. 评估 GarageBand 对校园电声乐队乐手技能和团队合作的影响。通过这些研究,我们可以为提升校园音乐教育的质量和效果,以及更好地应用数字化工具进行教学提供有益的参考。

二、理论框架

（一）数字化赋能的概念与意义

1. 数字化赋能的定义:数字化赋能是指通过引入和应用信息技术,为各种领域和行业提供更高效、更智能、更便捷的解决方案,从而提升其整体运作效率和创新能力。

2.数字化赋能在音乐教育中的意义：在音乐教育领域，数字化赋能可以通过各种数字技术手段，为学生提供更加个性化、多样化和创新化的学习体验，拓展音乐教育的边界，提高学习的吸引力和效果。

（二）GarageBand 在音乐教育中的理论支持

1.创造性学习理论：GarageBand 作为音乐创作软件，符合创造性学习理论的核心观点，鼓励学生通过创作和表现来发展自己的音乐才能，激发学生的创造力和想象力。

2.构建主体性学习理论：GarageBand 提供了丰富的音频工具和虚拟乐器，使学生能够在学习过程中成为主体，通过自主探索和实践，积极参与音乐创作和表演。

3.社会文化理论：GarageBand 支持学生之间的交流和合作，通过与他人分享作品和合作演奏，扩展学生的音乐社交圈，促进学生在音乐社区中的学习和成长。

GarageBand 作为数字化工具在音乐教育中的应用，与上述理论框架相契合，为校园电声乐队的建设与训练提供了有力的支持。通过理论框架的指导，我们可以更好地理解数字化赋能校园电声乐队建设与训练的内在机制，为实际的教学实践提供更为科学的依据和方法。

三、数字化赋能校园电声乐队建设

（一）数字化赋能在音乐教育中的应用

随着信息技术的迅猛发展，数字化赋能已经在音乐教育领域得到广泛应用。数字化赋能音乐教育可以通过各种数字技术手段，为学生提供更加丰富多样的学习体验和资源，促进音乐教育的创新和改进。

1.在线教学平台：许多音乐教育机构和学校都建立了在线教学平台，提供音乐课程、教学资源和互动交流，使学生可以更加灵活地进行学习。

2.虚拟乐器和音乐制作软件：虚拟乐器和音乐制作软件为学生提供了创作和演奏音乐的新途径，例如 GarageBand、Logic Pro 等软件，可以帮助学生进行作曲和音乐创作。

3.在线合作和演出：通过网络平台，学生可以与其他学生或音乐家进行远程合作和演出，拓展了学生的音乐交流和合作范围。

(二)数字化赋能校园电声乐队建设

1.选材与乐器配置

通过数字化赋能,可以利用互联网资源来获取丰富多样的音乐素材。教师可以通过在线音乐库或资源平台,为校园电声乐队选择适合不同风格和水平的曲目,满足学生的兴趣和需求。

在乐器配置方面,数字化音乐制作软件 GarageBand 可以作为补充,引入虚拟乐器,如虚拟钢琴、虚拟吉他等,以丰富乐队的声音和演奏表现。

2.团队组建与领导模式

通过线上工具和平台,可以更方便地组织校园电声乐队成员,进行实时交流和协作。教师可以利用在线聊天、视频会议等功能,与学生定期沟通,安排排练和讨论演出计划。

数字化赋能为乐队建设提供了更多的组织和协作方式。学生可以通过在线平台分享自己的音乐创作,集思广益,形成更加紧密的团队合作。

3.数字化工具应用(GarageBand 的使用)

GarageBand 作为一款易于上手的音乐制作软件,可以帮助学生进行音乐创作和编曲。学生可以通过虚拟乐器演奏和录制自己的音乐,调整音色、节奏和音量等,实现个性化的音乐创作。GarageBand 还提供了丰富的音效和音频处理工具,学生可以利用这些工具对音乐进行后期处理和混音,提高音乐作品的质量和专业性。

4.乐队排练与演出实践

在排练过程中,GarageBand 可以作为辅助工具,帮助学生更好地理解和掌握乐曲。学生可以在 GarageBand 中听取原版乐曲、学习演奏技巧,并进行模拟排练,帮助他们更好地准备演出。学生可以利用录音功能,对演出进行录制和后期处理,在线上平台分享演出成果,扩大乐队的影响力和知名度。

(三)GarageBand 教学优势

1.实现个性化和创意化教学

GarageBand 提供了一个功能强大且直观的数字化工具,能够帮助学生在音乐创作和演奏过程中实现个性化和创意化。学生可以利用 GarageBand 的多轨录音功能,将不同乐器的音轨进行录制和编排,从而实现合奏效果。此外,

GarageBand 的内置乐器样本和伴奏样本可以丰富学生的音乐体验,并激发他们的创作灵感。

2.促进团队合作与协作能力的培养

通过使用 GarageBand 的数字化教学,学生需要共同制订乐曲编排方案、分工合作录制音轨、进行音频混音等。这些活动不仅需要学生互相沟通和协调,还要求他们在团队中发挥各自的专长,相互倾听和理解。通过合作实践,学生不仅提高了音乐技能,还培养了团队意识和协作能力,为他们未来的学习和职业发展奠定了基础。

3.激发创造力和表达力

通过自主创作和演奏,学生能够通过 GarageBand 将他们的音乐想法具体化,并通过音乐语言进行表达。他们可以在音轨编排中尝试不同的和声与节奏组合,从而探索音乐的多样性和个性化。这种创造性的实践不仅提高了学生的音乐素养,还培养了他们的创新思维和自信心。

四、GarageBand 教学模式与实践策略

在校园电声乐队训练中使用 GarageBand 是一种数字化赋能的教学方法,它为学生提供了丰富的音频处理和创作工具,促进了他们的音乐创作和演奏技能的提升。

(一)GarageBand 功能简介

在校园电声乐队训练中,GarageBand 可以作为一个强大的工具,帮助学生录制和处理音频,以及进行创作和编排。教师可以准备一间音乐教室或录音室,配备有计算机、音频接口、麦克风和耳机等设备。学生可以使用 GarageBand 来录制乐器演奏和歌唱,并进行音频的编辑和混音。

(二)GarageBand 乐队训练教学模式

乐队日常训练分为课内教学和课外练习两部分,在课内教学中因包含不同乐器,所以 GarageBand 作为主要教学软件,让学生学会软件实操并形成有效音频,从而提高课外练习的效率。在此教学模式下,教师利用 GarageBand 软件的各项功能,乐队在每首作品的练习、合作、展示三个阶段后都会形成一套完整的音视频素材,即每项乐器五个音频、三个视频,以及一个完整的线上合作视频,可作为资料留存用来乐队梯队建设训练和复习使用。

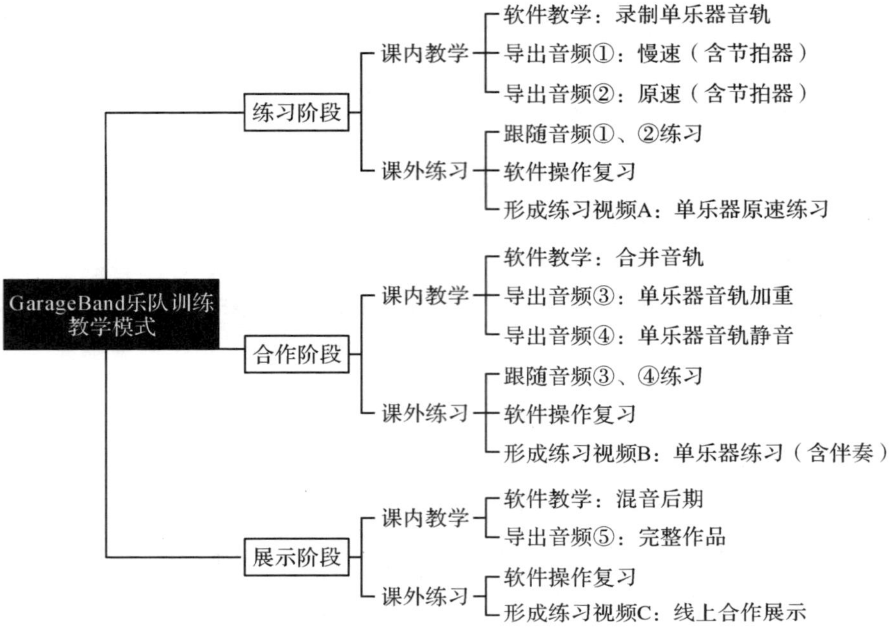

图 1

(三)GarageBand 乐队训练实践策略

1. 乐器演奏录制

学生可以使用 GarageBand 录制各种乐器的演奏,如吉他、键盘、鼓等。他们可以通过音频接口将乐器连接到计算机,然后在 GarageBand 中录制并编辑音频轨道。

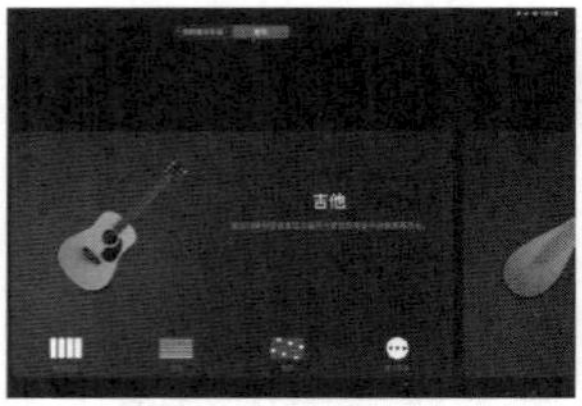

图 2 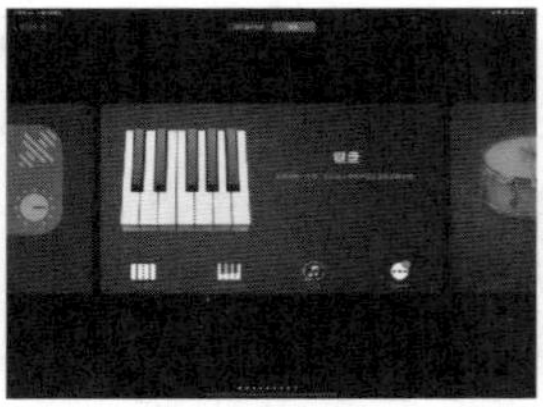　　　　　　　　图 3 　　　　　　　　图 4

2. 合奏编排

学生可以录制不同乐器的音轨,然后在 GarageBand 中进行合奏编排。他们可以调整音频轨道的音量、平衡和效果,以获得理想的合奏效果。此外,GarageBand还提供了丰富的乐器样本和伴奏,学生可以选择合适的样本进行合奏。

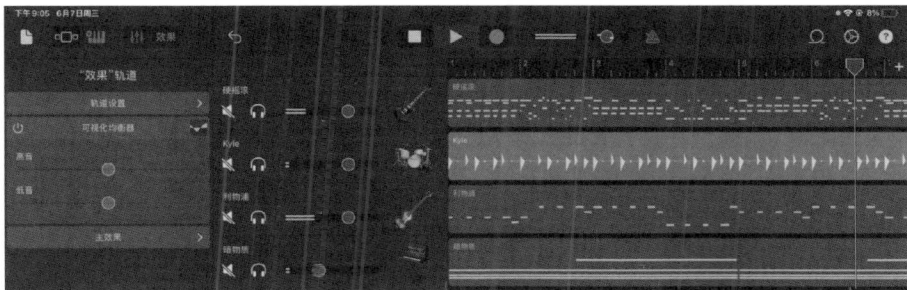

图 5

3.音频混音

学生可以学习和实践音频混音技术,使用 GarageBand 对录制的音频进行后期处理。他们可以应用均衡器、压缩器、混响等效果器,调整音频的音质和空间感,使之更加专业和平衡。

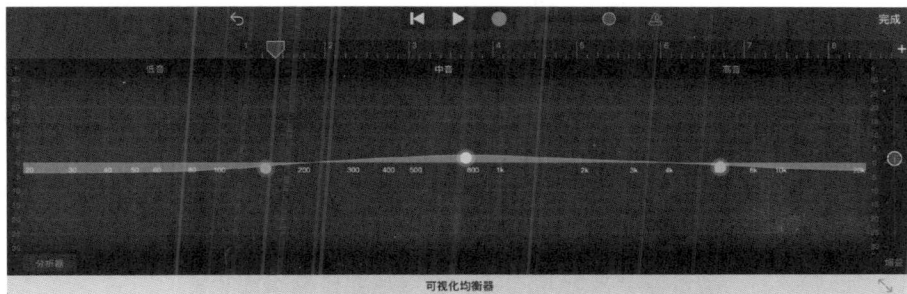

图 6

五、实践成效与反思

在 2023 学年,我校将 GarageBand 应用于学校电声乐队训练,旨在探索其对学生音乐创作能力和团队合作训练效果的影响,以下是我们得到的实践成效。

(一)训练实践成效

1.显著提升创作能力

通过 GarageBand 的功能,学生得以尝试和实践不同乐器的演奏,并能够在软件中录制、编辑和混音。这为学生提供了一个自由发挥的空间,他们可以通过尝试不同的乐器部分和音效,创造出个性化的音乐作品。我们观察到,学生在使用 GarageBand 后,更加自信地表达自己的音乐创意,并且他们的创作作品在多样性和创新性方面得到了提升。

2.促进乐队训练效果

在电声乐队训练过程中,学生需要协调各自的乐器演奏和合奏编排,GarageBand 的多轨录制和实时编辑功能为学生提供了协作的平台。他们可以在软件中同时录制各自的乐器部分,并在混音过程中实时调整各个音轨的平衡和和谐。通过这种协作方式,学生学会了倾听他人的音乐部分,理解乐队合奏的重要性,并在团队中发挥自己的才能。我们观察到,学生在合作方面的沟通和理解能力得到了明显的提高,他们更加协调地演奏和合作,创造出更加出色的音乐表现。

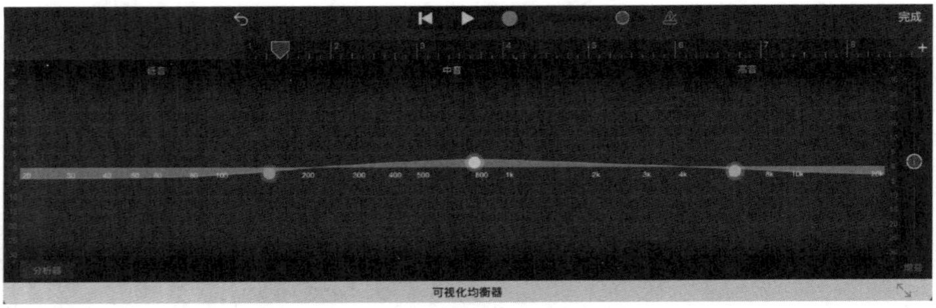

图 7

图 8

(三)学生对 GarageBand 的体验反馈

在电声乐队训练中,学生对 GarageBand 的应用和体验给予了积极的反馈。许多学生认为 GarageBand 使他们能够更加自由地表达自己的音乐创意,尝试不同的音乐风格和音色。他们也表示 GarageBand 的操作界面直观易懂,使他们能够快速掌握录音和混音的基本技巧。此外,学生对 GarageBand 提供的音频处理工具和效果器表示赞赏,认为这些工具能够改善他们的演奏和音质,使音乐更具专业感。

（四）教学反思

数字化赋能校园电声乐队建设是一种具有积极作用的教育手段。在这过程中，GarageBand 作为一款重要的数字化工具，在音乐教育中发挥着重要的价值。通过数字化赋能，学生的创作能力和表现力得到提升，个性化学习和发展得到支持，团队合作和交流得到促进，音乐教育边界与资源得到拓展。然而，数字化赋能校园电声乐队建设与训练又面临一些挑战与限制，需要持续关注和努力克服。

因此，为了进一步优化数字化赋能校园电声乐队建设与训练的效果，笔者提出以下建议：

1.加强教师培训：提高教师在音乐教育和数字化赋能方面的专业素养，为他们提供更多有关 GarageBand 和其他数字化工具的培训和支持。

2.完善设备和资源：为校园电声乐队提供足够的设备和资源投入，确保数字化赋能的顺利实施，减轻学校和教师的经济压力。

3.激发学生学习兴趣：积极引导学生参与音乐创作和表演，激发他们的学习兴趣和积极性，增强他们对音乐教育的主动性。

4.组织音乐社区活动：建立和组织音乐社区活动，促进学生之间的交流和合作，加强校园电声乐队的团队凝聚力和合作能力。

数字化赋能校园电声乐队建设与训练是音乐教育中的一项重要实践。GarageBand 等数字化工具为校园电声乐队提供了丰富的资源和便利，为学生的音乐学习和发展带来新的可能性。通过持续改进和创新，我们可以进一步发挥数字化赋能的优势，推动校园电声乐队建设与训练不断迈向新的高度。

六、结语

校园信息化教学建设是当前教育领域的重要任务之一。通过本研究，我们进一步认识到数字化工具在信息化教学中的重要性。GarageBand 作为一种创新的教学工具，为教师和学生提供了更多的教学资源和交互方式。它能够激发学生的学习兴趣，增强他们对音乐创作和合奏的参与度，进一步提高教学效果和学习成果。

然而，我们也认识到在校园信息化教学建设过程中仍面临一些挑战。师资培训、资源获取、学生技术能力等方面的不足可能会限制数字化工具的有效应用。因此，我们建议加强师资培训，提供更多的教学支持和指导，帮助教师更好地运用数字化工具进行教学。同时，学校应加大对教学资源的投入，提供更多适用于信息化教学的音乐素材和乐器设备。此外，学生也需要加强对数字化工具的学习和应用能力培养，以充分利用信息化教学的优势。

　　展望未来，我们鼓励进一步推进校园信息化教学建设。在数字化技术的不断进步下，我们可以更深入地整合虚拟现实、人工智能等前沿技术，为校园信息化教学带来更多可能性和创新。例如，通过虚拟现实技术，学生可以身临其境地参与音乐表演和创作过程；通过人工智能技术，学生可以获得个性化的学习推荐和反馈。我们期待未来在校园信息化教学建设方面的更多研究和实践，以促进学生的全面发展和教育的持续进步。

　　我们相信通过进一步深化研究和实践，数字化工具将继续为校园教育带来更多的创新和发展，为学生的音乐学习和艺术创作提供更广阔的空间和机会。

参考文献：

　　［1］时珺.教育技术装备在音乐教学中的运用探讨［C］//廊坊市应用经济学会.对接京津——社会形态基础教育论文集，2022.

　　［2］王岩彦.构建数字化音乐课堂　增强小学音乐课堂趣味性［J］.黑龙江教师发展学院学报，2022，41(12)：72-74.

　　［3］李然.巧用工具，提升音乐创造教学——iPad在小学音乐教学中如何应用的思考与探索［J］.北方音乐，2020(06)：119-120.

　　［4］刘卓珅.论音乐教育对初中生审美态度的培养［J］.艺术教育，2023(01)：84-90.

　　［5］彭云.教师研究的专业发展价值与实施路径［J］.教育导刊，2011(09)：59-61.

　　［6］崔航.论青少年思想道德建设中音乐美育的渗透［J］.音乐教育与创作，2022(12)：31-33＋40.